Carl-Auer

Systemische Pädagogik

Was treibt Menschen zum Lernen an? Was hält sie davon ab? Wie kann eine funktionierende Lehrer-Schüler-Eltern-Beziehung entstehen? Wie gelingen Erziehung und Bildung? Was sind Kompetenzen und wie lässt sich deren Reifung unterstützen? Wie fördert man Persönlichkeiten?

Diese und ähnliche Fragen stehen im Mittelpunkt der Systemischen Pädagogik. Das Ziel ist ein von wechselseitigem Respekt geprägter Umgang von Schülern, Lehrern, Erziehern und Eltern. Gemeinsames Lernen mit Zuversicht und Spaß, der Blick auf die Potenziale und Fähigkeiten – zwei Grundannahmen der Systemischen Pädagogik. Gleichzeitig ist sich die Systemische Pädagogik der Tatsache bewusst, dass Menschen lernfähig, aber unbelehrbar sind. Welche Konsequenzen sich daraus für gelingende Lern- und Bildungsprozesse für Lehrende bzw. Lernbegleiter ergeben, ist eine wichtige Zukunftsfrage der Systemischen Pädagogik.

Der Ansatz der Systemischen Pädagogik verbindet systemtheoretische Erkenntnisse, Sicht- und Handlungsweisen mit dem Forschungsstand und den Erkenntnissen der Erziehungswissenschaften und macht sie für den pädagogischen Alltag nutzbar. Auch im familiären Erziehungsalltag lässt sich systemisches Denken und Handeln gut nutzen, ohne Kinder zu disziplinieren oder ihnen mit Anpassungsforderungen zu begegnen. Selbstkritische und selbststeuerungsfähige Menschen benötigen sehr spezifische Möglichkeiten der Reifung und Auseinandersetzung beim Aufwachsen. Welche das sind und wie das gehen kann, zeigen anerkannte Therapeuten, Pädagogen und Berater in den Büchern dieser Reihe.

Prof. Dr. Rolf Arnold
Herausgeber der Reihe *Systemische Pädagogik*

Katja Baumer

Sicher und verbunden

Ein systemisches Konzept für Prävention und Gesundheitsförderung an Schulen

Mit Beiträgen von Elke Dörflinger und Beate Lorenz

2021

Themenreihe »Systemische Pädagogik«
hrsg. von Rolf Arnold
Reihengestaltung: Uwe Göbel
Umschlaggestaltung: Heinrich Eiermann
Umschlagfoto: cc pixabay
Redaktion: Dr. med. Nicola Offermanns
Satz: Drißner-Design u. DTP, Meßstetten
Printed in Germany
Druck und Bindung: CPI books GmbH, Leck

MIX
Papier aus verantwortungsvollen Quellen
FSC www.fsc.org FSC® C083411

CPI klimaneutral
Mehr Bäume.Weniger CO_2

Erste Auflage, 2021
ISBN 978-3-8497-0396-7 (Printausgabe)
ISBN 978-3-8497-8332-7 (ePUB)

Bibliografische Information der Deutschen Nationalbibliothek:
Die Deutsche Nationalbibliothek verzeichnet diese Publikation in der Deutschen Nationalbibliografie; detaillierte bibliografische Daten sind im Internet über http://dnb.d-nb.de abrufbar.

Informationen zu unserem gesamten Programm, unseren Autoren und zum Verlag finden Sie unter: **https://www.carl-auer.de/**
Wenn Sie Interesse an unseren monatlichen Nachrichten haben, können Sie dort auch den Newsletter abonnieren.

Carl-Auer Verlag GmbH
Vangerowstraße 14 • 69115 Heidelberg
Tel. +49 6221 6438-0 • Fax +49 6221 6438-22
info@carl-auer.de

Inhalt

Vorwort

Prävention und Gesundheitsförderung – das sind Begriffe, die jeder kennt und deren Bedeutung eigentlich ganz klar ist, oder? Die Meinungen und Standpunkte dazu können jedoch sehr vielfältig sein, und genauso bunt sind auch die Angebote, die Schulen in ihr Sozialcurriculum integrieren können. Oftmals geht es darum, Schüler und Schülerinnen durch diese Angebote in ihrer Haltung und Sichtweise dahingehend zu verändern, dass sie (neue) Informationen bspw. zum Thema Alkohol erhalten und dadurch nicht in Versuchung kommen, diesen übermäßig zu konsumieren.

Dabei geht man ganz klar von einer linearen Betrachtungsweise aus: Präventionsprojekte schützen, indem sie Schüler[1] informieren, schulen und verändern. Aus systemischer Sicht lässt sich hierbei jedoch nie voraussagen, wer ein Alkoholproblem entwickeln und wer aus oft nicht erkennbaren Gründen davon verschont bleiben wird.

Wir als systemische Beraterinnen wollen mit diesem Buch durch die sogenannte »systemische Brille« einen Blick auf Prävention und Gesundheitsförderung an Schulen werfen, um bestehende Ansätze zu hinterfragen, neue Ideen zu kreieren und alternative systemische Denk- und Handlungsweisen für Personen aufzuzeigen, die an dieser Arbeit in Schulen beteiligt sind.

Ein Beispiel soll verdeutlichen, wie wir mit diesem Buch neue Anregungen geben möchten, die den Fokus auf Präventionsarbeit ändern können: Betrachten Sie das Schema in der Abbildung am Ende des Vorwortes. Es besteht aus neun Punkten. Verbinden Sie diese neun Punkte mit vier geraden Linien, ohne den Stift abzusetzen. (Die Lösung dazu finden Sie im Nachklang auf S. 187.)

Möglicherweise erleichtern ergänzende »systemische Perspektiven« die Präventions- und Gesundheitsförderung, indem sie zum »richtigen« und »falschen« Handeln Sowohl-als-auch-Möglichkeiten bieten und übliche Denkweisen erweitern oder diese sogar ganz verlas-

1 Wir möchten darauf hinweisen, dass wir Bezeichnungen wie Lehrer oder Schüler geschlechtsneutral verstehen und verwenden. Das heißt, dass bei Nennung eines *grammatischen* Geschlechts immer alle *realen* Geschlechter gemeint sind.

sen.[2] Weiterhin lässt sich eine größere Professionalität in der Zusammenarbeit aller Beteiligten ermöglichen, indem man die Handlungsfelder erweitert und »systemische« Blicke auf die Kommunikation zwischen Lehrern, Schülern, Schulleitung, Präventionslehrkräften, Präventionsbeauftragten, ZSLs[3] und Schulsozialarbeiterinnen richtet, um neue Gestaltungsräume der Zusammenarbeit zu schaffen. Dazu zeigen wir auf, welche Problemsysteme wie auch Lösungssysteme wir beobachtet haben, und thematisieren diese im Folgenden. Im Fokus steht hierbei das System Schule mit den darin arbeitenden Lehrern (in verschiedenen Rollen wie Schulleitung, Präventionsbeauftragte und -lehrkräfte, Kollegen), Schulsozialarbeitern, Schulpsychologen und Schülern. Natürlich gehören vor allem auch noch die Eltern dazu, für die eigentlich ein eigenes Buch angebracht wäre und die wir immer wieder als Systemmitglieder ansprechen werden. Wir hoffen, dies führt dazu, dass Sie bestehende Kommunikationsmuster und daraus resultierende Wechselwirkungen betrachten und ggf. hilfreich verändern können, was zu mehr Wertschätzung, Wohlbefinden, Sicherheit und Effektivität in dieser schulischen Landschaft der Präventions- und Gesundheitsarbeit führen kann.

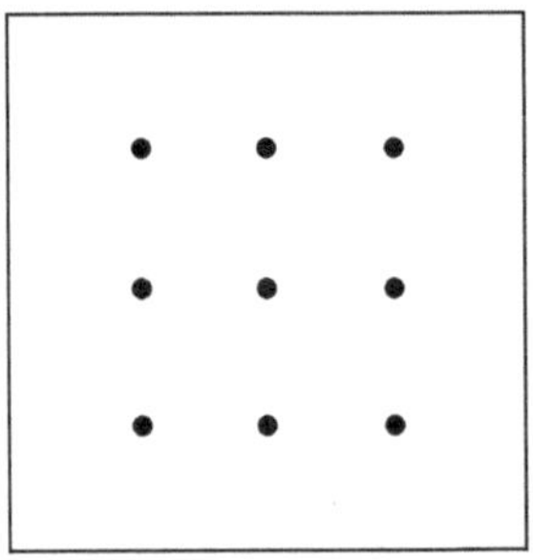

2 Dies bietet beispielweise die Methode »Tetralemma« mit der fünften Position (s. Kap. 3.10, S. 173).

3 Zentren für Schulqualität und Lehrerbildung. Diese wurden im Rahmen einer Reform 2019 in Baden-Württemberg gebildet, es gibt sechs Regionalstellen. Die Präventionsarbeit bzw. die Präventionsbeauftragten sind hier zugeordnet.

1 Prävention und Gesundheitsförderung – eine Aufgabe der Schule?

1.1 Was ist Prävention?

Die Umsetzung von Präventionsarbeit in der Schule, die alle Schülerinnen und Schüler in den Blick nimmt, fußt auf einem Verständnis von Prävention, bei dem wir insbesondere die folgenden Aspekte differenzieren:

- die Grundprävention als Grundlage aller Präventionsmaßnahmen
- die Primärprävention mit einer spezifischeren Ausrichtung und Thematik.

Grundprävention

Die Grundprävention ist die Grundlage für alle Präventionsmaßnahmen. Sie zielt auf ein Unterrichts- und Klassenklima, das beim Schüler zu einer gesunden und positiven Persönlichkeitsentwicklung beiträgt und ihn dazu befähigt, verantwortungsbewusst mit sich selbst und anderen umzugehen (Hartke 2005; Handreichung für Schulen, Ministerium für Kultus, Jugend und Sport Baden-Württemberg 2013). Grundprävention hat eine unspezifische Ausrichtung und wird von Lehrenden durch Vorbildverhalten geleistet. Ziel der Grundprävention ist die Förderung von Lebenskompetenzen. Zum Beispiel sind bei der Gesundheitsförderung damit alle allgemeinen Maßnahmen zur Verbesserung der Lebensführung und der Lebensbedingungen gemeint.

Beispiele hierfür sind: gutes Arbeitsklima, Gemeinschaftsdenken, passendes Lernangebot, konsequente Klassenführung, Wertschätzung und Zugewandtheit.

Primärprävention

Primärprävention betrifft alle Schüler und Schülerinnen und wird z. B. durch Programme wie *stark.stärker.Wir* geleistet. Sie bezieht sich auf bestimmte Themen. Zu diesen in Schulen eingesetzten Konzepten zählen z. B. Ernährungsprogramme *(Gesundes Boot)*, Mobbing- und

Gewaltprogramme *(Mobbingfreie Schule, Klassenrat, Streitschlichter)* sowie Sucht und Abhängigkeit *(Bauchgefühl)*.

Damit schulische Prävention wirksam sein kann, ist sie immer gleichzeitig auf drei sozialen Ebenen innerhalb von Schulen zu verankern:

- auf der Schulebene
- der Klassenebene und
- der individuellen Ebene.

Nach dem Präventionsverständnis zielt sie sowohl auf das gesundheitsförderliche Verhalten jedes Einzelnen (Verhaltensprävention) als auch darauf, in diesem Sinne förderliche Strukturen zu schaffen (Verhältnisprävention).

Mehrebenenmodell

Schulen verfügten zwar bereits vor 2011[4] über Präventionskonzepte und -programme, die sie im Rahmen ihrer Präventionsarbeit umgesetzt haben, allerdings sind und waren diese Maßnahmen meist unkoordiniert aneinandergereiht und nur wenig aufeinander abgestimmt (was in der Literatur auch als fragmentiertes, unkoordiniertes Vorgehen beschrieben wird). Entsprechend ist Präventionsarbeit auf mehreren schulischen Ebenen zu verankern. Die Rahmenstruktur des schulischen Präventionskonzeptes ssW (*stark.stärker.Wir*) geht von der Notwendigkeit einer Verankerung des Präventionskonzeptes auf allen schulischen Ebenen aus:

- gesamtschulische Ebene
- Klassenebene
- individuelle Ebene.

In Anlehnung an Dan Olweus, den norwegischen Persönlichkeitsforscher mit Forschungsschwerpunkt Mobbing und Gewalt an Schulen, spricht man hier auch gerne vom »Mehrebenenmodell«. Gemeint ist damit, dass Schulen ein umfassendes Präventionskonzept erarbeiten und die einzelnen Maßnahmen in ihren Schulen auf allen drei Ebenen aufeinander abstimmen und parallel etablieren – auf der schulischen Ebene, der Klassenebene und der persönlichen Ebene (Schülerebene).

4 Vor 2011 gab es »Gewaltpräventionsberater« und »Suchtbeauftragte«, die dann zu »Präventionsbeauftragten« zusammengefasst wurden.

Einbezug aller Beteiligten

Des Weiteren geht es darum, alle am Schulleben beteiligten Personengruppen in das Präventionskonzept einzubeziehen. Entsprechend wird vonseiten der Beratungs- und Unterstützungssysteme im Rahmen der Schulberatung das Einverständnis/die Zustimmung durch die Gesamtlehrerkonferenz (GLK) ebenso wie durch die Schulkonferenz eingefordert. Dadurch sind Eltern, Lehrkräfte und Schüler von vornherein informiert und sollen darüber hinaus einbezogen werden. Die Arbeit am Präventionskonzept einer Schule ist damit Teil der Schul- und Unterrichtsentwicklung. Nur dadurch ist von einer nachhaltigen Präventionsarbeit auszugehen, die sich auch in den Haltungen der Lehrkräfte äußert und zeigt.

Die Etablierung einer entsprechenden Lob-, Anerkennungs- und Wertschätzungskultur stärkt die Lebenskompetenzen (z. B. Konfliktlösekompetenzen) der Schüler genauso wie die der Erwachsenen. So ist neben vielen anderen Zielen sicherlich auch an erster Stelle die Erhaltung der Gesundheit von Schülern wie von Lehrkräften zu benennen.

Seine gesetzliche und bildungspolitische Verankerung findet das Präventionskonzept

- in der Verwaltungsvorschrift (VwV) aus dem Jahr 2014 »Prävention und Gesundheitsförderung«: Darin sind die Prinzipien ebenso wie Struktur, Ziele und Umsetzung der Präventionsarbeit in den Schulen benannt (siehe VwV 2014).
- in der Leitperspektive »Prävention und Gesundheitsförderung« im Rahmen des neuen Bildungsplanes von 2016, als eine von sechs weiteren Leitperspektiven: Darin wird die Thematik Prävention nicht wie bislang als Schulentwicklung und als Aufgabe von bestimmten Personengruppen wie Präventionsbeauftragten oder Präventionslehrkräften an den Schulen thematisiert, sondern als Aufgabe von allen Lehrkräften direkt in der Unterrichtsgestaltung formuliert und damit in allen Fächern verankert.[5]

---

5 Hintergrundinfo: Im Rahmen des neuen Bildungsplanes 2016 wurden insgesamt sechs Leitperspektiven (LP) benannt – eine davon ist die LP »Prävention und Gesundheitsförderung« (die anderen LPs behandeln: »Bildung für nachhaltige Entwicklung«, »Bildung für Toleranz und Akzeptanz von Vielfalt«, »Berufliche Orientierung«, »Medienbildung« und »Verbraucherbildung«).

Die Verankerung eines schulischen Präventionskonzeptes benötigt Zeit. Dabei gibt es folgende Ziele:

- Schule ist als Raum zu betrachten, in dem die Würde und die Gesundheit jedes Einzelnen geachtet werden. Schülerinnen und Schüler sowie Lehrkräfte sollen sich sicher fühlen.
- Präventionsarbeit an Schulen erfolgt nachhaltig, zielgerichtet und systematisch.
- Das Rahmenkonzept stellt die vielfältigen Aktivitäten im Bereich der Prävention an Schulen in einen größeren Zusammenhang.

Die meisten Schulen arbeiten bereits mit bestehenden Konzepten. Im Rahmen der Entwicklung eines speziellen schulischen Präventionskonzeptes ist es unser Anliegen, die bereits bestehenden Programme zu würdigen, einen weiteren Handlungsbedarf zu erkennen und ggf. ergänzende Aktivitäten in einem schulspezifischen Präventionskonzept zu verankern (z. B. die Entwicklung eines vorhandenen Sozialcurriculums).

Präventionsarbeit an Schulen

Lange Zeit richtete sich Präventionsarbeit an Schulen vornehmlich an den vermeintlich größten Bedrohungen für Schülerinnen und Schüler aus: Sucht und Gewalt. Angefangen mit Abschreckungskampagnen in der Suchtprävention, die wenig Erfolg zeigten, entwickelte sich ein System aus Aufklärung, Gesprächsangeboten, Vermittlung von Lebenskompetenzen und konkreten Hilfen bis hin zu Strafmaßnahmen zum Schutz Dritter (Intervention). In der Gewaltprävention bildeten sich, angepasst an unterschiedliche Problemlagen, verschiedene Programme zur Primärprävention, aber auch zum Umgang mit problematischem Verhalten heraus. Die Zunahme von Zivilisationserkrankungen sowie von psychischen Erkrankungen im Kindes- und Jugendalter und bei jungen Erwachsenen hat zusätzlich den Blick auf die Vermeidung von Krankheiten gelenkt. Die Förderung von Bewegung im Rahmen des Schulsports und weitere Angebote sowie die Vermittlung von Wissen über gesunde Ernährung haben Eingang in die Bildungspläne gefunden.

In der Prävention lag der Schwerpunkt bisher auf der Vermeidung von problematischem Verhalten oder dem Beseitigen von Risiken. In der Gesundheitsförderung liegt der Schwerpunkt auf der Förderung von Ressourcen, man spricht hier von Resilienzförderung (Fröhlich-Gildhoff, Becker u. Fischer 2012). Die Grundlage bildet der salutogenetische Ansatz, der erforscht, welche Fähigkeiten und Eigenschaften die Menschen gesund erhalten.

Beide Strategien treffen sich im Bereich der Lebenskompetenzen. Deren Vermittlung zielt darauf ab, dass sich Kinder und Jugendliche zu eigenverantwortlichen, starken Persönlichkeiten entwickeln. Das gemeinsame Miteinander, das *Wir* in der Gruppe, Klasse und Schule, wird dabei als Superlativ angestrebt.

1.2 Was ist Gesundheit?

Alle sozialen Systeme – so die hier vertretene These – lassen sich einem Kontinuum zwischen gesund und ungesund zuordnen. Die damit verbundene Annahme lautet: Je häufiger sich das soziale System einer Organisation auf den genannten Dimensionen dem ungesunden Ende des Kontinuums nähert, umso zahlreicher werden entsprechende Symptome auftreten – wie hoher Krankenstand, hohe Fluktuation, Mobbing, Burn-out, innere Kündigung usw. mit negativen Konsequenzen für Qualität, Produktivität und Wettbewerbsfähigkeit.

Forschung und Praxis zur gesunden Schule sollten den hier aufgeführten objektiven Merkmalen der Schulorganisation hohe Aufmerksamkeit schenken, da aufgrund des vorliegenden Kenntnisstandes zu erwarten ist, dass sie für Wohlbefinden und Gesundheit von Lehrern und Schülern sowie für die Erreichung der gesetzten Bildungsziele von erheblicher Bedeutung sind.

Gesund sind Organisationen, wenn sie beiden Zielen dienen: ihrem Erfolg und dem Wohlbefinden ihrer Mitglieder.

Wissenschaftliche Erkenntnisse, wie die oben zusammengefassten, liefern durch das darin enthaltene Wissen über Zusammenhänge neue Ansatzmöglichkeiten für gesundheitsförderliche Interventionen in soziale Systeme. Was aber ist Gesundheit? Was sind mit anderen Worten die Zielwerte von Interventionen, die für sich in Anspruch nehmen, gesundheitsförderlich zu wirken?

In weiten Teilen der Bevölkerung wird Gesundheit immer noch als Abwesenheit körperlicher Krankheit begriffen. Demgegenüber plädierte die WHO bereits in ihrem Gründungsdokument für eine Definition von Gesundheit als »körperliches, seelisches und soziales Wohlbefinden«. In der Ottawa-Charta der WHO[6] von 1986 heißt es:

> »Gesundheit zielt auf einen Prozess, allen Menschen ein höheres Maß an Selbstbestimmung über ihre Gesundheit zu ermöglichen und sie damit zur Stärkung ihrer Gesundheit zu befähigen. (...) Gesundheit ist ein Zustand vollkommenen körperlichen, geistigen und sozialen Wohlbefindens und nicht allein das Fehlen von Krankheit und Gebrechen.«

Nach heutiger Auffassung ist Gesundheit immer zugleich Voraussetzung und Ergebnis der Wechselwirkungen zwischen Personen, Verhalten und sozialer Umwelt. Im Kern geht es um die Erschließung salutogener Potenziale in der Person (Biologie, Sozialisation, Qualifizierung), im Verhalten (z. B. gesundheitsförderliches Bewegungs- und Sozialverhalten) und in den sozialen Systemen (Sozialkapital), in denen Menschen sich im Alltag und im Verlauf ihres Lebens bewegen.

Folgt man den Erkenntnissen der Stress- und Coping-Forschung (z. B. Bodenmann 1997), ist *Gesundheit* kein somatischer oder psychischer Zustand, sondern eine *Kompetenz zur aktiven Situationsbewältigung* – mit anderen Worten etwas, was erlernbar ist und zu dem Menschen befähigt werden können. Aus dieser Perspektive lässt sich Gesundheit definieren als

> »Fähigkeit zur Problemlösung und Gefühlsregulierung, durch die ein positives Selbstwertgefühl, Selbstvertrauen und ein unterstützendes Netzwerk sozialer Beziehungen erhalten oder wiederhergestellt wird« (Badura u. Hehlmann 2004, S. 18).

Subjektiv erfolgreiche Situationsbewältigung erzeugt ein positives Befinden (»Wohlbefinden«). Wird sie hingegen subjektiv als nicht erfolgreich bewertet, erzeugt dies negatives Befinden in Form von Gefühlen der Angst, Wut oder Hilflosigkeit.

Als Kriterium zur Messung, ob die Ziele gesundheitsförderlicher Interventionen erreicht werden, beginnt sich das subjektive Befinden durchzusetzen, weil hohes Wohlbefinden bzw. positive Emotionen (Stolz, Freude, Selbstwertgefühl usw.)

---

6 Verfügbar unter: https://www.euro.who.int/__data/assets/pdf_file/0006/129534/Ottawa_Charter_G.pdf [21.6.2021].

- Verhalten und soziale Funktionsfähigkeit positiv beeinflussen (z. B. Arbeitsverhalten, Gesundheitsverhalten)
- physische Gesundheit erhalten bzw. schützen
- Lebensqualität und Beschäftigungsfähigkeit verbessern und
- die Lebensdauer verlängern.

Mit diesem neuen Gesundheitsverständnis verbindet sich auch eine neue Auffassung von Krankheit. Krankheit beinhaltet mehr als nur körperliche Fehlfunktionen oder Schädigungen. Auch eine beschädigte Identität, länger anhaltende Angst oder Hilflosigkeitsgefühle sind wegen ihrer negativen Auswirkungen auf Denken, Motivation und Verhalten, aber auch auf das Immun- und Herz-Kreislauf-System, als Krankheitssymptome zu begreifen (ebd., S. 19). Aus dieser Definition sollen folgende Punkte betont werden:

1. Gesundheit ist ein Zustand, der Menschen Wohlbefinden und Lebensfreude vermittelt.
2. Die eigene Lebensführung und die Umwelt sind veränderbar und nicht statisch.
3. Als gesund in diesem Sinne lässt sich jemand beschreiben, der sich aktiv, planvoll und zielgerichtet weiterentwickelt und nicht auf seinem Entwicklungsstand verharrt. Nach Ducki und Greiner (1992) gilt jemand dann als gesund, wenn er sich eigene (langfristige) Ziele setzt und sich durch Lernen neue Handlungs- und Lebensbereiche erschließt.
4. Eine Person steht nicht für sich alleine, sondern befindet sich in ständiger Interaktion mit der Umwelt (materiell wie auch sozial).
5. Gesundheitsförderung bezieht sich damit nicht nur auf die Person (Verhaltensänderung), sondern auch auf die sie umgebende Umwelt (Verhältnisänderung).
6. Es wird ein Zusammenhang zwischen Leistungsfähigkeit und Gesundheit erkannt und benannt.

Wichtig ist jedoch, dass Gesundheit nichts Statisches, sondern etwas Dynamisches ist, und dass sie kein einmal erreichtes und unveränderbares Ziel darstellt, sondern eine immer wieder neu herzustellende Balance.

Prinzipielle Ansatzpunkte zur Gesundheitsförderung in der Schule

- Verhalten der Personen/Lehrkräfte/Schulleitungen (Verhaltensmanagement): bezieht sich auf das Verhalten einzelner Personen – also von Ihnen oder Ihren Lehrkräften – und dessen Veränderung, z. B., wenn es darum geht, Kompetenzen zu erweitern, Entwicklungsperspektiven zu schaffen oder Ressourcen zu aktivieren
- Arbeitsbedingungen an der einzelnen Schule (Verhältnismanagement): bezieht sich auf Veränderungen an der Schule insgesamt wie z. B. Ruheräume, Schallschutz, Leitbilder entwickeln
- Rahmenbedingungen des Schulsystems (Verhältnismanagement): bezieht sich auf die Vorgaben, die im Schulsystem gegeben sind, z. B. Schulgesetze wie Klassengrößen etc.

Kriterien für eine gute und gesunde Schule

Unter arbeitspsychologischer Perspektive ist ein erfolgskritischer Punkt des Lehrerberufes in der sozialen Interaktion und Kommunikation zwischen Kollegium, Schülern, Eltern und vor allem auch der Schulleitung zu sehen (s. Tab. 1). Gelingen Kommunikation und Interaktion nicht, werden sie zu einer großen Belastung. Bezüglich der Zufriedenheit mit Kollegien und Schulleitungen und ganz besonders in der Qualität der Kommunikation unterscheiden sich Schulen sehr stark.

Hier liegt ein großes Potenzial für gesundheitsförderliche Veränderungen. Aus diesem Grund beziehen wir uns an dieser Stelle vornehmlich auf die kommunikativen Aspekte im Kollegium und zwischen der Schulleitung und den Kollegen – und da zum Großteil auf den Themenbereich der Gesprächsführung.

Dabei haben wir zwei Ziele vor Augen:

a) Die Schule ist erfolgreich.
b) Ihre Mitglieder fühlen sich wohl und gesund.

Bedingungen für die Erreichung dieser beiden Ziele:

1. vertrauensvolle und stabile soziale Beziehungen zwischen den Mitgliedern einer Schule
2. gegenseitige Hilfe und Unterstützung – wodurch soziale Ressourcen und soziale Bedürfnisse befriedigt werden

3. gemeinsame, transparente Überzeugungen, Werte, Regeln und Ziele der Lehrkräfte
4. Identifikation mit der Schule und deren Zielen
5. mitarbeiterorientierte Führung, die sich um eine effiziente und bedürfnisgerechte Gestaltung von Arbeit und Organisation sowie um klare Ziele und Transparenz bemüht.

	gesunde Organisation	**ungesunde Organisation**
Vertrauen und Zusammenarbeit unter Organisationsmitgliedern (»Klima«)	stark	gering
sinnstiftende Aufgabenstellung	stark verbreitet	wenig verbreitet
Identifikation der Organisationsmitglieder mit Aufgaben und Organisationszielen (»commitment«)	hoch	gering
Handlungsspielräume bei der Arbeit	groß	gering
fachliche Qualifikation der Organisationsmitglieder	hoch entwickelt und weit verbreitet	gering entwickelt und wenig verbreitet
soziale Kompetenz	hoch entwickelt und weit verbreitet	gering entwickelt und wenig verbreitet
Ausmaß sozialer Ungleichheit (Bildung, Status, Einkommen)	moderat	hoch
Vorrat an gemeinsamen Überzeugungen, Werten, Regeln (»Kultur«)	groß	gering
Transparenz von Entscheidungen und Prozessen für Organisationsmitglieder	hoch	gering
Beteiligungsmöglichkeiten an Willensbildung und Entscheidungsfindung (»Partizipation«)	häufig	selten
Qualität der Führung	hoch	gering
Stabilität und Qualität der sozialen Beziehungen	hoch	gering
team-/abteilungsübergreifende Vernetzung der Organisationsmitglieder	hoch	gering

Tab. 1: Merkmale gesunder Organisationen (in Anlehnung an Badura 2004)

Schulische Präventionsarbeit und Gesundheitsförderung zielt heute auf die Förderung von Lebenskompetenzen und die Stärkung persönlicher Schutzfaktoren ab. Heranwachsende sollen dabei unterstützt werden, dass sie altersspezifische Entwicklungsaufgaben bewältigen und sich im täglichen Handeln als selbstwirksam erleben können. Die erfolgreiche Lösung dieser Aufgaben führt zu Kompetenzen und Ressourcen, die wiederum zur Lösung der nächsten Aufgaben befähigen.

1.3 Ziele und Verständnis von Prävention und Gesundheitsförderung in Schulen

Folgende Ziele stehen bildungspolitisch im Vordergrund:

Stärkung der Präventionsarbeit

Eine Stärkung der Präventionsarbeit im Schulsystem hat das Präventionskonzept insbesondere durch die personelle Aufstockung und Neuqualifizierung von Präventionsbeauftragten, Präventionslehrkräften und Lehrkräften erfahren.

Auf die Etablierung speziell des schulischen Unterstützungssystems durch Präventionsbeauftragte gehen wir später nochmals ein. Bereits existierende Beratungs- und Unterstützungssysteme im schulischen Bereich sollten bei der Neustrukturierung des Präventionskonzepts synergetisch genutzt werden. 2011 gab es Gewaltpräventionsberater und Suchtbeauftragte. Diese beiden Personengruppen wurden zu Präventionsbeauftragten zusammengefasst und entsprechend personell durch neu qualifizierte Präventionsbeauftragte ergänzt.

Durch die formalen gesetzlichen und bildungspolitischen Vorgaben sollte 2011 eine zielgerichtete und systematische Präventionsarbeit an den Schulen entstehen, die nicht nur punktuell stattfindet, sondern umfassend und aufeinander abgestimmte Maßnahmen und Instrumente beinhaltet.

Modernes und effektives Präventionskonzept

Die Etablierung eines Rahmenkonzeptes zur schulischen Präventionsarbeit gilt als weiteres Ziel – ein modernes Präventionskonzept, welches bestehende Strukturen sinnvoll zusammenführt, diese angemessen vereinheitlicht und weiterentwickelt. Entsprechend sind wesentliche Kennzeichen dieses Präventionskonzeptes:

- *Prävention und Gesundheitsförderung* zielen heute auf die Förderung von Lebenskompetenz und die Stärkung persönlicher

Ressourcen. Heranwachsende sollen darin unterstützt werden, altersspezifische Entwicklungsaufgaben bewältigen und sich im täglichen Handeln als selbstwirksam erleben zu können, d. h. als Urheber von positiven Handlungen und deren Ergebnis.
- *Prävention und Gesundheitsförderung* als Leitperspektive im Bildungsplan 2016 bedeutet absichtsvolles Handeln und die Entwicklungsförderung des Einzelnen. Mit fünf zentralen Lern- und Handlungsfeldern sowie Grund- und Primärprävention ermöglicht diese Leitperspektive neue Zugänge zu den Bereichen Prävention und Gesundheitsförderung.[7]

Im Mittelpunkt des pädagogisch-präventiven Handelns steht die Frage, was Schülerinnen und Schüler lernen müssen, um Lebenskompetenzen entwickeln zu können, und in welchen schulischen Feldern dies möglich ist. Deshalb werden die Lebenskompetenzbeschreibungen der WHO sowie personale und soziale Schutzfaktoren in fünf zentrale Lern- und Handlungsfelder zusammengefasst:

- Selbstregulation: Gedanken, Emotionen und Handlungen selbst regulieren
- ressourcenorientiert denken und Probleme lösen
- wertschätzend kommunizieren und handeln
- lösungsorientiert Konflikte und Stress bewältigen
- Kontakte und Beziehungen aufbauen und aufrechterhalten.

Selbstregulation spielt für eine positive Entwicklung in den Lern- und Handlungsfeldern eine grundlegende Rolle.[8]

1.4 Präventionsarbeit und Resilienz

»Mitten im Winter habe ich erfahren, dass es in mir einen unbesiegbaren Sommer gibt.«
Albert Camus

Die Präventionsarbeit an Schulen erhielt durch Amokläufe – wie der in Winnenden – einen neuen und wichtigeren Stellenwert im Bildungssystem Schule. Hierbei liegt der Fokus auf aktiver Förderung

7 Verfügbar unter: https://www.km-bw.de/,Len/Startseite/Schule/Praevention [22.3.2021].
8 Verfügbar unter: http://www.praevention-in-der-schule-bw.de/,Lde/Startseite/stark_staerker_WIR_/Lebenskompetenz [22.3.2021].

bzw. Herstellung von Kompetenzen bei den am Schulleben beteiligten Personen. Dies setzt voraus, dass etwas am Menschen »hergestellt« werden soll, was noch nicht da ist. Das fördert jedoch auch einen defizitären Blick auf diese Projekte und Menschen, weil man davon ausgeht, dass der aktuelle Sollzustand nicht ausreichend ist und in einen gewünschten Istzustand zu überführen ist. Um aufzuzeigen, dass auch ein Vertrauen in die Fähigkeiten des Einzelnen, insbesondere in die der Schüler, alleine schon hilfreich sein kann und somit zugleich auch eine Neuerung in Systemen darstellt, die etwas bewirken kann, werden die Themen *Resilienz* und *Sicherheit*[9] dargestellt und in Bezug zur Präventionsarbeit gesetzt.

Bei diesem Thema wird der Blick auf hilfreiche Einflüsse wie Schule, Arbeit, religiöse Gemeinschaften, Sportvereine und Nachbarn geweitet[10] und das Vertrauen in die Selbstheilungskräfte von Menschen vertieft. Eine Grundlage hierfür bietet auch die Traumaforschung, die untersucht, wie viel Prozent der von einem traumatischen Ereignis Betroffenen überhaupt ein Trauma entwickeln und unter welchen Umständen sie das selbst erfolgreich verarbeiten. Sozialisationsaspekte werden zwar beachtet, aber die in einem Menschen innewohnenden eigenen Kräfte stehen im Zentrum der Beobachtungen, wobei es nicht darum geht, Krisen und Schicksalsschläge zu vermeiden, sondern diese zu überleben und mit ihnen zurechtzukommen. Somit ist Resilienz ein Prozess von Menschen, der die Wiederherstellung körperlicher und geistiger Gesundheit durch Selbstwirksamkeit beschreibt.

Folgende Schutzfaktoren und Eigenschaften helfen Kindern und Jugendlichen, widrige Lebensumstände zu überwinden:

1. Individuum: aktiv, freundlich, anschmiegsam, sprachlich und motorisch weit entwickelt, die Fähigkeit, auf sich selbst stolz zu sein und anderen bereitwillig zu helfen
2. Familie: Bindung zu einer emotional stabilen Person, Religiosität
3. Umfeld: Möglichkeit, sich in Krisen Rat und Hilfe zu holen, Lieblingslehrer[11] oder fürsorgliche Nachbarn, Trainer, Pfarrer usw.

9 Hierbei wird die Polyvagal-Theorie in Verbindung mit Präventionsarbeit betrachtet.
10 In systemisch-lösungsorientierten Betrachtungen steht oft die Kernfamilie im Mittelpunkt.
11 Vgl. dazu den Abschnitt »Gesundheitserhaltende Lernprozesse auf Individual- und Klassenebene« auf S. 80 ff.

Aber auch diejenigen, die in jüngeren Jahren Probleme hatten, Krisen zu bewältigen, erholen sich bis ins Erwachsenenalter oft wieder.

Hilfreich waren dabei:

- Eröffnung von Chancen: Ausbildungen, stabile Ehen, aktives Engagement in Glaubensgemeinschaften, Genesung nach einer Krankheit oder einem Unfall sowie manchmal Psychotherapie (Welter-Enderlin u. Hildenbrand 2012, S. 33 f.).

Diese Ausführungen können dazu beitragen, dass Projekte und Angebote der derzeitigen Gesundheits- und Präventionsarbeit nochmals überdacht werden. Ein wichtiger Hintergrund hierfür waren Studien, die das Aufwachsen unter schwierigen Bedingungen auch im Langzeitverlauf untersucht haben und Variablen für risikomildernde Entwicklungsverläufe identifizieren konnten. Unter der Perspektive von Schutzfaktoren betrachten wir gezielt die Variablen und Ressourcen, die dazu führen, dass Individuen Entwicklungsaufgaben in verschiedenen Lebensabschnitten, aber auch Belastungen und Krisen, angemessen bewältigen. Die positive Bewältigung dieser Herausforderungen wirkt sich günstig, d. h. selbstwertstärkend auf die weitere Entwicklung aus.

Schutzfaktoren lassen sich auf drei Ebenen differenzieren:

- auf der personalen Ebene (Schutzfaktoren, die im Individuum »angesiedelt« sind)
- auf der Ebene der unmittelbaren sozialen Beziehungen und
- auf der Ebene der weiteren Umwelt, bei der insbesondere die Bildungsinstitutionen eine hohe Bedeutung haben, da Kinder und Jugendliche viel Zeit in diesen verbringen (Perry u. Szalavitz 2013, S. 196 f. u. 300 f.).

Resilienzstärkende Präventionsangebote sollten dahingehend geprüft werden, ob ein einzelnes Individuum im Zentrum steht und sich im Schulsystem die Haltung beobachten lässt, dass ein einzelner Schüler oder Lehrer mehr Resilienz erlangen kann und soll und dafür die Verantwortung tragen muss. Dies würde bedeuten, dass oft komplexe Wechselwirkungen mit anderen Systemmitgliedern ausgeschlossen wären und kontextabhängiges Verhalten somit keine Beachtung fände.

Die gesellschaftliche Verantwortung würde dann auf Einzelne verlagert und der Druck auf diese ebenso:

> »Vergrößere deine Widerstandskräfte und werde resilienter, dann hältst du Krisen und Probleme besser aus und erlangst dadurch mehr Selbstbewusstsein, wenn du entsprechende Herausforderungen gemeistert hast« (Gebauer 2020).

Erzieherisches und therapeutisches Wirken schiene somit planbar, und das Gesamtschulsystem mit allen Beteiligten sowie die damit verbundenen Interaktionen mit der Umwelt (politische, ökonomische und soziale Einflüsse) würden kaum noch als Einflussvariablen gelten. Dies verstärkt allerdings die Haltung, dass jeder sich »nur genug anstrengen müsste«, um gesund und stark sein (Schul-)Leben in idealer Weise zu meistern. Thomas Gebauer fasst dies treffend zusammen:

> »Ziel solcher Programme ist nicht mehr die Gestaltung menschenwürdiger Umstände, sondern die Anpassung der Menschen an eine (...) versagende Welt – durch Selbstoptimierung, den Aufbau von Schutzschilden und individueller Bewältigungskompetenz. (...) Klappt die Anpassung nicht, können vielleicht nicht Pädagogen oder Therapeuten zur Verantwortung gezogen werden, aber im Prinzip geht auch der Misserfolg zulasten der Individuen selbst« (ebd., S. 61).

2 Systemische Sichtweisen auf Schulen

2.1 Systemverständnis und die Beeinflussbarkeit von Menschen

»Ein System ist nicht ein Etwas, das dem Beobachter präsentiert wird, es ist ein Etwas, das von ihm erkannt wird.«
Humberto Maturana

Schulen sind aus systemischer Sicht komplexe Systeme. Als System bezeichnen wir allgemein eine Gesamtheit von Elementen, die miteinander verbunden sind und sich dadurch als eine aufgaben-, sinn- oder zweckgebundene Einheit ansehen lassen – sozusagen als eine strukturierte systematische Ganzheit. In der systemtheoretischen Sichtweise stellen Systeme Interaktionszusammenhänge dar, die sich von ihrer Umwelt abgrenzen. Entsprechend lassen sie sich als sich selbstorganisierende Funktionseinheiten verstehen, die ihr Weiterfunktionieren selbst produzieren (vgl. »Schulen als autopoetische Systeme«) und sich in spezifischer Weise von ihrer Umwelt differenzieren, etwa durch die Ausprägung spezifischer Unterscheidungsweisen.

Autonomie gilt systemisch betrachtet als ein grundsätzliches Merkmal von Systemen: Sobald ein System ein System ist, d. h., sobald die einzelnen Elemente des Systems zueinander in Wechselwirkung treten und damit Selbstreferenz aufbauen, gewinnt es eine gewisse Autonomie seiner Umwelt gegenüber (vgl. Gulowson 1972; Susman 1976; Grote 1997; Pietruschka 2003; Schiepek u. Haken 2010). Die Muster[12] innerhalb des Systems werden dann abgrenzbar gegenüber den Mustern der Umwelt.

Der Input in ein System ist nicht proportional zum Output des Systems, da sich das System nicht linear verhält. So können sehr kleine, systeminterne Veränderungen zu großen (nicht vorhersehbaren) Veränderungen im System führen bzw. große, systemexterne Impulse zu vergleichsweise kleinen Veränderungen, weil jedes Subsystem (wie z. B. die Einzelschule) seine eigene Dynamik besitzt und autonom handelt (vgl. Luhmann 2002; 2005; Simon 2015; Mücke 2003; Probst 1987; Schiepek u. Haken 2010).

12 Vgl. hierzu den folgenden Abschnitt »Exkurs: Muster«.

Die untergeordneten Systeme verhalten sich also nicht vorhersagbar, weil sie bis zu einem gewissen Grad autonom handeln und in diesen Entwicklungen autonom sind. Entwicklungen bzw. Veränderungen in Systemen können nicht nur top-down, sondern auch bottom-up ablaufen. In diesem Sinne sind soziale Systeme, wie z. B. die Einzelschule, autonom und entwickeln ihre eigenen Strukturen und Funktionen. Autonomie lässt sich verstehen als der Grad an Selbstbestimmung und Selbsterzeugung, wie er in einem bestimmten Rahmen in der Zugehörigkeit zu einem größeren System möglich ist.

Subsysteme bzw. die Menschen der Subsysteme befinden sich prinzipiell immer in einer Ambivalenz zwischen Autonomie und der Loyalität gegenüber der nächsthöheren Systemebene. Diese Ambivalenz ist nicht auflösbar und spielt in deren Existenz permanent eine Rolle (vgl. Mücke 2003): Autonomie als Selbstbestimmung und Selbsterzeugung, Loyalität als Bindung an das übergeordnete System. In der psychoanalytischen Sprache können wir die Autonomie als das »Es« und die Loyalität als das »Über-Ich« beschreiben.

Ob ein untergeordnetes System überleben kann, hängt davon ab, ob es sich in dem vorgegebenen Rahmen bewegt, den ihm die übergeordneten Systeme vorschreiben. Verstoßen z. B. Gesellschaften oder Staaten gegen die Regeln, die das Zusammenleben der Völker

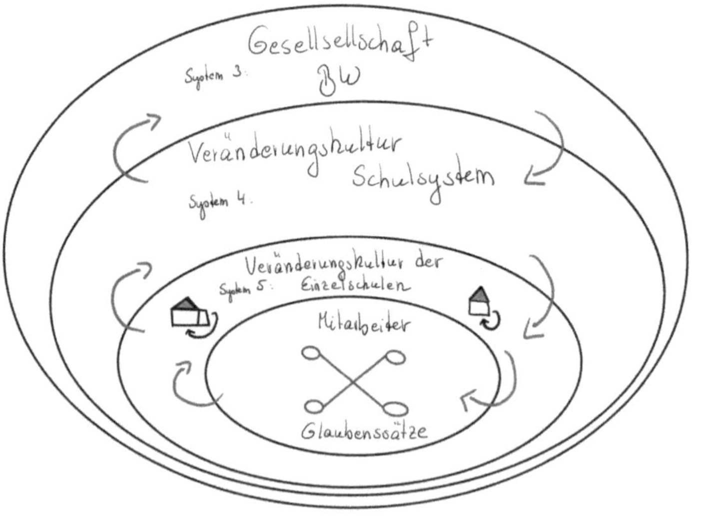

Abb. 1: Loyalitäten innerhalb eines Systems

regulieren, so gefährden sie ihre Zugehörigkeit zur Staatengemeinschaft. Ob sich z. B. eine Einzelschule im Einklang mit den Entwicklungen im übergeordneten Schulsystem befindet oder nicht, ist oft nicht unmittelbar erfahrbar, zeigt sich jedoch am Grade der Loyalitäts- bzw. Gewissensbindung zum Gesamtsystem (ebd.). Das Gewissen wird als das systemische Gleichgewichtsorgan beschrieben, das darüber wacht, ob sich die Handlungen des Systems in Einklang mit den Regeln befinden, welche die Zugehörigkeit zu den sozialen Systemen sichern. Die Inhalte der Regeln sind dabei irrelevant. Relevant ist ausschließlich, ob das Subsystem sich an die Regeln hält oder nicht (Mücke 2003). Zahlreiche Experimente[13] belegen die existenzielle Abhängigkeit eines Systems von dem System, zu dem wir gerade uns zugehörig fühlen (möchten), und erklären auf Basis der Loyalitätsbeziehung, wie es zu Verfehlungen eines ganzen Volkes kommen kann, wie es im Dritten Reich der Fall war. So ist die Loyalität an das nächsthöhere System – z. B. vom System der 5. Ordnung (Einzelschule) an das System der 4. Ordnung (Schulsystem) – höher als an das System der 3. Ordnung (Gesellschaft) (s. Abb. 1).

2.2 Exkurs: Muster

Muster sind spezifische Strukturen, sie sind emotionale und affektive Schattierungen des Erlebens und der Kommunikation. Mit dem Begriff »Muster« wird also das anschaulich gemacht, was zwischen den Menschen in einem System bzw. zwischen Systemen passiert, die an Kommunikationen beteiligt sind, und was »in« den Menschen passiert, die sich mit automatisierten bzw. wiederkehrenden Gedanken, Gefühlen, Stimmungen etc. konfrontiert sehen. Muster sind beobachterabhängig. Ohne eine Beobachtung kann es keine Muster geben, da sie niemand wahrnimmt.

Dies bedeutet wiederum auch, dass jede Beschreibung eines Musters bzw. Systems andere Beschreibungen ausschließt.

Beispiel: In der folgenden Abbildung 2a ist ein sogenanntes »multistabiles Muster« zu sehen, d. h. ein Bild, in dem mehrere Muster möglich sind. Zeichnen Sie eine Linie um das Muster (System), das Sie in der Abbildung sehen. Die Schwierigkeit bei der Aufgabe liegt darin, dass es viele Möglichkeiten gibt, ein Muster (ein System) einzuzeichnen – es gibt nicht nur eines.

13 Vgl. Asch-Experiment (Asch 1951) und Milgram-Experiment (Milgram 1997).

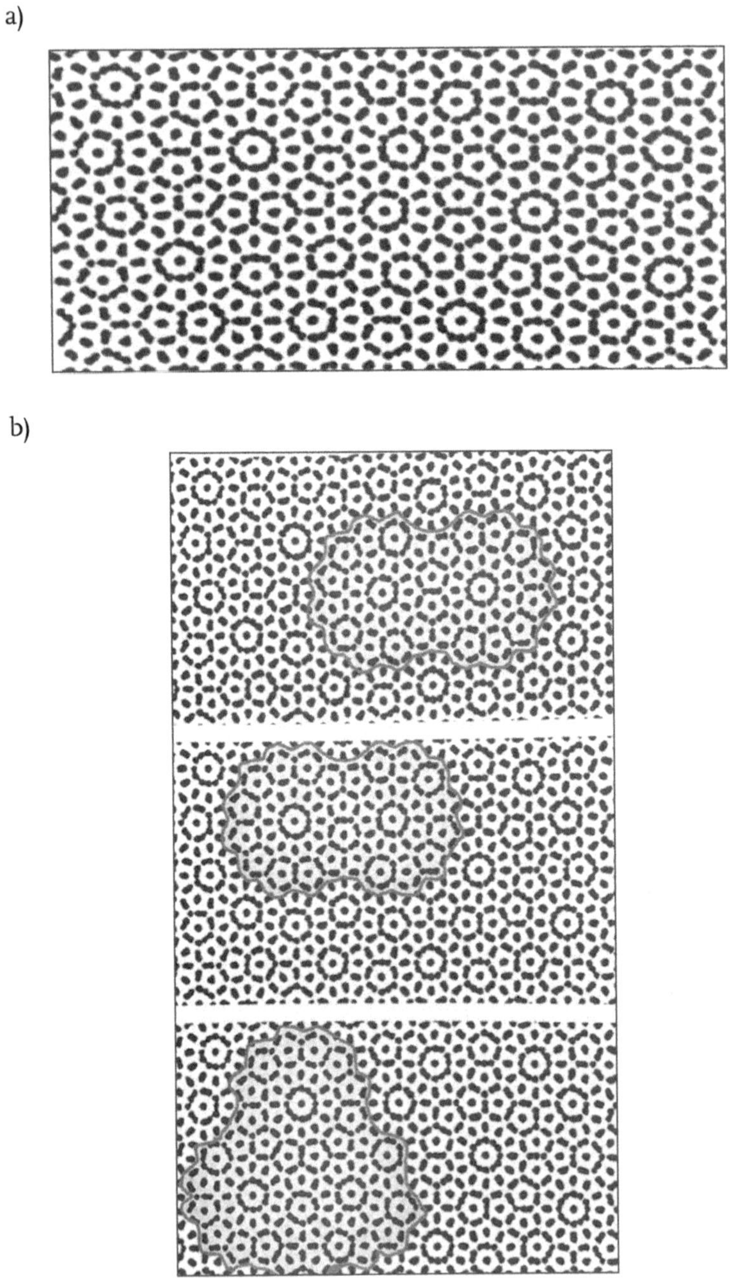

Abb. 2: Musterbildung (aus Lindemann 2008, S. 25 f.)

In der Präventionsarbeit bedeutet dies, dass es eine Mehrdeutigkeit und Vielfalt an Möglichkeiten von Muster- bzw. Systembeschreibungen gibt. Trotzdem müssen wir im pädagogischen Alltag »Situationen und Sachverhalte« beschreiben. Dabei ist das Wissen wichtig, dass es auch andere Möglichkeiten dazu gibt, die gleichberechtigt nebeneinander stehen.

Muster entstehen also dann, wenn jemand etwas als Muster bezeichnet (z. B. sich wiederholende Reaktionen eines Fachlehrers auf Aussagen eines Abteilungsleiters, Wiederholungen von Konflikten, ähnliche Konferenzabläufe) und gleichzeitig etwas anderes – wie eine andere Beobachtung – ausschließt. Diese Beobachtungen sind Erklärungsmodelle für Abläufe, die sich wiederholen, und machen somit Routinen und Wiederholungen beobachtbar. Sie schaffen somit eine gewisse konstruierte Ordnung und sichern den Fortbestand von Systemen, die ihre Muster selbst erschaffen und dadurch Unterschiede zu anderen Systemen bilden (beispielsweise regelt jede Schule ihre Präventionsarbeit bzw. deren Abläufe selbst und anders im Vergleich zur Nachbarschule).

Folgendes Beispiel soll die Musterbildung verdeutlichen: Wenn sich zwei oder mehrere Menschen (z. B. Präventionslehrkraft und Präventionsbeauftragte) zunächst nur oberflächlich kennen und sich begegnen, so kommt es zu Kommunikation. Man spricht zunächst evtl. erst mal über das Wetter, den Anfahrtsweg und die Zeitknappheit im Schuldienst. Hierbei spielen auch bereits Erwartungen eine Rolle, man verhält sich so (höflich), dass man vom Gesprächspartner nicht abgelehnt wird. Das Gesprächsthema ist offen und etwas weniger verbindlich. Trifft man sich von nun an regelmäßig(er) und an demselben Ort (z. B. in der Schule), so bilden sich bereits erste Muster, und die Kommunikation verändert sich allmählich. Man stellt nicht immer wieder die gleiche Fragen (»Haben Sie einen guten Parkplatz gefunden?«), sondern öffnet sich langsam, die Distanz wird geringer, und kommunikative Routinen bilden sich (z. B., sich zu umarmen oder die Hand zu geben), was Sicherheitsgefühle auslöst. Mit zunehmender Stabilisierung werden »ernste« Themen direkter und schneller angesprochen (»Wie steht es um die Präventionsarbeit bzw. deren Umsetzung an dieser Schule?«). Vielleicht zeigt die Präventionsbeauftragte auch ihre unsensiblere Seite und unterbricht die Präventionslehrkraft bei ihren Erläuterungen. Diese Verhaltensroutinen prägen die weitere Kommunikation und können auch den Beginn von Konflikten einleiten.

Unausgesprochen wird auch schon »ausgetestet«, was in diesem Schulsystem gewollt und erlaubt ist und wie sich in Zukunft der Umgang zwischen den Beteiligten gestalten wird (z. B., wer mehr Redeanteile erhält und damit seine Ideen durchsetzt). Falls man irgendwann beobachtet, dass die erzeugten Muster in einigen Situationen nicht hilfreich sind, so kann man nicht direktiv in die Muster eingreifen, sie können nur »irritiert« werden, indem man Unterscheidungen durch Beobachtungen von Details trifft – Beschreibungen von konkretem Verhalten und Kommunikation.[14] Somit lässt sich eine Veränderung von Problemmustern durch Unterschiedsbildungen anregen, was bedeutet, dass in die bisherigen Verknüpfungen von Verhalten, Gefühlen und Gedanken Unterschiede eingeführt werden.

In der systemischen Beratung geschieht dies oft durch (auch ungewöhnliche) Fragen, die Gedankengänge verändern und neue Ideen hervorbringen. Diese »Neuinformationen«[15] können danach zu einer Neugestaltung von Mustern führen, wenn das System diese nicht als zu irritierend wahrnimmt. Dadurch entsteht eine Möglichkeit, dass die beteiligten Menschen neue Erfahrungen erfolgreich bewältigen können und somit in Kontakt mit ihren Ressourcen kommen, was wiederum Hoffnung und Mut gibt (Hanswille u. Kissenbeck 2014, S. 149 ff.).

Die Abbildung 3 zeigt auf, wie Muster beobachtet und durch neue Informationen irritiert bzw. verändert werden können.

1. Diagnose Muster

Wie funktioniert das Muster, d. h., wie sind die sich wiederholenden Kommunikationsabläufe zwischen X und Y? Wer sagt was zu wem? Was ist mein Beitrag? Welche Stimmung nehme ich bei mir wahr? Wie reagiere ich wiederholt? Welche Gefühle begleiten dies? Wie ist meine Körpersprache dabei? Was tue ich? Wie schaue ich? Wie atme ich? Wie sitze ich? Wen schaue ich wie an? Welche Dinge denke ich dabei?

2. Beobachtungen

Nehmen Sie Ihre Aufzeichnungen mit zum nächsten Treffen bzw. zur nächsten Sitzung. Beobachten Sie dieses Muster. Stimmen Ihre Aufzeichnungen? Fügen Sie ggf. Änderungen ein.

---

14 Vgl. hierzu auch die Abschnitte »Musteraufstellungen« und »Nutzung von Problemkonstruktionen« in Kap. 3.9.

15 Neue Informationen lassen sich durch noch nie oder anders gestellte Fragen bzw. Methoden in der Zusammenarbeit erhalten. Daher bezeichnen wir systemische Beratung oft auch als paradox und/oder kreativ.

3. Sequenz
Wählen Sie eine kleine Sequenz davon aus, die Ihnen wichtig erscheint und die sich immer von Neuem wiederholt. Beschreiben Sie diese nochmals für sich. Achten Sie dabei auf Details.

4. Verhaltensänderungen
Welches Verhalten Ihrerseits möchten Sie wozu ändern? Was wäre sinnvoll? Was möchten Sie stattdessen tun? Was würden Sie dabei denken? Welche Handlungen würden Sie dabei vollziehen? Wie fühlen Sie sich dann dabei? Was würden Sie sagen und zu wem?

Führen Sie diese Verhaltensänderungen in den Sitzungen für eine Weile durch. Beobachten Sie jedes Detail, was sich möglicherweise bei den anderen Teilnehmern in der Haltung und Kommunikation verändert.

5. Evaluation
Welche Änderungen sind geschehen? Bei Ihnen? Was hat das bei den anderen Teilnehmern bewirkt? Wie oft haben Sie dies beobachtet? Was hat das mit Ihnen gemacht? Wie erleben Sie die Zusammenarbeit nun? Was haben Sie getan, um das neue Verhalten immer wieder einzuüben? Welche Vorteile hatte dies für Sie?

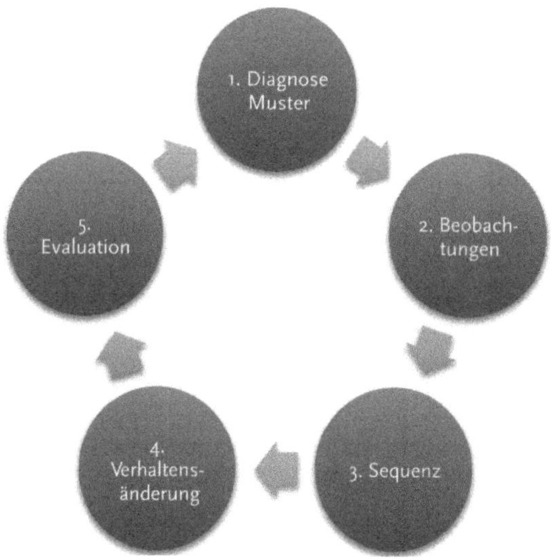

Abb. 3: Zirkularität und Mustermanagement

2.3 Schulen als autopoetische Systeme

Als autopoietisch werden Systeme bezeichnet, die ihre Elemente selbst erzeugen und in einem selbstrückbezüglichen Prozess reproduzieren. Für die Kommunikation innerhalb einer Schule (eines Systems) bedeutet dies, dass die Äußerungen eines Abteilungsleiters an einer Schule zu neuen Kommunikationsereignissen zum Beispiel zwischen einigen Lehrern führen, die über eben diese Äußerungen sprechen. Hierbei geht man davon aus, dass diese Systeme eine operationale Geschlossenheit erzeugen und damit nur begrenzt von extern beeinflussbar sind:

> Ein System ist eine Gruppe von Elementen (Lehrer, Präventionslehrkräfte, Rektor usw.), die durch Beziehungen verbunden sind und nach einer Weile Muster ausbilden (die Art des Umgangs miteinander, offizielle oder unausgesprochene Regeln und Normen) und sich dadurch von ihrer Umwelt (andere Schulen, andere Gruppierungen wie z. B. Schulberater, Regierungspräsidien) abgrenzen.

Für die Präventions- und Gesundheitsförderung bedeutet dies wiederum, dass z. B. Präventionsbeauftragte von »außen« eine nur geringe bis keine direkte Interventionsfähigkeit besitzen. Sie sind nur in der Lage, Systeme »anzustoßen« bzw. zu irritieren, indem sie Neuerungen nur insofern einbringen können, als sie diese vorstellen – wie bspw. ein Präventionsprogramm. Die Mitglieder des Systems Schule entscheiden dann jedoch weitestgehend autonom, ob sie dies annehmen möchten (s. Abb. 4). Das wiederum hängt von der Entscheidung der Schulmitglieder ab, ob die Neuerungen zur Struktur passen und für eine nützliche Weiterentwicklung hilfreich sind. Eine direkte Kontrolle darüber, ob und was geschehen wird, haben die Präventionsbeauftragten nicht. Sie können lediglich die Struktur einer Schule bzw. eines schulischen Systems kennenlernen, wertschätzen und ihre Veränderungsanregungen auf diese hin abstimmen. Alle fachlichen Interventionen, die dies nicht tun, werden vermutlich nicht ausgeführt oder führen zum Abbruch der Arbeitsbeziehungen – egal, in welcher Form. Eine zunächst oft unbemerkte »innere Kündigung« der Lehrer einer Kooperationsschule lässt sich daran erkennen, dass z. B. Termine immer wieder verschoben werden, vereinbarte Entwicklungsschritte innerhalb der Schule nicht ausgeführt werden oder Präventionsbeauftragte ein »seltsames Gefühl« in der Zusammenarbeit bekommen, da eine Ablehnung der von ihnen beabsichtigen Maßnahmen nie offen ausgesprochen wurde.

In Bezug auf die Schüler bedeutet dies, dass sich auch diese nicht direkt und gesteuert beeinflussen lassen, was Präventionsprojekte jedoch oft anstreben. Die Programme sollen dazu führen, dass die Schüler gewisse Kompetenzen erhalten oder gewinnen– wie z. B. der Verzicht auf die Einnahme von Drogen. Dies ist jedoch nach systemischen Gesichtspunkten nicht möglich und kann auch nicht überprüft werden. Ob nach Präventionsprogrammen ein Erziehungseffekt eingetreten ist oder nicht, lässt sich nie mit Sicherheit prüfen, da man keinen Einblick in die Abläufe von Schülern gewinnen kann, die diese Systeme bestimmen. Schüler verhalten sich gegenüber diesen Erziehungseinflüssen selektiv, sie entscheiden, welche »Anreize« sie wie aufnehmen möchten. Somit ist absichtsvolle Erziehung zu gesundheitsbewusstem Handeln nicht vorhersagbar und nicht genau determinierbar, es gibt hierbei keine kontrollierbaren Bedingungen.

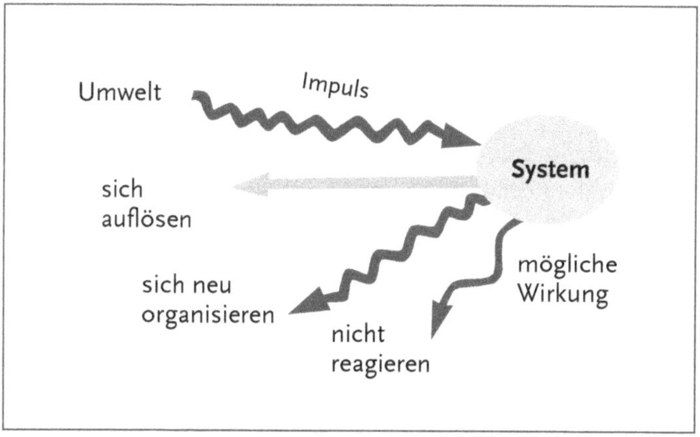

Abb. 4: Reaktionen des Systems auf Impulse aus der Umwelt (Renoldner 2007, S. 15)

Menschen sind aufgrund ihrer geschichtlich-biologischen Entwicklung ängstliche Wesen, die die Umwelt immer wieder auf mögliche bedrohliche Reize scannen. Früher war dies überlebensnotwendig, um z. B. bedrohliche Angriffe gefährlicher Raubtiere erkennen und abwehren zu können. Das Nervensystem reagierte auf Gefahr mit einer

Aktivierung zu Flucht- oder Kampfreaktionen. Dies bedeutete allerdings einen erhöhten Energieverbrauch. Wir Menschen bleiben aber gerne in unserer Komfortzone mit bekannten Abläufen, Menschen und Institutionen. Verhaltensänderungen bzw. neue Informationen bedeuten somit ein Verlassen dieser Zone und einen Anstieg des Energieverbrauchs, was zu Unruhe im (Nerven-)System bzw. Gehirn führen kann. Daher ist es wichtig, dass Präventionsarbeit in einem sicheren Rahmen stattfindet und zugleich Reize bietet, damit man einen kleinen Schritt aus der Komfortzone heraus wagen kann, um Neues zu lernen. Zu viele oder starke Reize können ein individuelles System überfordern und allzu große Angst erzeugen, sodass Flucht-, Kampf- oder gar Erstarrungsreflexe ausgelöst werden.[16]

2.4 Ressourcenorientierung und Konstruktivismus

»Wir sehen nur, was wir sehen.
Wir sehen nicht, was wir nicht sehen.«
nach Heinz von Foerster

Systemische Präventionsarbeit an Schulen bedeutet, einen Wechsel in der Blickrichtung vorzunehmen. Während Schulen immer noch häufig den Blick darauf werfen, was nicht funktioniert (defizitorientiert), bietet die Idee der Präventionsarbeit an Schulen zunehmend die Möglichkeit, darauf zu achten, »was gut läuft«. Dies entspricht auch der systemischen Haltung einer Ressourcenorientierung und damit der Betrachtung dessen, welche Bedingungen für das Gelingen nötig sind. Die bisherige, oft defizitorientierte Betrachtung wurde durch die gezieltere Analyse von Schutzfaktoren und Variablen ergänzt, die zur Ausbildung und Erhaltung seelischer Gesundheit wesentlich beitragen (Fröhlich-Gildhoff, Becker u. Fischer 2012). Ein wichtiger Hintergrund hierfür waren Studien, die das Aufwachsen von Kindern und Jugendlichen unter schwierigen Bedingungen auch im Langzeitverlauf untersucht haben und Variablen für risikomildernde Entwicklungsverläufe identifizieren konnten.

Was den einzelnen Systemen – wie Schülern und Klassengemeinschaften – im (Schul-)Alltag in welcher Weise letztendlich zur Gesundheitserhaltung hilft, kann sehr unterschiedlich sein; das können nur die Betroffenen selbst beantworten bzw. entscheiden. In der

16 Aus einer SEI-Fortbildung (Somatische emotionale Integration) bei Dami Charf, 2021.

Präventionsarbeit versucht man, mit Theorien und Konzepten, die letztendlich Konstruktionen sind, positive Maßnahmen im Schulsystem zu erzeugen und aufrechtzuerhalten. Diese Sichtweise ist von der Erkenntnistheorie des Konstruktivismus abgeleitet, die davon ausgeht, dass Methoden, Forschungen und Annahmen Konstruktionen über die Welt (also auch über Schulsysteme) sind, die auf unseren Wahrnehmungen beruhen und die nie unabhängig von diesen sein können. Im Schulsystem wird immer wieder auf Fakten wie Noten und kausale Planbarkeit von Unterrichtsentwürfen verwiesen. Der Begriff »Fakten« suggeriert, dass es objektive Beobachtungen und Wahrheiten unabhängig von der Sichtweise eines Beobachters gäbe. Aber jede Tatsache bzw. Beobachtung muss zunächst von jemandem wahrgenommen und bewertet werden. Wie etwas wahrgenommen und interpretiert wird, ist sehr stark abhängig von der individuellen Informationsverarbeitung. Diese hängt von Faktoren wie Lebenserfahrungen, Werten, Einstellungen, der aktuellen persönlichen Verfassung (»Stimmung«) und der Informationsverarbeitung (im Gehirn) ab. Maturana meint damit:

> »Jede Beobachtung wird von einem Beobachter gemacht, und alles Gesagte ist von jemandem gesagt.«[17]

Daher ist jede Beobachtung subjektiv und untrennbar mit dem subjektiven Beobachter verbunden (s. Abb. 5).

Das Kriterium zur Beurteilung dieser Theorien ist ihre Brauchbarkeit und Nützlichkeit. Beispielsweise ließe sich ein Präventionsangebot darauf »überprüfen«, wie nützlich es für eine bestimmte Schule oder Klasse ist. Oftmals wird in Besprechungen das Argument angeführt, dass »alle anderen Schulen dieses Präventionsangebot auch nutzen und gute Erfahrungen damit gemacht haben«. Die daraus entstehenden Diskussionen in den Konferenzen, die Kraft und Zeit rauben können und oftmals um Fragen des Rechthabens und Falschliegens kreisen, verlaufen defizitorientiert. An dieser Stelle ließe sich diese Verallgemeinerung dahingehend verändern, welchen Sinn das Angebot für die jeweilige Schule ergeben könnte, welche Effekte sich aus welchen Gründen zeigen könnten und unter welchen Bedingungen es in diesem Schulsystem nützlich sein könnte. Somit würden die unterschiedlichen Sichtweisen der Beteiligten wahrgenommen, respektiert und neugierig betrachtet werden, sodass sich wesentliche

17 Im Rahmen eines Seminars am Systemischen Institut Karlsruhe am 23.1.2010.

Informationen für die jeweilige Schule herausfiltern lassen (Schwing u. Fryszer 2007, S. 28 f.).

Abb. 5: Individuelle Informationsverarbeitung

2.5 Zur Autonomie von Schulen

Systemisch betrachtet sind Schulen komplexe Systeme, die selbstorganisiert und autonom sind. Im Bereich der Schule sprechen wir von Gestaltungsautonomie oder operativer Autonomie: Das Tagesgeschäft erledigen die Schulen selbst und fällen diesbezüglich Entscheidungen – darüber hinaus treffen sie allerdings keine zentralen Entscheidungen. Dass es verschiedene Grade an Autonomie gibt, ist aus der Literatur zu den teilautonomen Arbeitsgruppen bekannt (vgl. Pietruschka 2003), im Rahmen der Schultheorien stehen dafür jedoch keine Konzepte zur Verfügung. Hier wird auf die Notwendigkeit der Autonomie als Voraussetzung für die pädagogische Arbeit verwiesen und diese historisch begründet (Rahm 2006). Die pädagogische Autonomie gilt als programmatische Sammelbezeichnung für die zu »erstrebende [...] praktische Selbstständigkeit [...] pädagogischer Gesichtspunkte« und ist »besonders geeignet, das Eigentümliche pädagogischen Handelns zu betonen« (Rolff 2007, S. 52). Da die Staatlichkeit der Schulen nach staatlicher Kontrolle verlangt, kann man hier nicht von vollkommener Selbstständigkeit der Schulen sprechen, sondern – wie aus der Wirtschaft bekannt – von »teilautonomen« bzw. teilselbstständigen Schulen. Eine Ausnahme bildet die hohe Autonomie der einzelnen Lehrkraft im Unterricht, wobei sich die Bildungsziele jedoch einer eindeutigen Erfolgskontrolle entziehen (ebd., S. 53). Dabei wird gleichzeitig betont, dass die Autonomie von Schulen für die innere Schulentwicklung Voraussetzung ist – zumal das Unterrichten, Erziehen, Bewerten und Beurteilen in diesem »loosely coupled system« kaum reglementierbar und standardisierbar ist und Schulleitungen sowie Schulaufsicht kaum die zeitlichen Ressourcen zu deren Kontrolle haben.

Rolff kritisiert die Autonomisierung von Schulen als Gesamtstrategie, da diese nicht wirklich realistisch umzusetzen ist, und benennt dafür drei Gründe (ebd., S. 54):

- Vorgegebene standardisierte Lösungen sind zum Scheitern verurteilt.
- Gesamtstrategien gehen davon aus, dass Lösungen einfach adaptiert werden, in der Realität adaptieren jedoch Schulen die Vorgaben an ihre Gegebenheiten.
- Innovationen können nicht zielgetreu adaptiert werden, Änderungen sind jedoch so komplex, dass sie einem Entwicklungsprozess mit einer eigenen Dynamik folgen.

Bezüglich der Autonomie von Schulen zieht Rolff den Schluss, dass man auf der zentralen Gesamtsystemebene lediglich global steuern und den Kontext setzen kann, nicht aber die Schulentwicklung einer Schule zu steuern vermag. Schulentwicklung setzt per se ein gewisses Maß an Autonomie und Gestaltungsfreiheit durch die Einzelschule voraus. Die Ansätze zur Qualitätsentwicklung und -sicherung von Schulen stehen für diesen Paradigmenwechsel.

Gestaltungsautonomie und deren Organe

Als Autonomiebegriff für die gesamte Schule lautet die entscheidende Frage: Wie kann bzw. wie wird diese von Schulen realisiert (werden)? Die Ansätze der Organisationsentwicklung haben darauf die Antwort: Gestaltungsautonomie ist demnach Schulreform von unten und damit Teil der täglichen Schularbeit – auch der präventiven Arbeit im

Unterricht und in der Schule insgesamt (die sog. Grundprävention). Sie ist ständig um Klärungen, Konsens und Kooperation bemüht – in der Erkenntnis, dass mitdenkende Lehrkräfte eine Grundvoraussetzung für die Entwicklung von Organisationen sind. Dabei kann man zu demokratischem Verhalten nicht gezwungen werden, sondern nur durch Einsicht gelangen (vgl. dazu die Phasentheorien von Lewin [1947] als Ausgangspunkt für die Entwicklung von Institutionen und Gruppen).

Das Besondere am Ansatz des Organisationsentwicklung ist, dass man nicht vom Einzelnen ausgeht, sondern von miteinander vernetzten Teams als Motoren der Entwicklung (French u. Bell 1994), wobei in Schulen die Steuergruppen – bzw. im Sinne der Prävention die Präventionsteams – als die Zentrale von Präventionsentwicklung gesehen werden. Die Schulleitungen sollten darin mit vertreten sein, denn sie werden als die zentralen Motoren der Entwicklung gesehen.[18] So gesehen sind Schulen im Rahmen ihrer Gestaltungsmöglichkeiten selbstständig, sie können aber ihren Möglichkeitsraum vergrößern.

18 Vgl. hierzu das Kapitel »Team und Leitung« (S. 166 ff.).

3 Beratung zur Präventionsarbeit an Schulen

»Das Ganze ist mehr als die Summe seiner Teile.«
Aristoteles

Präventionsarbeit an Schulen unter systemischen Gesichtspunkten ist dynamisch und versucht, komplexe Abläufe menschlichen Lebens zu beobachten und zu irritieren, um Gesundheit und Wohlbefinden zu fördern. Die Bezeichnung »irritieren«[19] meint Vorgänge, die neue Informationen in ein System »einbringen«, worauf dieses dann reagiert. Da sich keine linearen Reaktionsketten zugrunde legen lassen, gehen wir von zyklischen Mustern aus, die von den jeweiligen Personen im Schulsystem selbst organisiert werden. Hierbei stehen sie immer direkt oder indirekt in Wechselwirkungen mit der Umwelt, was nie zu einem dauerhaft stabilen Gleichgewicht führt. Dadurch ist eine Anpassung an die Umwelt möglich, die vom System selbst geregelt wird. Dies bedeutet, dass Schüler, Eltern und Lehrer selbst entscheiden, wie sie auf Reize von außen (z. B. einen Präventionsvortrag oder ein Sozialtraining) reagieren – da alle am Schulleben Beteiligten immer auch noch anderen Systemen wie Familien, Sport- und Musikvereinen, Freundeskreisen usw. zugeordnet sind bzw. mit diesen Kontakt haben und von diesen (gleichzeitig) irritiert werden. Somit kann Gesundheit und Wohlbefinden niemals ein stabiler Zustand sein, sondern immer ein dynamischer. Dies bedeutet wiederum, dass Menschen auf Reize ganz verschieden reagieren, auch wenn diese Inputs gleich bleiben. Daher lässt sich nie voraussagen, welche präventiven Maßnahmen in welcher Schule und Klasse wie wirken. Oftmals prägen jedoch immer noch naturwissenschaftlich-medizinische kausale Modelle (Gesundheitsbelehrungen) die Präventionsarbeit und vermitteln eine trügerische Vorhersagbarkeit auf die Menschen (allen voran Schüler) im Schulsystem. Präventionsarbeit kann keine »gesundmachenden Informationen« übertragen, sondern nur Menschen (Systeme) anregen, sich so zu organisieren, dass ein inneres Gleichgewicht immer wieder individuell hergestellt wird (Homöostase) (Knörzer 1994, S. 49 ff.).

19 Perturbation (Störung/Verwirrung): Auf Reize reagiert ein System strukturspezifisch.

3.1 Beratungs- und Unterstützungssystem

Der Strukturplan für das Bildungswesen (Deutscher Bildungsrat 1970) legt die Aufgabenverteilung innerhalb der schulintegrierten Beratung explizit fest. Bildungsberatung ist demnach ein Strukturelement des Bildungswesens und fordert zur Bewältigung dieser Aufgabe ausgebildete Fachkräfte, die nur noch im Einzelfall als Lehrkräfte arbeiten. Diese Fachkräfte sollen für ihre Tätigkeit besonderes Fachwissen sowie Kenntnisse in speziellen Untersuchungsmethoden mitbringen (Schäfer-Koch 1992). Die Notwendigkeit einer eigenständigen Bildungsberatung wird damit begründet, dass sich das deutsche Bildungswesen individualisiert und differenziert habe. Dadurch sei die Notwendigkeit entstanden, dem Lernenden durch sachkundige Beratung zu helfen, damit er die Bildungsangebote und Lernmöglichkeiten wählen kann, die die Entfaltung seiner Persönlichkeit fördern und ihm gleichzeitig berufliche und gesellschaftliche Chancen bieten.

Dieser Argumentation folgend hat die Kultusministerkonferenz (KMK 1981) in ihrem Beschluss über »Beratung in Schule und Hochschule« formuliert, dass es zu den Aufgaben von Schule gehört, Schüler bei Entscheidungen über den passenden Bildungsweg zu beraten. Als Folge finden sich im Schulsystem verschiedene Arten von Fachkräften, die eine Beratung anbieten. Neben Beratungslehrkräften und Schulpsychologen gehören dazu mit Blick auf Systemberatung insbesondere Fachberater z. B. für Schulentwicklung, Prävention und Unterrichtsentwicklung. Die Aufgaben der Präventionsbeauftragten werden im Folgenden näher beschrieben.

3.2 Präventionsbeauftragte und ihre Aufgaben

Innerhalb der Schulsysteme gibt es eine Reihe von beratenden Funktionen, die von Lehrkräften mit spezifischen Weiterbildungen ausgeführt werden. Fachberater für Prävention und für Gesundheitsförderung sowie solche für die Unterrichts- und Schulentwicklung beraten als Experten die Lehrkräfte oder ganze Schulteams, initiieren Projekte an der Schule und wirken als Multiplikatoren für ihr jeweiliges Themengebiet.

In Baden-Württemberg können sich beispielsweise interessierte Lehrkräfte zu Präventionsbeauftragten ausbilden lassen, um Schulen bei der Umsetzung des landeseigenen Präventionskonzeptes zu unterstützen (vgl. Ministerium für Kultus, Jugend und Sport Baden-Württemberg 2013).

Die Beratergruppe arbeitet schulartübergreifend in regionalen Teams zusammen und unterstützt Schulen

- bei der Analyse und Weiterentwicklung ihrer Präventionsarbeit
- bei der Zusammenführung von Präventionsinitiativen innerhalb der Schule
- bei der Erstellung eines Sozialcurriculums
- bei der Vernetzungsarbeit
- durch Fortbildungen für Lehrkräfte im Bereich der Prävention sowie
- bei der Gestaltung und Durchführung von pädagogischen Tagen und Elternabenden.

Auf Ebene der Schule gibt es Präventionslehrkräfte, die die Präventionsarbeit an der eigenen Schule – der sog. Stammschule koordinieren.

Der Orientierungsrahmen zur Schulqualität ist die Grundlage für die Weiterentwicklung der Präventionsarbeit an allgemeinbildenden Schulen. Die beruflichen Schulen arbeiten auf der Grundlage des Konzepts der *Operativ Eigenständigen Schule* (OES).[20] Die Qualität schulischer Projekte und Maßnahmen lässt sich sichern und entwickeln, wenn alle am Schulleben Beteiligten in einen Klärungsprozess treten, um die Fragen des PDCA-Zyklus (»plan-do-check-act«) gemeinsam zu beantworten (Ministerium für Kultus, Jugend und Sport BW 2015, S. 70). Analog hierzu verwenden die beruflichen Schulen den PDSA-Zyklus (»plan-do-study-act«).

Die Schulleitung kann sich die Unterstützung und Weiterentwicklung der schulischen Präventionskonzepte als Ziel setzen und sie in den Zielvereinbarungsgesprächen mit der zuständigen Schulaufsicht thematisieren. Bei der Entwicklung eines schuleigenen Präventionskonzeptes ist es sinnvoll, dass *Präventionsbeauftragte* in diesen Prozess so früh wie möglich mit einbezogen werden.

Das Grundverständnis ihrer Arbeit beinhaltet Vertraulichkeit, Freiwilligkeit, freien Zugang, fachliche Unabhängigkeit und Neutralität sowie Kostenfreiheit:

20 Verfügbar unter: www.oes-bw.de [17.9.2021].

- *Vertraulichkeit:* In der praktischen Beratungsarbeit bedeutet dies, dass die Inhalte der Beratung vertraulich behandelt werden. Die Schule muss der Weitergabe von Informationen explizit zustimmen.
- *Freiwilligkeit und freier Zugang:* Die Schulen – i. d. R. die Schulleitungen – können sich direkt mit ihren Anliegen an die Beratungsstellen wenden. Die Beratung findet freiwillig und nicht im Zwangskontext statt.
- *Fachliche Unabhängigkeit:* Beratende Systeme üben keine Aufsichtsfunktion in Bezug auf Lehrkräfte, Schüler oder Schulleitungen aus. Sie sind in der Beratung und in ihrem fachlichen Handeln ausschließlich den Anliegen der ratsuchenden Schule verpflichtet und beraten nach den Prinzipien Neutralität und Allparteilichkeit.
- *Kostenfreiheit:* Die Beratungs- und Unterstützungsleistung wird von Institutionen des jeweiligen Bundeslandes erbracht, deren Beratung für die Schulen grundsätzlich kostenfrei ist.

Ausgehend von diesen allgemeinen Beratungsprinzipien stellen wir im Folgenden die zentralen Grundsätze psychologischer Beratungstätigkeit sowie einen allgemeinen Ablauf von Beratung dar.

Das Prinzip Neutralität und Allparteilichkeit

Die Beratung durch Präventionsbeauftragte im Sinne der Unterstützung von Schulen folgt allgemein den Prinzipien der Neutralität und Allparteilichkeit. Neutralität verstehen wir als eine nichtwertende Haltung gegenüber den vorhandenen, gegebenenfalls konfligierenden Ansichten, Meinungen und Zielen der im Beratungssystem involvierten Personen. Allparteilichkeit beschreibt die Fähigkeit eines Beraters, für alle Systemmitglieder gleichermaßen Partei ergreifen zu können und ihre jeweiligen Anteile bei der Problemproduktion sowie ihre Verdienste bei deren Lösung zu würdigen (Bamberger 2010, S. 167 f.).

Prinzip Realitätspluralismus

Jeder Beteiligte hat seine eigene Sicht auf das problematische Verhalten. Nach von Foerster besteht die erste Handlung eines Beraters darin, die Idee einzuführen, »dass die Welt, wie wir sie zu sehen glauben, nur eine Sichtweise, eine Beschreibung der Welt ist« (von Foerster u. von Glasersfeld 2010, S. 7). »Dies zu akzeptieren«, so von Foerster weiter, »ist eine der schwierigsten Aufgaben überhaupt. So sind wir auf selbstgefällige Weise in unsere bestimmte Weltsicht verstrickt, die uns zu Empfindungen und Handlungen zwingt, als ob wir alles über die Welt wüssten.« Für die praktische Beratungsarbeit bedeutet dies:

- Es existieren gleichzeitig und gleichberechtigt mehrere Wahrheiten über ein problematisches Verhalten im Beratungssystem.
- Die beratende Person ist unwissend, sie kennt das Problem nicht und weiß nichts über dessen Lösung. Sie konstruiert ihre Sichtweise aus den Problembeschreibungen der Ratsuchenden sowie ihren eigenen Erfahrungen und Wertvorstellungen.
- Eine gemeinsame Problemdefinition wird von Beratern und Ratsuchenden sprachlich konstruiert und geschaffen.

Das Prinzip Zirkularität

Beratungsstellungen in der präventiven Beratung sind in der Regel nicht mithilfe des linearen kausalanalytischen Denkschemas »Wenn A ... dann B« erklär- und lösbar.

Zirkularität lässt sich folgendermaßen umschreiben: Gibt es Probleme in der Schule (z. B. für die Lehrkraft eine schwierige Klasse, für den Schüler schlechte Noten), so wirken sich diese auf das Familiensystem aus. Ebenso wirken umgekehrt Veränderungen im privatpersönlichen Bereich (z. B. Trennung, einsetzende Pubertät) zurück auf das schulische System. Entscheidend ist dabei, dass die zeitliche Abfolge keine Rolle spielt, sondern man vielmehr davon ausgeht, dass die Phänomene zeitgleich auftreten und sich gegenseitig bedingen (Lieb 2009).

Veränderungen breiten sich im gesamten Beratungssystem aus – ähnlich der Reaktionsweise eines Mobiles (Mücke 2003). Diese Grundhaltung führt in der Beratung dazu, dass

a) man nicht nach Schuldzuweisungen für ein Problem sucht, sondern nach Erklärungen für dessen Zustandekommen und
b) sich dadurch eine Erweiterung des »Lösungsraumes« in der Beratungstätigkeit bietet.

Wenn Problemverhalten wechselseitig wirkt, wirken auch Lösungen in einem der Systeme auf das jeweils andere System zurück (Lieb 2009).

Das Prinzip Ressourcenorientierung

Eine weitere Grundannahme im Rahmen präventiver Beratung ist, dass kein Mensch sich in böswilliger Absicht so verhält, wie er sich verhält. Die aktuellen Verhaltensweisen der am Problem Beteiligten stellen Lösungsversuche dar – manchmal eben mit negativen Auswirkungen (Hennig u. Knödler 2010).

Das »Problem« ist zunächst einmal nichts Bedrohliches, sondern entspricht dem aktuellen Bedürfnis der Menschen (u. a. Lieb 2009).[21] Um ein bestimmtes Verhalten zu produzieren, sind bestimmte Fähigkeiten, Kompetenzen und Ressourcen nötig. So, wie ein Problem also auf Schwierigkeiten hindeutet, zeigen Schwierigkeiten auch eindeutig, dass ein System über bestimmte Kompetenzen und Ressourcen verfügt.

Dazu ein Beispiel für Ressourcenorientierung: Bei dieser Betrachtungsweise wird aus Passivität Aktivität, Defizite werden zu Ressourcen und Abwertungen durch eine wertschätzende und positive Konnotation in Aufwertungen verwandelt (u. a. Bamberger 2010). Im Allgemeinen gilt für die Beratung: Wer die Fähigkeit hat, problematisches Verhalten zu produzieren, hat auch die Kompetenz, es wieder aufzugeben. Schulen verfügen über Ressourcen und Selbstheilungskräfte. Zum Zeitpunkt, an dem Schulen eine Beratungsleistung anfordern, sind ihnen diese jedoch nicht zugänglich (u. a. Weinberger 2008; Molter u. Nöcker 2015). Folglich muss es Teil der Beratung sein, der Schule diese Ressourcen und Selbstheilungskräfte in einem strukturierten Beratungsprozess zugänglich zu machen.

3.3 Professionalisierung der Beratungstätigkeit

»Ich freu mich, wenn es regnet,
denn wenn ich mich nicht freue, regnet es auch.«
Karl Valentin

Präventionsbeauftragte haben Vorgaben, wie sie arbeiten sollen. Allerdings können die Herausforderungen an Schulen, an denen sie tätig werden, groß und unangenehm sein. Wenn beispielsweise in den Teamsitzungen des Präventionsteams einer Schule ständig Problem-

21 Personen haben immer einen guten Grund für ihr Verhalten, auch wenn dieser oft (zunächst) für Außenstehende nicht ersichtlich ist.

orientierung vorherrscht, Mitglieder fehlen oder sich oft ändern, so kann der Prozess, die gegebenen Zielsetzungen zu erreichen, mühsam werden. Da sie unter systemischen Gesichtspunkten nicht direkt in das Geschehen eingreifen können, haben sie direkten Einfluss nur auf sich selbst.

Bei ihrer Beratungstätigkeit müssen sie einerseits mit den Mitgliedern des Systems Schule in Resonanz gehen und andererseits den Überblick in Bezug auf ihr Aufgabengebiet erhalten, um von außen auf das System blicken zu können. Man hofft immer wieder, dass ein Arbeiten auf sachlicher Ebene möglich ist, jedoch bringt jeder Mensch Vorerfahrungen und Haltungen aus seinem bisherigen Leben (Biographisches) mit in die Arbeit ein. Daher stellt eine Zusammenarbeit mit anderen Menschen immer eine Mischung aus Fühl-, Denk- und Verhaltensmustern dar, was oft nicht bewusst abläuft. Das »Eisbergmodell« schenkt einen Überblick dazu und kann helfen, die Kommunikationsabläufe einzuordnen (s. Abb. 6).

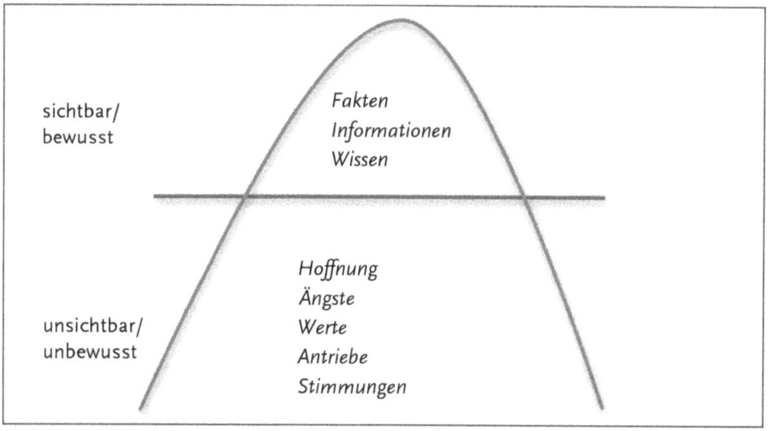

Abb. 6: Eisbergmodell

Auf der »sichtbaren« Ebene befinden sich sachliche Informationen und Vorgaben, die meistens bekannt sind. Die »unsichtbaren« Anteile jedoch erschweren oft ein zielgerichtetes Vorgehen, da sie (zunächst) nicht direkt benannt werden und Zu- und Abneigungen beeinflussen. Sie sind jedoch unbedingt zu beachten, da sie auf individuelle Bedürfnisse hinweisen und Sicherheit sowie das Selbstwertgefühl widerspiegeln.

Um sich der verschiedenen Ebenen bewusst zu werden und das professionelle Arbeiten zu stützen, sind folgende Gedanken zur Selbstreflexion hilfreich:

Ausgangslage bei der Selbstreflexion

- Selbstbeobachtung bildet die Grundlage und stellt einen Prozess dar.
- Affekte, Eigenerklärungen, Kognitionen, berufliche Identität und Kompetenz werden in Zusammenhang gebracht.
- Mögliche »Manipulationen« durch (Gruppen-)Druck sind ein Thema.

Ziele der Selbstreflexion

- die Grenzen der Selbsterkenntnis und Möglichkeiten der eigenen Denk-, Fühl- und Handlungsmuster thematisieren → Selbstkontrolle erlangen
- Erweiterung der Wahlmöglichkeiten
- Nutzung von Ressourcen
- Perspektivenwechsel: Wie sieht mich das Gegenüber?
- Was teile ich von mir mit? Was und wie kommt es an?
- den Arbeitskontext erschließen
- Umgang mit Scheitern und Erfolg
- Grenzen verlassen bzw. verändern.

Um die Arbeit der Präventionsbeauftragten etwas anschaulicher zu gestalten und einen »roten Faden« aufzuzeigen, möchten wir einen möglichen Ablauf für Veränderungsmanagement vorstellen, der auch zeigt, dass es um die Arbeit in Prozessen und mit nicht direkt veränderbaren Systemen geht.

Leitfaden Veränderungsmanagement

Erste planbare Überlegungen

- erste Informationen explorieren
- evtl. Organigramm[22] einsehen
- Vorgespräche zur Auftragsklärung führen

22 Schema in Form eines Stammbaums, das den Aufbau einer Organisation erkennen lässt und über die Einteilung der Arbeit oder über die Zuweisung bestimmter Aufgabenbereiche an bestimmte Personen Auskunft gibt.

Mögliche Anlässe für Veränderung

- neue Vorgaben aus dem Kultusministerium zum Thema »Prävention«
- neue Schulleitung
- Einführung neuer Systeme
- Prozessveränderungen
- u. a.

Fragen

- Warum wird der Bedarf für ein Veränderungsmanagement gesehen?
- Wer entscheidet über den Prozess?
- Wie sind die anderen Beteiligten einbezogen?

Erste »diagnostische« Überlegungen; Hypothesen zum Veränderungsbedarf

1. Vorannahmen: Veränderungsbedarf ist nicht eine »objektive« Veränderungsnotwendigkeit, sondern das Ergebnis von Beobachtungen.
2. Veränderungsbedarf signalisiert Umweltoffenheit. Das »Hereinlassen« externer Beratung ist ein Zeichen für die Öffnung des Systems.
3. quantitative Bestimmung des Veränderungsbedarfs (wer, wie viele sind betroffen? ...)
4. qualitative Bestimmung des Veränderungsbedarfs (Bedeutung der Veränderung für die Betroffenen)
5. Analyse der Vorerfahrungen mit Veränderungen (Lösungsversuche) sowie der bestehenden Veränderungsbereitschaft (Hypothesen über Veränderungshemmnisse)
6. Überlegungen zum Typ der »Intervention« und zu ihren Besonderheiten (Vorgehen und Methoden, z. B. Aufstellungen, Arbeiten mit Ritualen, Fragen)

Hypothetische Diagnose und Auftragsklärung

1. Selbstauftrag/Fremdauftrag
2. Wie groß ist das System?
   - Wie viele Personen (Komplexität der Kommunikation)?
   - Wie viele Entscheider?
   - Wer sind die Anspruchsgruppen?
   - Wer ist von den Veränderungen betroffen (direkt und indirekt)?

3. Klima-Analyse
   - Konflikthypothesen (Wie »funktioniert« der Konflikt/zukünftige Konflikte? Wer profitiert davon? Wie hält sich der Konflikt aufrecht?)
   - Wer hat welche Haltung/Meinung zum Prozess? Welche möglichen Gruppierungen könnten entstehen?
4. Musteranalyse (Was soll sich wie verändern und was nicht? Welche Werte und Regeln gibt es?)
5. Kontrakthypothese (Kläger, Besucher, Kunde)

»Struktur« schaffen

1. Komplexität erhöhen oder reduzieren
2. Umfang der Beratung planen
3. Raum für Feedbacks einplanen
4. Setting planen (Ort, Kollegium, Zeit, Intervalle)
5. Zwischenergebnisse (Feedbacks, Beobachtungen, Unterschiede vorher/nachher)

3.4 Haltungen und Methoden

Im Folgenden möchten wir Methoden und Haltungen aufzeigen, die einerseits in der Zusammenarbeit mit Schülern und andererseits den Beratungs- und Unterstützungssystemen hilfreiche Ideen bieten können, um Ziele und Grundlagen der Prävention in einer konstruktiven Zusammenarbeit umzusetzen. Dabei können nicht alle Ebenen (Kultusministerium/Regierungspräsidium, Unterstützungssysteme, Schulen, Lehrer, Eltern, Schüler) gleichermaßen angesprochen werden, da es den Rahmen dieses Buches sprengen würde. Zahlreiche Aussagen bzw. Kapitel (Ressourcen, Lösungen, Haltungen, Musterbildung etc.) lassen sich jedoch auch auf andere Ebenen übertragen.

Um Änderungen (in der Präventionsarbeit) herbeizuführen, gilt es aus systemischer Sicht, dem System neue Informationen »anzubieten«. Dies kann intrapersonell und interpersonell geschehen. Neuinformationen sind dabei allgemein auf folgenden »Ebenen« und Wegen möglich:

- Neubewertungen von negativ definierten Verhaltensweisen
- Neubewertung oder Änderung von Zielen
- Hinzuziehen oder »Entfernen« von beteiligten Personen

- neue bzw. andere Erklärungsmodelle von Problemen und deren Schlussfolgerungen
- andere Lösungsversuche als die bisherigen
- zeitliche Aspekte verändern wie z. B., die Dauer von Symptomen zu beeinflussen
- örtliche Aspekte: Raumgestaltung, Ort der Interaktionen
- inneres Sprechen, Änderungen im Verhalten und in den Gedanken
- Fokussierungen: Ein- und Ausblenden von »Wirklichkeiten«
- Komplexitätsreduktionen oder -erweiterungen
- u. a.

In diesem Buch stellen wir einige dieser Möglichkeiten vor, um Wege aufzuzeigen, »etwas anderes machen zu können als bisher«, wenn dies für das System hilfreich erscheint.

Möglichkeitsräume vergrößern

Systemische Betrachtungen erscheinen in der Regel andersartig, verwirrend oder einfach überraschend. Das soll auch oftmals so sein, weil sich dadurch neue Ideen und Informationen in Systemen anregen lassen, wodurch sich neue Blickwinkel, Lösungen und Fokussierungen eröffnen. Präventionslehrkräfte, Präventionsbeauftragte, Beratungslehrer und Schulleitungen, die oft im Schulsystem für die Präventionsarbeit verantwortlich sind, sollten in Gesprächen darauf achten, dass verschiedene Sichtweisen zu Präventionskonzepten ermöglicht werden. Durch die Akzeptanz verschiedener Meinungen geht es in den Gesprächen nicht sofort um Rechthaberei, Durchsetzung und Sieg, sondern es besteht die Chance auf ein Betrachten und Verweilen. Dadurch wird ein sogenannter »Möglichkeitsraum« vergrößert[23] und verändert, sodass sich Arbeitsweisen, Haltungen und Gedanken verändern können und hoffentlich hilfreich sind. Grundlegend ist hierbei, dass bisher hilfreiche Kommunikationsabläufe beizubehalten sind und andere, die als »störend« und problemerzeugend empfunden werden, so verändert werden sollen, dass sie hilfreich für die Betreffenden erscheinen. Wichtig ist der Zusatz »Betreffende«, da in der »systemischen Welt« diejenigen über passende Ideen entscheiden, die

23 Vgl. hierzu das Aufgabenbeispiel im Vorwort »Punkte verbinden«.

im schulischen Alltag dann damit arbeiten und leben müssen,[24] und nicht (nur) die »Beratenden bzw. Ratschlaggebenden«.

> *»Ich hatte eine Lösung,*
> *sie passte aber nicht zu meinem Problem.«*

Systemisches Denken und Handeln bedeutet somit, dass wir eine Organisation als System mit vielen verstärkenden und dämpfenden Rückkopplungsschleifen sehen (nicht als eine große Maschine mit »Wenn-dann-Optionen«) und entsprechend handeln. Dadurch sollen nicht nur die einzelnen Teile der Schule (Lehrer) betrachtet werden, sondern vielmehr die Beziehungen der Lehrer zueinander, damit sie Problemlösungen finden, die das System akzeptiert. Oftmals helfen (möglichst neutrale) Beobachtungen (aus der Beobachterposition), um zu sehen, wo (langsame) Veränderungen – mit geringem Kraftaufwand – zu anhaltenden, signifikanten Verbesserungen in der Präventionsarbeit an Schulen führen (s. Abb. 7).

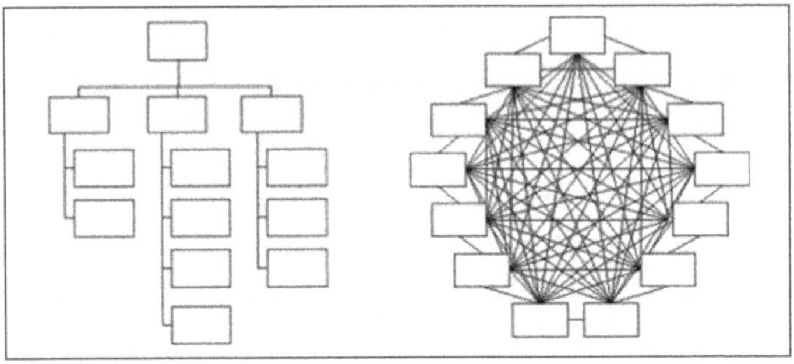

Abb. 7: Aufbrechen von Kommunikationsstrukturen, um Möglichkeitsräume zu erweitern (n. Mandl 1999)

Somit kann ein Berater sein »Beratungssystem« nicht gezielt beeinflussen, sondern nur zu einer Neuorganisation der Denk, Fühl- und Verhaltensmuster anregen. Eine Grundlage hierfür sind tragfähige Beziehungen, mit denen an das System »angekoppelt« wird. Dies bedeutet auch, sich an die Sprache, das Weltbild und das Wertesystem der »Klienten« anzuschließen.[25]

24 Eltern, Schüler, Lehrer, Hausmeister.
25 Vgl. hierzu die Kapitel »Problem- und Lösungssprache« (in Kap. 3.4) sowie »Ressourcenorientierung und Konstruktivismus« (Kap. 2.4).

Wie beobachtet man ein (zukünftiges) Problem?

Präventionsarbeit bedeutet auch, dass man Problemen (Gewalt, Sucht, Krankheit) durch bestimmte Aktionen wie Vorträge, Workshops und andere Präventionsprogramme präventiv vorbeugt (sonst wäre es Therapie/Behandlung, wobei im Alltag oftmals keine klare Abgrenzung vorgenommen wird). Dies bedeutet, dass ein Problem erst gar nicht entstehen soll und man annimmt, bestimmte Handlungen könnten dies verhindern. Da die Gegenwart hier positiv beurteilt wird (noch keine Sucht, Krankheit, Gewalt etc.), ergibt sich die paradoxe Situation, dass Prävention mit ihren Maßnahmen den Istzustand so »beeinflusst«, dass er in einem gewissen Rahmen so bleibt, wie er ist, oder sich nicht wesentlich verschlechtert, sodass die Probleme also auch in Zukunft nicht auftreten.

Unter systemischen Gesichtspunkten scheint dies schwierig zu sein, da ein Problem nicht als Eigenschaft eines Einzelnen oder als vorliegender Sachverhalt betrachtet wird, sondern als Interaktionsergebnis in einem Gesamtsystem. Ein Problem erschafft ein System, das sich als Folge einer Verkettung von Umständen bildet. Somit erscheint es auch als »Ergebnis« zwischen einem Beobachter und seiner Beobachtung. Ohne diesen Beobachter gäbe es das Problem nicht, denn erst der Beobachter hat das Problem unterschieden und bezeichnet. Dadurch wird ein Problem nicht zu einem objektiven Sachverhalt, sondern entsteht aus einer Betrachtungsweise, einem Fokus auf bestimmte Dinge, der andere Reize wiederum ausblendet. Gunther Schmidt spricht in seinen Vorträgen von »menschlichem Erleben, das durch die Bildung von Netzwerken gestaltet wird, die die Aufmerksamkeit ausrichten«. Dies geschieht durch die Ein- und Ausschaltung der Sinneskanäle visuell, auditiv, kinästhetisch, olfaktorisch und gustatorisch. Diese Sinneskanäle lassen ein »inneres Bild« entstehen, wozu auch ein bestimmtes Problemerfassen und -erleben gehört. Diese Wahrnehmungsprozesse konstruieren ein Bild des »Problems«, das von bestimmten Beobachtern subjektiv in einem bestimmten Kontext (Schule) bewusst und unbewusst »erfasst« wird.[26]

26 Erleben wird durch Wechselwirkungen verschiedener Elemente gebildet: Gedanken, Gefühle, innere Dialoge, Erinnerungen, Atmung, Hormone, Blutdruck, Genaktivitäten, Immunsystem, Alters-, Größen-, Raumerleben, Verhalten, Ort, Beteiligte, Fantasien für die Zukunft, Regeln, Normen usw.

In der Präventionsarbeit werden solche Probleme als unerwünschter und veränderungsbedürftiger Zustand bezeichnet. Weiterhin wird ein Problem selbst als ein System aufgefasst, das durch eine aktuelle Beobachtung – die Problembeobachtung (Istwert) – von der erwünschten Beobachtung – der Lösungsbeobachtung (Sollwert) – unterschieden wird. Dieses erwünschte Ziel (Gesundheit und Wohlbefinden) soll durch die Hinzunahme von Ressourcen erreicht werden. Eine Schwierigkeit besteht bei dieser Betrachtungsweise darin, dass sich das Ziel nicht durch isoliert beobachtbare Ursachen erreichen lässt, da es durch ein Zusammenspiel unterschiedlicher Elemente entsteht. Systemische Ansätze analysieren daher nicht einzelne Elemente (z. B. einzelne Schüler), sondern untersuchen Beziehungsstrukturen zwischen den Elementen des Systems (Lehrer, Schüler, Organisation Schule). Hierbei stehen Kommunikationsabläufe im Mittelpunkt. Es wird gefragt, wie sich diese Strukturen verändern lassen, sodass sich die Eigenschaften des Gesamtsystems verändern (oder erhalten bleiben) und (noch) mehr Wohlbefinden und Gesundheit entsteht. Dadurch steht vermehrt die Frage im Mittelpunkt, nach welchen Regeln diese Abläufe sich organisieren (»Wie funktioniert das Spiel?«) und wie das zukünftige vermutete Problemsystem angeregt werden könne, sich so umzustrukturieren, dass eine Zielerreichung (Gesundheit und Wohlbefinden) wahrscheinlicher erscheint.

Hierbei ist es oft hilfreich, eine Perspektive aus der Metaebene einzunehmen, um die Kommunikation beobachten und »Spielregeln« einschätzen zu können. Dies bedeutet, dass man Kommunikationsabläufe aus einer sachlichen Distanz beobachtet, um sich wiederholende Abläufe wahrnehmen zu können, ohne emotional beteiligt zu sein (wie ein Vogel am Himmel, eine Videokamera an der Decke usw.). Oft wird dies auch als »Kommunikation über Kommunikation« bezeichnet.

Für die Präventionsarbeit bedeutet dies aber auch, dass sie auf der Grundlage von Hypothesen in einer Schule aufgebaut wird und niemand sagen kann, welche Maßnahmen hilfreich sein werden, um bestimmten, noch nicht existenten Problemen vorzubeugen (s. Abb. 8).

Kritikpunkte ergeben sich hierdurch:

- Jeder Schüler wird mit einem vermuteten Problem (bzw. den Einflüssen auf sich, die ein Problem entstehen lassen könnten) anders umgehen und es anders bewerten.

- Probleme entstehen meistens aufgrund multipler Ursachen bzw. Zusammenhänge (Umgang eines Individuums mit verschiedenen Situationen, persönliche Stärken und Schwächen des Betroffenen, gelebte Werte und Normen, aktuelle gesundheitliche Situation, Tagesform, Probleme in der Familie, im Freundeskreis etc.). Daher lässt sich kaum einschätzen, welche Ursachen auf welche Weise und wie stark Einfluss haben (werden).
- Einige Schüler und Lehrer werden bspw. den Alkoholkonsum eines Schülers evtl. als Sucht (Problem) einschätzen, andere nicht.
- Probleme entstehen in Wechselwirkungen mit den Organisationen (Schule, Familie), in denen sie beobachtet werden. Diese Kontexte sind, wie einzelne Schüler auch, nicht statisch, laden zu bestimmen Verhaltensweisen »ein« und verändern sich immer in Wechselwirkungen mit den einzelnen Mitgliedern des Systems. Daher können sie auch nicht isoliert betrachtet werden (»Der Schüler hat ein Problem«).
- Betroffene (diejenigen, die das Problem »haben«) sind Experten für ihre Probleme und somit auch für ihre Lösungen bzw. die Vorbeugung. Niemand kann also das Problem so »sehen« und verstehen, wie es der Betroffene tut, und daher kann auch kein anderer eine optimale Prävention planen, um dem (individuellen) Problem vorzubeugen.

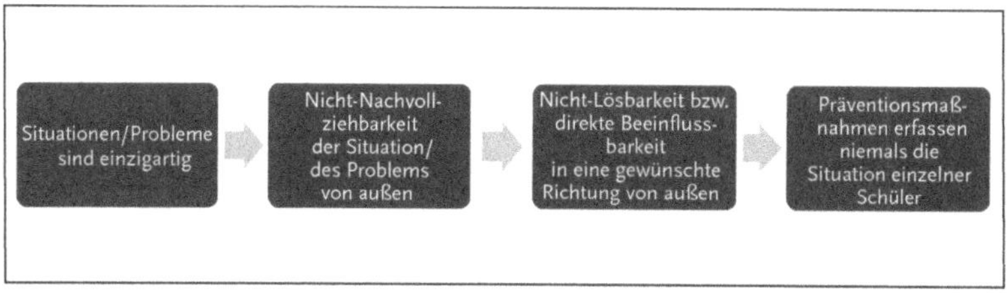

Abb. 8: Problemlösungen bzw. deren Vorbeugung

Um Sinn und Zweck von Präventionsangeboten besser planen zu können (soweit dies überhaupt unter den dargelegten Aspekten möglich ist), sind folgende Vorüberlegungen zu einem systemischen Verständnis von »Problemen« hilfreich (vgl. von Schlippe u. Schweitzer 2007):

- Ein Problem ist ein unerwünschter Zustand.
- Ein Problem erschafft ein System. In diesem System wird auf eine bestimmte Art und Weise kommuniziert.
- Dieses Problem wird durch eine bestimmte Fokussierung von Beobachtern »erkannt« und benannt, andere Dinge/Prozesse werden dabei ausgeblendet.
- Bestimmte Mitglieder werden dem Problemsystem zugeordnet.
- Durch sich immer wiederholende Muster wird ein problemstabilisierendes Verhalten erzeugt, das für die Beteiligten einen Nutzen hat, der von außen nicht immer erkennbar ist.

Aufgrund dieser Behauptungen lassen Hypothesen entwerfen, um Ansätze für die Präventionsarbeit zu »finden«:

- Welche Mitglieder (Lehrer, Schüler, Eltern, Schulsozialarbeit etc.) werden ein mögliches Problemsystem erzeugen?
- Wann wird dies geschehen?
- Welchen Nutzen wird dies für wen haben und für wen evtl. nicht?
- Wie könnte die Kommunikation ablaufen, wer wird was wann und wozu tun und an welchen Orten?
- Wer wird darin ein Problem erkennen und wer nicht? Worin liegen hierbei die Unterschiede?
- Was müsste wer wann tun, um das Problem zu stabilisieren?
- Welche Ressourcen müssten dazu übersehen werden?
- Wie könnte eine Problemtrance dazu entstehen und aufrechterhalten werden?

Anhand folgender Ideen ließe sich die Präventionsarbeit »beurteilen«:

- Anhand welcher beobachtbarer Faktoren würde wer merken, dass sich etwas verändert hat? Wie würde das kommuniziert?
- Angenommen, wir könnten jetzt schon in die Zeit nach der Präventionsveranstaltung einer bestimmten Klasse »schauen«: Was würde wer dann erkennen? Was wäre anders?
- Über was könnten wir uns evtl. auch wundern, und was könnte dies für weitere Präventionsarbeiten bedeuten?
- Welche Möglichkeitsräume hätten sich eröffnet, und welche Ressourcen hätte wer beobachtet?

- Was davon ließe sich wie in den Unterricht/Schulalltag integrieren und dauerhaft leben? Wo und inwiefern könnte es schwierig werden?
- Wie gelänge es, den Fokus nicht nur auf die Schülerschaft zu legen, sondern Eltern und Lehrer auch in den Präventionsprozess einzubeziehen? Was müsste hierzu geschehen, und wie könnte man das in einem neugierigen, wohlwollenden Prozess begleiten?

Präventionsarbeit kann mit diesen Überlegungen versuchen, Muster zu erhalten und zu stärken, die sinnvoll erscheinen. Andererseits möchte sie Wandel verhindern, um z. B. der Abhängigkeit von Suchtmitteln vorzubeugen. Dies bedeutet, Muster von Erwartungen, Wahr-Gebungen und Welt-Verbindungen innerhalb bestimmter Systeme managen zu können – wohl wissend, dass man von konstruktiven Annahmen zukünftiger Probleme ausgeht, die nie endgültig sein können.

Problem- und Lösungssprache

»Die Lösung eines Problems beginnt meist mit der Lösung vom Problem.«
Volkmar Abt

Ausgangspunkte der Gesundheits- und Präventionsarbeit im Schulsystem sind oft Vorgaben, die bspw. vom Kultusministerium getroffen wurden und bis zu den einzelnen Schulen »hinunter« umgesetzt werden sollen. Ansatzpunkte hierfür sind Probleme in diesen Bereichen, die zuvor analysiert wurden – wie Sucht- und Gewaltphänomene. Damit es nicht dabei bleibt und eine Kultur entsteht, bei der »nur« über Problemdiagnostik und Sorgen (»Was läuft alles falsch?«) gesprochen wird, kann es sehr hilfreich sein, den Fokus nach einer gewissen Zeit vom Problem (auch) möglichen Lösungen bzw. gewünschten Veränderungen zuzuwenden.[27] Dieser Zeitpunkt kann hier nicht näher definiert werden, da jede Gruppe/jedes Team andere Bedürfnisse hat (wie z. B. zunächst die Würdigung von Problemen, indem man anerkennt, wie anstrengend die gegenwärtige Situation von den Beteiligten erlebt wird). Damit ist gemeint, dass Ziele, Lösungswege, neue

27 Steve de Shazer hat diese lösungsfokussierte Beratung vertieft. Für ihn stellt es keinen Nutzen dar, über Probleme zu sprechen, da sie nicht hilfreich seien, um Lösungen zu kreieren. Im Abschnitt »Zwickmühlen« (in Kap. 3.10) wird darauf nochmals eingegangen.

Ideen, gewünschte Vorstellungen und Blicke in die Zukunft möglich werden (»Blick in die Lösungszeit«) und auch Handlungen in diese Richtung erfolgen. Somit wird ein Möglichkeitsraum eröffnet, der vom »Entweder-oder« zum »Sowohl-als-auch und sogar darüber hinaus« überleitet und neue Gestaltungs- und Wahlmöglichkeiten anbietet.

Die Sprache unterstützt diese Vorgänge enorm, da ein verändertes Sprechen als Werkzeug eine neue Blickrichtung ermöglicht. So lässt sich hierbei der Anteil des Sprechens über Probleme verkleinern bzw. der Anteil verstärken, der Hoffnungen, Wünsche, Ideen und Bilder in der Zukunft darstellt. Hierbei werden auch spezifische Bedürfnisse und Themen der einzelnen Schulen und ihrer Mitglieder stärker beachtet und gewürdigt.

Bei diesen (systemischen) Betrachtungsweisen geht man davon aus, dass jedes Erleben aufmerksamkeitsfokussiert ist (»Energy flows where attentions goes«) und dies durch sprachliche Formulierung gestützt wird.

Folgende Fragen und Anregungen können hierzu hilfreich sein:

- Was möchten Sie? Wer möchte was (bei mehreren Beteiligten)?
- Wo soll es hingehen?
- Was soll in einem Monat, in einem Jahr erreicht sein?
- Wie stellen Sie sich das konkret vor? Gibt es noch alternative Ideen dazu? Welche noch? Was wäre dann anders als jetzt?
- Formulieren Sie bitte konkrete Ziele. Bis wann sollte was erreicht sein?
- Was davon wird schon ansatzweise umgesetzt? Wer tut dann was (Selbstwirksamkeit)?
- Welche Bilder entwickeln sich in Ihrem Kopf, wenn erste kleine Schritte gemacht werden?
- Welche Motivation ziehen Sie daraus? Was bewirkt das wiederum?

Aus der angesprochenen Lösungs- und Zukunftsorientierung lassen sich neue Verhaltensweisen entwickeln, die die Ziele der Gesundheits- und Präventionsarbeit unterstützen bzw. den Schülern Wege aufzeigen, welches Verhalten ihrer Gesundheit dient. Die Hirnforschung hat nachgewiesen, dass auch imaginierte zukünftige Handlungen ähnliche hirnorganische Prozesse auslösen wie die entsprechenden konkreten Tätigkeiten in der Gegenwart. Das Mentaltraining im Sport nutzt dieses Wissen bereits seit Jahren, indem sich Skirennfahrer,

Biathleten oder Turmspringer in Gedanken Bewegungsabläufe vorstellen, die sie später in der Praxis ausführen möchten.

Daher sollten solche positiv besetzten Bilder für Verhalten und Gedanken, die wir in der Präventions- und Gesundheitsarbeit als erstrebenswert ansehen, auch in Vorträgen, Workshops und Fortbildungen vermittelt werden. Bisher ist es oft so, dass eine Problemfokussierung vorherrscht, indem z. B. Unfälle gezeigt werden, die durch Alkoholkonsum verursacht wurden, und magersüchtige Körper als abschreckende Beispiele abgelichtet werden. Um eine Zukunfts- bzw. Lösungsorientierung zu erreichen, durch die eben weniger oder kein Alkohol konsumiert wird, müssen neue neuronale Erregungsmuster ausgebildet und aktiviert werden, die auf die Veränderung des Problems in eine erwünschte Richtung abzielen. Hierzu muss man die Aktivierung der neuen neuronalen Erregungsmuster möglichst oft wiederholen, damit diese neu gebahnt werden und sich in sog. »Autobahnen«[28] vertiefen können. Für die Präventions- und Gesundheitsarbeit an Schulen bedeutet dies, dass Probleme wie Sucht und Gewalt natürlich thematisiert werden sollen, aber baldmöglichst auch eine Fokussierung auf erwünschte Ideen und Bilder zu erfolgen hat, damit diese neuen Erregungsmuster im Gehirn langfristig ausgebildet werden können. Konkret wären das Fragen wie:

- Was sollte stattdessen sein?
- Welche Verhaltensweisen und Gedanken wünschen Sie sich dann?
- Was wäre eine mögliche Zukunftsvision?
- Welche Handlungen würdet ihr euch wünschen? Was würdet ihr dann konkret tun?
- Was würdet ihr denken und tun, wenn ihr das zweite Bier ablehnen würdet? Was würdet ihr sagen?

Eine Vorreiterrolle nimmt die von Steve de Shazer (2010, S. 254) geschätzte »Wunderfrage« ein. Hierbei sollen Menschen (Schüler) beschreiben, welche künftigen Gefühle, Empfindungen und Gedanken sie hätten, wenn sie in der Zukunft ein erwünschtes Verhalten zeigen würden.

28 Gerald Hüther (2011) verwendete diesen Begriff des Öfteren in seinem Werk *Biologie der Angst*.

- Angenommen, du würdest bei der nächsten Party nach dem zweiten Bier »nein« sagen zu mehr Alkohol. Durch welche Gedanken und Taten würdest du das schaffen?
- Und welche Gedanken würden dir vor der Party bereits helfen?
- Welche Gefühle hättest du, wenn du »nein« gesagt hättest, die dir helfen würden, standhaft zu bleiben?
- Was würden deine Freunde von außen an dir bemerken?
- Was wäre anders, evtl. auch nur ein kleines Detail?
- Wie würdest du es schaffen, weiter auf der Party zu bleiben und keinen Alkohol mehr zu trinken? Wer oder was könnte dich hierbei unterstützen?
- Am nächsten Morgen nach der Party: Wie würdest du dich evtl. anders fühlen? Welche Gedanken wären hilfreich für dich? Was wäre in zwei Wochen oder Monaten?

Zieldienliche, hilfreiche Kommunikation bewegt sich zwischen »Ankoppeln« und »Stören«. Notwendig ist daher das Ausbalancieren zwischen einer achtsamen Haltung, in der das Gegenüber akzeptiert und »verstanden« wird (aktives Zuhören!), und dem Versuch, Veränderungsprozesse anzustoßen, die auf neuen Informationen beruhen. Ideen, die dem System als zu neu, irritierend oder seltsam erscheinen, werden nicht angenommen.

Daher scheint es wichtig zu sein, »gute, anschlussfähige« Kommunikationsfähigkeiten auszubilden – vor allem bei den Personen, die in der Beratung tätig sind. Aber auch Lehrer, die die Präventionsarbeit in der eigenen Schule begleiten und gestalten, kommen so besser in Kontakt mit ihren Schülern und können »erfahren«, was im Klassensystem gerade »nötig« ist, um die Präventionsarbeit hilfreich prozesshaft gestalten zu können. Allerdings darf man nicht dogmatisch auf eine »nur« lösungsorientierten Haltung fokussieren, was in Fortbildungen inzwischen teilweise so gelehrt wird, da »problem talks« – also das Sprechen über Probleme – als nicht hilfreich gelten. Abgeleitet wird diese Haltung aus den Formulierungen von Steve de Shazer, der den folgenden bekannten Satz prägte:

> »Problem talk creates problems, solution talk creates solutions.«

Hierbei geht man davon aus, dass das Problemerleben von Systemen dadurch verstärkt wird und sich keine Lösungen finden lassen. Vor allem durch das hypnosystemische Arbeiten hat sich diese Haltung wieder etwas verändert. Dass die Beteiligten über Probleme und Nichtgelingen sprechen möchten, lässt sich insofern als hilfreiche Chance auffassen, unerfüllte Bedürfnisse zu betrachten. Geschieht dies nicht, so können z. B. Präventionsbeauftragte, die auf Lösungsfokussierungen beharren, neue Probleme erzeugen:

- Systeme können sich abgewertet fühlen, was zur Entstehung innerer Abwehrhaltungen führt.
- Wichtige und berechtigte Bedürfnisse, die hinter dem Problemerleben stehen, werden nicht beachtet bzw. erfüllt und führen zur Aufrechterhaltung von Problemen.
- Das System wird nicht darin unterstützt, das Problem selbst zu lösen (Ressourcenaktivierung, Kompetenzerleben), da die Lösungsvorschläge aus der Perspektive des Beratenden stammen und das Klientensystem darin kaum Beachtung findet (Anschlusskommunikation) (Leeb et al. 2011, S. 32).

Für Beratende bzw. Lehrer lassen sich eine »Lösung« vom Problem bzw. hilfreiche Veränderungen auch nach einer Idee von Gunther Schmidt vollziehen. Er nennt dies »einen Problem- und Lösungstango tanzen«. Dabei beobachtet man im Zuge der Präventionsarbeit das eigene Verhalten mit Abstand, um zu prüfen, ob man damit zieldienlich arbeiten kann. Problem und Lösung werden wie in einer Pendelbewegung verglichen und somit auch miteinander verbunden. Dadurch wird ein Wechsel der Gedanken und Handlungen von einem System in das andere möglich und auf Dauer auch austauschbar(er). »Zieldienlich« bedeutet hierbei, dass die Vorgaben und Vereinbarungen der Präventionsarbeit erreichbar sind. Die jeweilige Betrachtung des Problem- und Lösungsbereichs kann hierzu Entdeckungen und Hilfestellungen bieten.

So lassen sich Muster entdecken, die in der weiteren Arbeit vielleicht verändert werden sollen. Weiterhin lernen die Systemmitglieder auch verschiedene Seiten an sich selbst kennen, die unterschiedliche Bedürfnisse und Wahrnehmungen haben und die alle gehört werden sollten. Dazu gibt es eine Übung:

Diese Übung führen Sie am besten zu zweit durch (z. B. mit einem anderen Lehrer, einem Kollegen aus der Präventionsarbeit oder in der

Supervisionsgruppe). Jeder wählt nun ein Problem von sich aus, das er oder sie als mittelgradig schwer empfindet (z. B. »Ich ärgere mich jedes Mal in den Besprechungen des Präventionsteams«). Dann fängt einer an, seinem Partner für ungefähr 3 bis 5 Minuten zu erzählen, um welches Problem es sich handelt. Anschließend stellt der Partner folgende Fragen zu diesem Problem:

- Wie sitzt, stehst, gehst und bewegst du dich in diesem Themenzusammenhang? Welche körperlichen Veränderungen kannst du/kann der Partner an dir wahrnehmen?
- Wenn du dir deine inneren Dialoge anhörst: Wie redest du mit dir selbst in dieser Situation (z. B. anklagend, antreibend, verurteilend, wohlwollend, ermutigend)?
- An was denkst du typischerweise in so einer Situation?
- Welche inneren Bilder oder Szenarien siehst du vor dir?
- Wie nimmst du die anderen Menschen möglicherweise wahr (freundlicher, kleiner, feindlicher, größer ...)?
- Wie nimmst du den Raum um dich herum wahr? Wie nimmt dich der Partner wahr?
- Wie ist dein Zeitgefühl – verlangsamt, beschleunigt, zeitlos?
- Wie alt fühlst du dich? Welche Bilder tauchen hierzu auf?

Denken Sie nun an eine Situation, die Sie sich wünschen, wie sie besser nicht sein könnte! Erzählen Sie ebenso lange darüber und beantworten dieselben Fragen. Vergleichen Sie die Gesprächsverläufe, Ihre Erkenntnisse, neue Entdeckungen, aufkommende Gefühle, Körperhaltungen, Gedanken beim Reden und Ihre Atmung. Was davon soll beibehalten, was verändert werden? Wie ließe sich das aus eigener »Kraft« erreichen? Und auf was hat man eventuell keinen Einfluss (z. B. auf andere Menschen bzw. Präventionsteilnehmer)?

Befragen Sie nun auch Ihren Partner nach seinem Problem- und Lösungsverhalten.

Vermutlich wird auch immer mal wieder bei der Suche nach Änderungen geäußert, dass andere Systemmitglieder sich ändern sollen, damit bestimmte Wünsche und Bedürfnisse erfüllt werden. Folgendes Schaubild zeigt, dass jeder nur auf sein Verhalten und seine Gedanken direkten Einfluss hat, was in der Kommunikation immer wieder angesprochen gehört (s. Abb. 9).

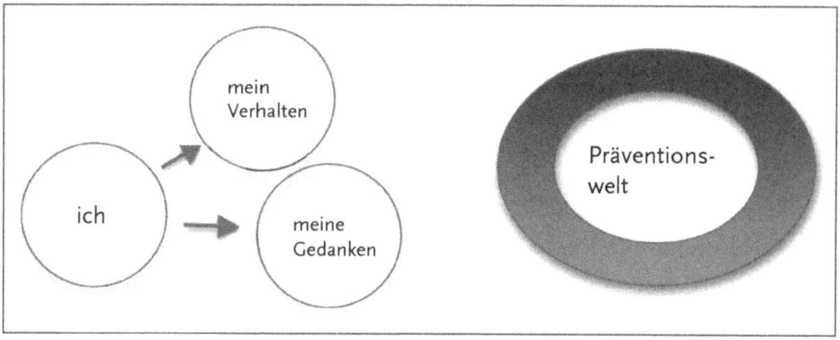

Abb. 9: Individueller Einflussbereich

Reframing

Beim Reframing weist man einer Situation oder einem Geschehen durch Umdeutung eine andere Bedeutung oder einen anderen Sinn zu, und zwar dadurch, dass man versucht, die Situation in einen anderen Kontext (oder »Rahmen«) zu stellen. Ereignisse, Phänomene oder auch Informationen können wir dadurch in einem anderen Zusammenhang sehen als dem, den wir ihnen spontan geben. Sinnvoll ist das vor allem dann, wenn uns bestimmte Gedanken nicht guttun, uns lähmen und davon abhalten, aktiv unseren Weg zu gehen.

Beim Umformulieren (»*reframing*«) geht es also darum, Elemente destruktiver Kommunikation zu neutralisieren, um einerseits die dahinterliegenden Interessen (Bedürfnisse, Ängste ...) des Klienten sowie andererseits den Kern der Botschaft offenzulegen und für den anderen annehmbar zu machen. Insbesondere sollen negative, abwertende und feindselige Bemerkungen in eine neutrale, konkrete, annehmbare Sprache übersetzt werden.

Beispiele:

»Der Lehrer ruft mich ständig auf!« → »Der Lehrer möchte meine Aufmerksamkeit gewinnen.«

»Seien Sie bitte pünktlich zur Besprechung.« → »Ich möchte gerne mit allen gemeinsam die Besprechung beginnen.«

Ein Mitarbeiter nörgelt bei Vereinbarungen an Kleinigkeiten herum. → Er achtet auf Details, damit die Vereinbarung korrekt ausgearbeitet wird.

Arme Leute

Eines Tages nahm ein Mann seinen Sohn mit aufs Land, um ihm zu zeigen, wie arme Leute leben. Vater und Sohn verbrachten einen Tag und eine Nacht auf der Farm einer sehr armen Familie. Als sie wieder zurückkehrten, fragte der Vater seinen Sohn: »Wie war dieser Ausflug?« – »Sehr interessant!«, antwortete der Sohn. »Und hast du gesehen, wie arm Menschen sein können?« – »Oh ja, Vater, das habe ich gesehen.« – »Was hast du also gelernt?«, fragte der Vater. Und der Sohn antwortete: »Ich habe gesehen, dass wir einen Hund haben, und die Leute auf der Farm haben vier. Wir haben einen Swimmingpool, der bis zur Mitte unseres Gartens reicht, und sie haben einen See, der gar nicht mehr aufhört. Wir haben prächtige Lampen in unserem Garten, und sie haben die Sterne. Unsere Terrasse reicht bis zum Vorgarten, und sie haben den ganzen Horizont.« Der Vater war sprachlos. Und der Sohn fügte noch hinzu: »Danke Vater, dass du mir gezeigt hast, wie arm wir sind.«[29]

Übung

Formulieren Sie folgende Sätze um:

- »Warum sind Sie beim ersten Mal gescheitert?« → (Was haben Sie aus dem ersten Mal lernen können?)
- »Diese Lösungen helfen uns nicht weiter!« → (Auf was möchten Sie hinweisen?)

3.5 Wer entscheidet über Präventionsangebote?

»Das Bewusste ist klug, das Unbewusste weise.«
Milton H. Erickson

Bisher sind es meistens die Verantwortlichen wie Schulsozialarbeiter, Präventionsbeauftragte und -lehrkräfte, die die Präventionsangebote aussuchen und in das Sozialcurriculum der Schule einbetten. Vor diesem Schritt werden an verschiedenen Einrichtungen – wie Lehrstühlen an Universitäten, Regierungspräsidien und anderen pädagogisch-psychologischen Instituten – Programme bzw. Präventionsangebote entwickelt und auf verschiedene Präventionsthemen wie

29 Aus: Sandy Taikyu Kuhn Shimu (2018): Erleuchtung zum Frühstück. Darmstadt (Schirner).

Sucht, Lebenskompetenz, Gewalt, Resilienz etc. zugeschnitten, für die es bisher keine oder nur wenige Programme bzw. Angebote gab.

Die Schüler nehmen an diesen Angeboten teil, indem sie meistens mit ihrer Klasse oder einem Teil davon stundenweise Vorträge anhören, Workshops besuchen oder Theaterstücke ansehen, die ein bestimmtes Präventionsthema behandeln. Der Schule obliegt es dann, ob die jeweiligen Veranstaltungen danach innerhalb der Schule evaluiert werden. Dies geschieht meistens in Form eines Fragebogens, den die Schüler und die begleitenden Fachlehrer nach der Veranstaltung erhalten. Diese Fragebögen sind oftmals nicht wissenschaftlich erstellt und werden von den für die Prävention Verantwortlichen der jeweiligen Schulen konzipiert und ausgewertet. Wer mit dem Erstellen und Auswerten von Tests und Fragebögen vertraut ist, weiß, dass dazu einige Kompetenzen nötig sind, damit die Ergebnisse nicht von subjektiven Einflüssen bestimmt werden.

Im Folgenden möchten wir einige Aspekte zur Auswahl und Bewertung der angegebenen Präventionsprogramme erläutern, um eine kritische bzw. andere Sicht darauf zu ermöglichen.[30]

Lehrer werden im Laufe ihres Studiums bzw. im Referendariat geschult, dass sie Schülern ein bestimmtes Lerngebiet vermitteln sollen. Es wird immer wieder betont, dass eine Unterrichtseinheit (rational) schlüssig, fachlich korrekt und interessant aufgebaut sein muss, damit sich möglichst viele Schüler angesprochen fühlen und die Lerninhalte langfristig im Gedächtnis bleiben. Innere Zustände der lernenden Systeme werden hierbei kaum beachtet bzw. in der Ausbildung vermittelt. Daher betrachten Lehrende Schüler oftmals als »triviale Maschinen«, die nach naturwissenschaftlichen Modellen durch bestimmte Inputs (Lerninhalte) beschulbar seien (Outputs). Nichttriviale Systeme, was Schüler jedoch sind, unterscheiden sich von trivialen darin, dass ihre Operationen von den jeweiligen inneren Zuständen abhängen, die nicht exakt berechenbar sind und auf gleiche Impulse nicht immer mit gleichen Outputs reagieren. Der Grund liegt auch darin, dass sie eigene individuelle (Lebens-)Erfahrungen mitbringen und somit eine eigene Vergangenheit haben, was das Gedächtnis und die Lernfähigkeit geprägt hat. Umweltreize – was Vorgänge wie Unterrichtsstunden in der Klasse sind – können Lernende nur stören. Wie diese auf solche

30 Uns ist hierbei klar, dass wir dazu nur einige Aspekte pädagogisch-psychologischer Betrachtungsweisen ausgewählt haben. Eine vollständige Aufzählung würde den Rahmen dieses Buches sprengen.

Störungen jedoch reagieren, hängt von der jeweiligen Struktur des autopoietischen Systems ab.

Auch bei der Auswahl der Präventionsangebote (woran ja hauptsächlich Lehrer in ihrer Rolle als Präventionsbeauftragte und -lehrkräfte beteiligt sind) geht man meistens davon aus, dass ein Präventionsthema durch eine Schülergruppe in einem Vortrag oder Workshop mehr oder weniger aktiv behandelt wird und sich dadurch bei diesen Schülern eine Meinungs- und Haltungsänderung (Lerneffekt) durch Informationsaufnahme ergibt. Es herrscht die Vorstellung, dass diese Haltungsänderung zum Nutzen bzw. zur Gesunderhaltung der Schüler beiträgt.[31] So werden beispielsweise Workshops zum Thema »Cybermobbing« angeboten, bei denen ein erfahrener Fachmann detailliert berichtet, welche Vorfälle er erlebt hat und welche Konsequenzen Cybermobbing für Schüler haben kann. Natürlich werden die Schüler in solchen Workshops oftmals mit einbezogen, indem der Vortragende sie nach eigenen Erfahrungen und ihrer Meinung dazu fragt. Allerdings sind die Vorträge der jeweiligen Referenten in der Regel 45–90 Minuten lang, und es wird nicht beachtet, dass die Aufmerksamkeitsspanne von Menschen bzw. Schülern lernpsychologisch ab einer gewissen Zeit abnimmt (abhängig vom Alter werden 20–40 Minuten angegeben) und Pausen nötig wären.

Weiterhin geht man davon aus, dass die Schüler durch die angebotenen Präventionsveranstaltungen in eine gewünschte Richtung »gelenkt« werden können, indem man ihnen rational bzw. mit sachlichen Argumenten vermittelt, welche Haltung (auch präventiv) sie leben sollen, um das Schulleben und die anschließenden Lebensjahre gesund und stark an Ressourcen meistern zu können. Hierbei wird jedoch völlig außer Acht gelassen, dass Menschen keine trivialen Maschinen sind, die sich direktiv beeinflussen lassen. Somit besitzen Schüler, wie auch alle anderen Menschen, eine Eigendynamik, die sich der genauen Analyse und Beeinflussung von außen entzieht (von Schlippe u. Schweitzer 2007, S. 55). Sie weisen eine große Bandbreite von Möglichkeiten auf, sich zu verhalten bzw. auf Reize zu reagieren. Für eine erfolgreiche Präventionsarbeit müssen die betreffenden Systeme so »beeinflusst« werden, dass die Belastungsfaktoren abgebaut und Schutzfaktoren gestärkt werden. Dies zeigen vielfache Rückmeldungen von Lehrern, Eltern und Schülern:

31 Vgl. hierzu die Verwaltungsvorschrift 2014: »Präventive und gesundheitsförderliche Maßnahmen finden im Rahmen der Qualitätsentwicklung statt und werden somit zielgerichtet, systematisch und nachhaltig im Schulleben verankert.«

> Eltern berichten, dass ihr Kind sich nach einem Präventionsworkshop zum Thema »Mein Körper gehört mir« nun abends nicht mehr die Zähne putzen möchte. Andere Eltern erzählen, dass in einer Grundschulklasse Sexualorgane an die Tafel gemalt wurden und keine Lehrer anwesend waren. Der Anbieter des Workshops war mit den Schülern alleine im Klassenzimmer. Dies und die Tatsache, dass viele Kinder in diesem Alter eher verwirrt waren, weil sie die Zeichnungen nicht verstanden, führte dazu, dass die betroffenen Eltern in Zukunft ihre Kinder krankmeldeten, wenn eine Präventionsveranstaltung anstand. Ein Teamtrainer brachte zahlreiche Kinder in einem Teamtraining zum Thema »Kennenlernen« zum Weinen, weil er subjektiv beobachtete Unstimmigkeiten in der Gruppe ansprach, nicht lockerließ und immer weiter eine Problemtrance entwickelte. Auch hier beschwerten sich Eltern und Kinder, die sich auf freudige Ereignisse unter dem Motto »Kennenlernen der neuen Fünftklässler« eingestellt hatten.

Entscheidend ist jedoch, dass immer das relevante System bestimmt, wie die Einflussfaktoren wirken.[32] Aufgrund der informellen Geschlossenheit kann man keine »gesundmachenden Informationen übergeben«, man kann lediglich Anreize anbieten. Dies bedeutet wiederum, dass das, was einen Menschen krank macht, für eine andere Person durchaus gesundheitsförderlich sein kann. Das lässt sich am Beispiel des Themas »Stress« erläutern. Die Grenze zwischen »Eustress« und »Distress« verläuft individuell, was bedeutet, dass niemand von außen vorhersagen kann, wie viel Stress für wen schädlich oder evtl. auch motivierend sein kann.

Für die Präventionsarbeit bedeutet dies, dass niemand vorhersagen kann, ob ein Präventionsprogramm bei den anwesenden Schülern den gewünschten Lerneffekt bewirkt. Die Präventionsarbeit bietet keine Möglichkeiten, ihre Informationen (z. B. »Alkohol macht krank«) in andere Systeme (Schüler und Klassen) zu »übertragen«. Ob und wie eine Information angenommen wird und ob Verhaltensänderungen eintreten, bestimmt das System selbst. Man muss auch immer damit rechnen, dass das System durch andere Interventionsversuche bzw. andere Systeme beeinflusst wird – wie bspw. beim Alkohol durch die Freunde auf Partys, die zum Trinken aufmuntern (s. Abb. 10).

32 Vgl. hierzu Kap. 2.3 (»Schulen als autopoietische Systeme«).

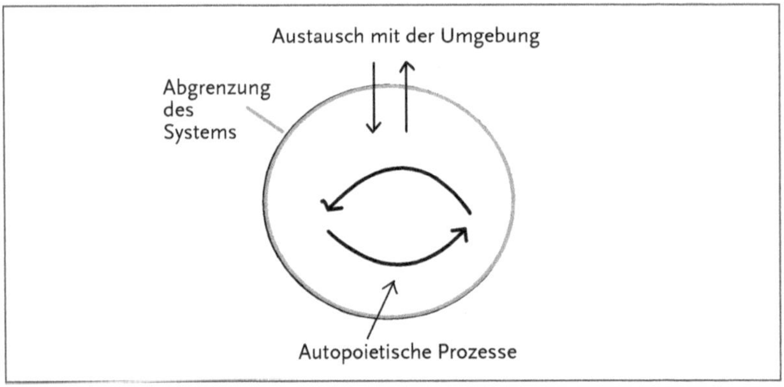

Abb. 10: Modell eines Systems

Daraus könnte sich die Fragestellung entwickeln, inwiefern Präventionsprogramme die individuellen Bedürfnisse und Wünsche von Schülern stärker beachten sollten und können, und dass Prävention nur umsichtig Programme planen kann, ohne direkte Wirkungen voraussehen zu können. Rolf Arnold spricht davon, dass Schulen weg von einer »erzeugungsdidaktischen« Konzeption und hin zu einem »ermöglichungsdidaktischen« Angebot gelangen sollen, das Lehr- und Lernprozesse als »nicht-erzwingbar« einstuft (Arnold 2007, S. 36). Hierbei wird die Selbsttätigkeit der Lernenden durch entsprechende Selbsttätigkeitsräume und Aneignungschancen vergrößert. In diesem Angebot könnten Schüler und Schülerinnen nach ihren eigenen ausgebildeten Emotions-, Deutungs- und Handlungsmustern das Lernen selbst steuern, da ihre eigenen »guten Gründe«, etwas Bestimmtes zu tun, stärker beachtet würden. Ob eine Information bedeutungsvoll ist oder nicht, hängt von lebensgeschichtlichen Erfahrungen der Individuen ab und kann daher nur von jedem selbst entschieden werden.

Die bereits angesprochenen rationalen »Beeinflussungsbemühungen« der Referenten und anderen Fachleute stoßen an einem weiteren Punkt an ihre Grenzen, indem sie außer Acht lassen, dass sich unwillkürliche und unbewusste Anteile im Menschen (Gefühle, innere Anteile, intrapsychische Muster) dadurch kaum erreichen lassen und diese gleichzeitig jedoch einen großen Einfluss auf das Verhalten und Empfinden von Menschen bzw. Schülern haben. Lösungen bzw. Verhaltensweisen, die nach unserer präventiven Definition erstrebenswert sind, müssen auch emotional empfunden werden, weil sie umso nachhaltiger sind, je besser sie affektiv gerahmt sind. Dies bedeutet auch, dass wir uns an emotionsbesetzte Ereignisse besser erinnern als an etwas, das keinen emotionalen Wert für uns hat. Bei der Konzeption von Vorträgen und Workshops etc. sollte man dies unbedingt beachten.

Da solche unwillkürlichen und unbewussten Anteile durch Bilder, Imaginationen, Musik/Geräusche, Bewegung und Wiederholungen in der Wortwahl (Sprache) – also auf der körperlich-emotionalen Ebene – erreichbar sind, ergibt es wenig Sinn, den Schülern längere Vorträge zu präsentieren, die nur die logisch-analytischen Denkprozesse ansprechen.

Metaphern veranschaulichen beispielsweise sinnliche, räumliche und zeitliche Aspekte von Erleben, Erlebbarem oder Erlebten. Sie eröffnen Perspektiven und laden zum Perspektivenwechsel ein. Hierdurch lassen sich Erfahrungen, die in anderen Kontexten gemacht wurden, erkennen und in der Prävention nutzen. Dazu könnte man nach Situationen fragen, wann es einmal anders oder hilfreich war, z. B. bei der Aussage, dass »keine Luft zum Atmen blieb«.

- Wann blieb in anderen Situationen »Luft zum Atmen«?
- Was war dann anders?
- Wie fühlte sich das an?
- Welche Haltung wurde dabei eingenommen?
- Welche Bilder tauchten dabei vor dem inneren Auge auf?
- Welche Bilder und Eindrücke vermittelten die erwünschte Stärke und »Luft zum Atmen«?
- Wie wäre das auf einen anderen Kontext übertragbar?

Man stelle sich zur weiteren exemplarischen Verdeutlichung bildlich vor, wie ein Märchen oder eine andere »Geschichte« vorgelesen wird. Die meisten Schüler (wie auch Erwachsene) reagieren darauf mit Interesse, Ruhe und Entspannung (vgl. Trenkle 2012, S. 9 ff.). Das Vorlesen bietet auch die Möglichkeit, bestimmte Präventionsthemen aus einer sog. Metaposition[33] zu betrachten. Märchen helfen, Probleme zu betrachten (wie auf einer Leinwand), ohne die Zuhörenden mit Schuldfragen zu konfrontieren. Betrachtet man diese Gattung genauer, so wird deutlich, dass hier mit Bildern und einfachen (Wort-)Wiederholungen gearbeitet wird, was eine rechtshemisphärische Kommunikation darstellt und tiefgreifendere Muster im Verhalten anspricht, die nicht im Neokortex des Gehirns verankert sind, sondern in tieferliegenden, älte-

33 Vgl. das Kap. 3.8 (»Kommunikation in Präventionsteams«).

ren Gehirnschichten. Aus diesen Gründen könnte es bedeutsam sein, Präventionskonzepte und -angebote auf ihre Wirksamkeit in Bezug auf die genannten Kriterien zu prüfen. Hypnosystemische Konzepte, Gestalttherapie, Kunst- und Musiktherapie sowie körperorientierte Methoden können dazu eine Grundlage liefern.[34] In den vorherigen Ausführungen wurde immer wieder auf körperorientierte Betrachtungen hingewiesen, da zur Emotionsregulation – um die es ja in der Präventionsarbeit (auch) geht (Wie reguliere ich meine Gefühle? Gebe ich meinem Bedürfnis nach, Alkohol zu trinken?) – der Körper benötigt wird. Der Hirnforscher Antonio Damasio und die Traumatherapeutin Dami Charf weisen darauf explizit hin. Nachdenken und Besprechen alleine halten sie (in Präventionsangeboten) für nicht ausreichend. Gefühle finden ihre Ausdrucksmuster in Denk- und Sprachmustern sowie in der Körperhaltung, und um auf sie Einfluss zu nehmen, kann und soll man auch über diese körperlichen Ausdrucksmuster arbeiten (s. Abb. 11). Veränderungen des Körperzustandes verändern auch Einstellungen und Bewertungen (Storch 2010, S. 75).

Abb. 11: Deprimierte Körperhaltung

34 Vgl. auch die Ausführungen von Klaus Theuretzbacher und Peter Nemetschek (2009, S. 11 ff.) und Gunther Schmidt (2011).

Fragestellungen, die verschiedene Körperhaltungen thematisieren, könnten hilfreich sein:

- Welche Haltung nimmt du ein, wenn du in wenig hilfreiche Angewohnheiten (z. B. negative Gedankenschleifen) verfällst?
- Woran erkennst du das zuerst?
- Welche Haltung würde hierbei eine Änderung bewirken, und wie ließe sich das etablieren? (s. Abb. 12)

Abb. 12: Änderung der Körperhaltung – Änderung der Gedanken

Anbieter von Präventionskonzepten sollten darüber Bescheid wissen und ihre Konzepte dementsprechend konzipieren, um nachhaltige Ergebnisse erzielen zu können. Dazu gibt es ein treffendes Bild:

> »Berater in einer komplexen Handlungssituation gleichen einem Schachspieler, der mit einem Schachspiel spielen muss, welches sehr viele Figuren aufweist, die mit Gummifäden aneinander hängen, sodass es ihm unmöglich ist, nur eine Figur zu bewegen. Außerdem bewegen sich seine und des Gegners Figuren auch von allein, nach Regeln, die er nicht genau kennt oder über die er falsche Annahmen hat. Und obendrein befindet sich ein Teil der eigenen und der fremden Figuren im Nebel und ist nicht oder nur ungenau zu erkennen.«[35]

Folgende Leitgedanken können die Präventionsarbeit in Schulen kennzeichnen:[36]

35 Das Zitat stammt aus einem Seminar am Systemischen Institut in Karlsruhe (Verfasser unbekannt).
36 In Anlehnung an W. Knörzers Ideen (1994).

- Entwicklung von Selbstkompetenz
- Modellcharakter von Inhalten sowie Möglichkeiten der Anpassung an individuelle Gegebenheiten
- Kommunikationsfähigkeit thematisieren
- achtsame Körpererfahrungen ermöglichen und wertschätzen
- Lehrende sollen über diese Grundlagen Bescheid wissen, sie bei sich selbst beobachten und ggf. verändern können.

3.6 Polyvagal-Theorie, Spiegelneurone und Beziehungen

Bei der Erklärung systemischer Grundlagen haben wir in diesem Buch darauf hingewiesen, dass Menschen und Gruppen nicht direkt beeinflussbar sind (autopoietische Systeme) und Reize nur nach individuellen Kriterien des Systems sparsam aufgenommen werden.

Die bereits angesprochene Autonomie des Individuums bzw. von Gruppen und Teams zeigt sich auch auf hirnphysiologischer Ebene, da viel mehr synaptische Verbindungen innerhalb des Gehirns und zum restlichen Körper vorhanden sind (»Binnenverdrahtung«), als Verbindungswege nach außen. Auch das Gehirn beschäftigt sich also großenteils mit sich selbst.[37]

Es gibt jedoch diverse neuronale Netzwerke, die darauf ausgerichtet sind, Verbindungen zu anderen aufzunehmen: soziale Netzwerke.[38] Sie arbeiten ununterbrochen, ununterdrückbar und auf einer gefühlsmäßigen Ebene unterhalb der Bewusstseinsschwelle. Diese neuronalen Netzwerke werden z. B. »unterer Pfad« genannt. Sie stehen direkt im Austausch mit anderen Menschen und werden auch von diesen direkt beeinflusst. Im Folgenden wollen wir näher darauf eingehen, um zu verdeutlichen, welchen (direkten) Einfluss Lehrer, Eltern und andere am Schulleben Beteiligte auf die Schüler haben, um dadurch auch ihren Stellenwert in der Präventionsarbeit hervorheben zu können.

Bei zwischenmenschlichen Kontakten, die in einer Schulklasse dauernd vorhanden sind, erfolgen »emotionale Ansteckungen«, die auf der Aktivität von Spiegelneuronen beruhen. Hierbei werden sensomotorische Programme aktiviert, die bei uns dieselben Gefühlsregungen und Bewegungen auslösen wie bei der Person, mit der wir im Kontakt sind. Diese Informationen sind insofern sehr wichtig, als das

---

37 Laut Manfred Spitzer (1996) erhalten 99,9 % aller Neuronen ihren Input von anderen Neuronen im Gehirn.

38 Soziale Netzwerke und Spiegelneurone werden in folgenden Werken erläutert: Grawe (2004), Goleman (2001) und Levine (2013), die auch hier als Grundlage dienen.

Verhalten von Lehrern an dieser Stelle Einfluss auf Schüler, das Klassen- und das Schulsystem hat. Unterrichtet ein Lehrer in einer Klasse lustlos, genervt oder gestresst und macht entsprechende abwertende Bemerkungen über einzelne Schüler oder die gesamte Klasse, so wird das über die Spiegelneurone »aufgenommen« und erzeugt ähnliche Gefühle bei den Kindern und Jugendlichen. Innere Unruhe oder sogar Angst können so bei den Schülerinnen und Schülern spürbar werden – Stresshormone werden ausgeschüttet, die zur Schwächung der Immunabwehr und der Selbstheilungskräfte führen. Kreatives Denken ist in diesem Zustand nicht mehr möglich, da sich das körperliche System auf diese bedrohliche Situation einstellt und das Amygdala-System sehr aufmerksam nach Gefahrensignalen Ausschau hält. Gestresste Schüler können dem Unterricht kaum noch folgen, da ihre Hörorgane sich nicht mehr nur auf die Stimme des Lehrers und der Mitschüler fokussieren können, sondern Nebengeräusche in den Vordergrund rücken, damit man mögliche Hinweise auf Gefahren rechtzeitig wahrnehmen kann. Weiterhin werden soziale Kompetenzen wie Empathie und Mitgefühl, das »Lesen« bzw. Deuten der Mimik in den Gesichtern der Mitschüler geschwächt, da das »System« sich in einer Flucht- oder Angriffsstellung befindet. Das Modell *Window of Tolerance* (s. Abb. 13) veranschaulicht das Erregungsspektrum des Nervensystems.[39]

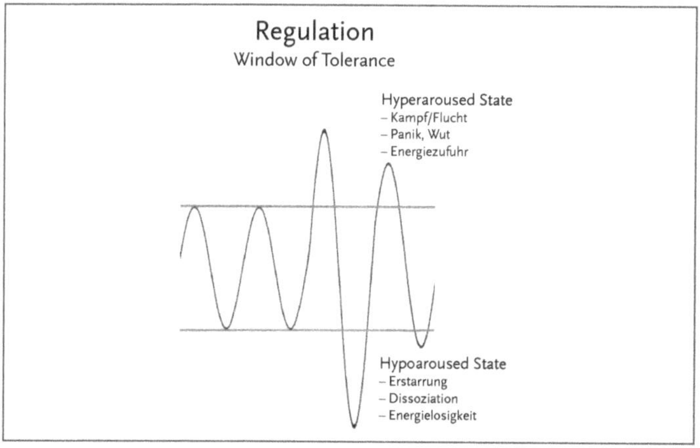

Abb. 13: Window of tolerance

39 Entwickelt von dem Neurobiologen und Psychiater Daniel Siegel, verfügbar unter: https://www.gov.je/SiteCollectionDocuments/Education/ID%20The%20Window%20of%20Tolerance%2020%2006%2016.pdf [21.6.2021].

Lernen findet vor allem im mittleren Bereich des Erregungsspektrums statt. Emotionales Lernen in Beziehungen benötigt dieses mittlere Spannungsniveau besonders, da hier ein Erleben von Sicherheit und Wohlbefinden gegeben ist. Eine zu hohe Erregung oder ein zu starkes Absinken schließt das Lernfenster. Dies verdeutlicht, wieso auch in der Präventionsarbeit gewisse Grundlagen wie Sicherheitsgefühle vorhanden sein müssen, damit die Beteiligten neue Informationen, die die Präventionsarbeit ja bieten bzw. vermitteln soll, auch aufnehmen können. Da zahlreiche Kinder, Eltern und Pädagogen aber unter hohem Leistungsdruck stehen, ist dies nicht immer gegeben.

Hält eine als bedrohlich empfundene Situation über Monate an, so können Hirnstrukturen auf Dauer sogar geschädigt werden, und die betroffenen Kinder nehmen diese angespannte Haltung dauerhaft ein, was auch die sozialen Bindungsfähigkeiten, sprich soziale Expansion, einschränkt.[40]

In extremen Fällen folgen Depressionen, Burn-out bzw. Erschöpfungszustände (»hyperaroused state«). Herrscht im Unterricht hingegen eine freundliche, wertschätzende Atmosphäre, bei der auf Tonlage, Sprechgeschwindigkeit und Sprechrhythmus geachtet wird,[41] so werden andere Gene und Hormone aktiviert, die Leistungsfähigkeit und die Vernetzung von Nervenzellen sowie das Sicherheitsgefühl steigen. Daher haben zwischenmenschliche Beziehungen so einen großen Einfluss auf unsere Gesundheit.

Das Thema Vorbildfunktion bzw. Übertragung emotionaler Zustände auf Kinder und Jugendliche – sowie selbstverständlich auch auf andere Kollegen und Kolleginnen – sollten sich Lehrer und andere Erwachsene bewusst machen, um das Wohlbefinden positiv beeinflussen zu können und somit im Rahmen der Prävention bereits hier (auf Individual- und Klassenebene) ihren Beitrag leisten zu können.

---

40 Interessant sind dazu im vorliegenden Buch die Ausführungen in Kap. 2.4 »Ressourcenorientierung und Konstruktivismus« und die Tab. 5, S. 152 (»Emotionsskala«).

41 Sprache verbindet Menschen. Daher ist die Art, wie im Unterricht kommuniziert wird, essenziell, um eine gemeinsames Miteinander zu schaffen. Die Beschäftigung mit digitalen Medien, bei denen z. B. »Computerstimmen« immer mehr Raum einnehmen, widerspricht diesem Sicherheitsaspekt.

Wohlbefinden vermittelt allen an der Prävention Beteiligten ein Gefühl von Sicherheit, was für eine zieldienliche Zusammenarbeit grundlegend ist, denn dadurch wird ein offener, herzlicher und konstruktiver Austausch möglich. In der Beratung erhält in den letzten Jahren die Polyvagal-Theorie von Stephen Porges[42] zunehmend Einfluss bzw. Beachtung, da dieser Sicherheitsaspekt – und die damit zusammenhängenden psychischen und physischen Auswirkungen – dabei einen wesentlichen Stellenwert bekommt und physiologisch begründet wird. Um zu verdeutlichen, wie wichtig das Gefühl der Sicherheit in der Präventionsarbeit ist, wenn man Wohlbefinden und Gesundheit erhalten oder vertiefen möchte, gehen wir nun näher auf die Polyvagal-Theorie ein.

Dabei steht das autonome Nervensystem (ANS) im Zentrum. Es reagiert auf unterschiedliche Lebenssituationen im Alltag, während wir laufend Reize aufnehmen und bewerten. Es steuert den Umgang mit Gefahr und erzeugt Muster der Verbundenheit, indem es physiologische Zustände verändert. Diese Aspekte sind Themen der Präventionsarbeit an Schulen, da der Umgang mit Stress, Konflikten, Gefühlen, Bedürfnissen, Aufrechterhaltung von Freundschaften, Einschätzung und Umgang mit möglichen Gefahren wie Alkoholkonsum, Drogen usw. im Mittelpunkt stehen. Die Regulierungsmechanismen des Körpers haben hierbei eine wesentliche Bedeutung. Daher kann ein Verständnis der Funktion des autonomen Nervensystems als Regulator hilfreiche Erkenntnisse für die Prävention liefern und aufzeigen, wie wichtig das Gefühl von Sicherheit an Schulen ist, um effektive Präventionsarbeit leisten zu können.

Das autonome Nervensystem besteht aus zwei Hauptzweigen, dem sympathischen und dem parasympathischen Anteil. Es reagiert auf Reize mit drei charakteristischen Reaktionsmustern, um »überleben« zu können. Der sympathische Zweig aktiviert uns zum Handeln und schüttet Adrenalin aus, wodurch Energie für Flucht- oder Kampfreaktionen bereitgestellt wird. Der parasympathische Zweig agiert über den Vagusnerv, der wiederum in einen ventralen und einen dorsalen Vaguspfad aufgeteilt wird. Der ventrale Vaguspfad

42 Stephen Porges führte in den 1960er-Jahren Untersuchungen über die Herzratenvariabilität durch, um herauszufinden, ob der Vagus-Nerv ein Marker für Resilienz sowie für Probleme von Neugeborenen sein könnte. Verfügbar unter: https://en.wikipedia.org/wiki/Stephen_Porges [21.6.2021].

reagiert auf Signale für Sicherheit und unterstützt Gefühle, die mit auf Sicherheit basierender Aktivität und sozialer Verbundenheit assoziiert sind. Der dorsale Vaguspfad reagiert auf Signale, die eine extreme Gefahr ankündigen, und versetzt uns in einen kollabierten Zustand (Defensivzustand), der durch eine Empfindungslosigkeit Schutz bieten soll, was sich mit Erstarrung und Betäubung vergleichen lässt. Dies sind evolutionsbiologisch alte Reaktionsweisen des ANS, die auf Wirbeltier-Vorfahren zurückgehen. Danach entstand der sympathische Zweig des ANS und anschließend der neueste Pfad, der ventrale Teil des Vagus. Dieser ermöglicht es uns, soziale Verbundenheit herzustellen, was Säugetieren ganz allgemein möglich ist. Dies bedeutet, dass eine Verwurzelung im ventralen Vaguspfad Sicherheit und Geborgenheit vermittelt. Nehmen wir Reize auf, die eine Gefahr vermitteln, so wird ein entwicklungsgeschichtlich älterer Zustand, der sympathische Zweig, aktiviert und löst eine Mobilisation aus, um flüchten oder kämpfen zu können und um uns selbst zu helfen. Auf diese Weise führen wir uns wieder in einen sicheren Zustand sozialer Verbundenheit zurück. Überfordert uns eine Situation und empfinden wir große Stressreize – und das evtl. auch über längere Zeit hinweg –, so entsteht das Gefühl, »in einer Falle zu sitzen«. Dann übernimmt der dorsale Vaguspfad die Leitung und führt in einen Zustand der Immobilisation, um irgendwie das Überleben zu sichern. Dabei kommt uns das Gefühl von Sicherheit und Zugehörigkeit abhanden, und es dauert oft lange, bis wir dieses wiedererlangen können.

Therapeuten und Berater haben für diese biologischen Vorgänge ein hilfreiches, plastisches Modell in Form einer Leiter erstellt (s. Abb. 14), um aufzuzeigen, wie individuelles Erleben bewirkt, dass wir auf dieser Leiter gewissermaßen hoch- und runterklettern, was die Abläufe des ANS darstellen soll. Dieses Modell soll verdeutlichen, wie wichtig ein Verständnis für Geborgenheitsgefühle und Sicherheit in der Präventionsarbeit an Schulen ist und wie sich dieses beeinflussen und immer wieder herstellen lässt. Dies sollten wir Schülern in der Prävention und im Unterricht[43] selbst vermitteln.

43 Möglichkeiten bieten Klassenlehrerstunden, Projekttage und Landschulheime.

Die polyvagale Leiter

ventral-vagal	neuester Teil des ANS, ventraler Vaguspfad des parasympathischen ANS-Zweigs, Herz schlägt regelmäßig, tiefe Atmung, aktives Zuhören möglich, Kontaktaufnahme zu anderen Menschen möglich
sicher	Zustand: glücklich, zufrieden, aktiv, interessiert, friedlich, humorvoll, hoffnungsvoll
sozial	Pläne können umgesetzt werden, Selbstversorgung und Aktivierung von Ressourcen ist möglich, soziale Aktivitäten, produktive Arbeit, Immunsystem gesund, gute Verdauung und erholsamer Schlaf
sympathisch	Aktivierung durch eine vermutete oder tatsächliche Gefahr, Herz schlägt schneller, kurze Atmung, es wird nach Gefahren gesucht, Adrenalinausschüttung
mobilisiert	Gefühl von Unbehagen, Kampf oder Fluchtverhalten, ängstlich oder wütend, friedliche Stimmen werden eher überhört
Kampf oder Flucht	Welt wird als gefährlich, chaotisch oder unfreundlich empfunden, Beziehungen können kaum oder nicht erhalten werden, Zielstrebigkeit bei der Umsetzung von Plänen fällt schwer(er), Immunsystem angeschlagen, Verspannungen, Magenprobleme, Ziel: nach einer erfolgten Reaktion wieder in einen entspannteren Zustand überzugehen → ventrales Vagussystem
dorsal-vagal	älteste Reaktionsmöglichkeit des parasympathischen ANS-Zweigs: letzter Ausweg aus der Gefahr, Aktivität hilft nicht, Shutdown-Notschaltung (Dissoziation)
immobilisiert	Gefühl der Verzweiflung, Einsamkeit, Nichtverbundenheit, Hoffnungslosigkeit
kollabiert	Welt wird als leer, einsam, tot, still, dunkel empfunden, Denken und Handeln sind nicht oder kaum möglich, Gedächtnisprobleme, Mangel an Energie, Depressionen, Erschöpfung, Gewichtszunahme, Schlafstörungen

Abb. 14: Der Vagusnerv und das autonome Nervensystem (nach Dana 2018, S. 26).

Dieses Modell zeigt, wie wichtig ein inneres und äußeres Gefühl von Sicherheit im Schulalltag ist, um kreativ und gesundheitsbewusst in Schulen leben und arbeiten zu können. Schüler und Lehrer können durch die Präventionsarbeit lernen, welchen Einfluss sie auf welche Faktoren haben und wie sie diese regulieren können. Dazu dienen z. B. folgende Formate: Programme zur progressiven Muskelentspannung, Gedankentausch, Wahrnehmung von Körperempfindungen und deren Veränderungen, Herstellung von Freundschaften, Wissen über Resonanzphänomene, Klassenmanagement, Selbstbeobachtung, Supervisionen, Klassenrat usw.

Es gibt im Schulsystem auch die Haltung, dass Beratungsangebote durch Beratungslehrer, Schulsozialarbeit und auch Präventionslehrer – oder andere Beratungsstellen wie Schulpsychologie und soziale Dienste – als Instrumente dienen, um einen störungsfreien Unterricht zu gewährleisten. Gelingt dies nicht, so bleiben die entsprechenden Schüler evtl. sitzen oder verlassen die Schule. Eigenes Handeln (der Erwachsenen) wird dann nicht als möglicher Einflussfaktor auf das Klassen- bzw. Schulsystem angesehen. Die Haltung »Wasch mir den Pelz, aber mach mich nicht nass!« basiert auch auf Verunsicherungen und dem Grundbedürfnis nach Sicherheit und der Möglichkeit, Situationen einzuschätzen und sie zu kontrollieren. Um mehr Offenheit gegenüber Neuerungen – wie der Betrachtung eigener Handlungsweisen und deren Einflüsse auf das Klassensystem – zuzulassen, ist es hilfreich, dass wir diese Bedürfnisse auch durch mehr Wertschätzung und sicherheitgebende Aspekte[44] im Lehrerberuf begünstigen (Voß 2006, S. 92).

Auch aufwendige Problemanalysen vonseiten der engagierten Präventionsanbieter wie Teamtrainer usw. können dazu führen, dass hervorgehoben wird, was bspw. in einer Klasse alles nicht gut funktioniert. Dafür wird meistens der Klassenlehrer oder die Klasse selbst verantwortlich gemacht, was nicht zu einem Sicherheitsgefühl führt, wenn anschließend keine weiterführende, ressourcenorientierte Arbeit erfolgt. Hier hat die Schulleitung die besondere Aufgabe, an der Schule ein Klima zu kreieren, in dem der Fokus vor allem auf Stärken und Ressourcen liegen sollte. Fragen wie »Was läuft jetzt schon gut, und

44 Sicherheit kann hier bedeuten, dass ich mich authentisch in einer Klasse bzw. Schule zeigen kann, ohne von Kollegen oder älteren Schülern gedemütigt zu werden.

was könnten wir tun, damit mehr davon geschieht?« eröffnen andere Betrachtungsmöglichkeiten und zeigen allen Beteiligten auf, was in der Präventionsarbeit fokussiert und erwartet wird.[45]

Weiterhin wäre es hilfreich, bereits an den Universitäten und anderen Ausbildungsorten für Lehrer zu vermitteln, dass eine lineare Steuerung, die Wissensinhalte auf Schüler überträgt, nicht möglich ist, und dass Lehrer und Schulleitung bzw. ihr Verhalten als Teil des Schulsystems Einflüsse auf das Gesamtsystem Schule und somit auch auf Schüler haben.

Im Rahmen der Präventionsarbeit bedeutet dies: Das Verhalten von Lehrern hat einen Einfluss auf das Verhalten von Schülern und somit auch auf die Entwicklung von Mobbing, auf gesundheitliche Aspekte wie Stress und dessen meist negative Folgen und allgemein auf das Thema »Wohlbefinden«. In Anbetracht der Tatsache, dass vor allem die Klassenlehrer in einigen Schulformen sehr viel Zeit mit den Schülern verbringen und somit für ein diskretes, inneres »Mit-Tun« der Schüler als Modell dienen (Bauer 2009, S. 27), lohnt es sich, dieses Thema näher zu betrachten, es in der Lehrerausbildung zu thematisieren und ihm auch in der Präventionsarbeit einen größeren Stellenwert zuzuschreiben. Präventionsarbeit bedeutet, dass das jeweilige Schulsystem

- mit oft neuen Informationen (»Wie reagiere ich auf den hohen Alkoholkonsum meiner Clique und was schützt mich davor?«)
- Methoden (Mobbingprävention) und
- Personen (Präventionsbeauftragte, externe Leiter einer Präventionsveranstaltung)

in Berührung kommt, was aus systemischer Sicht eine Irritation darstellt. Dies erzeugt oft Unsicherheiten, weil sich zunächst nicht einschätzen lässt, was sich dadurch wie verändern wird und ob die Anwesenden ihr Sicherheitssystem verlassen müssen. Aus Sicht der Polyvagal-Theorie führt das zu einer Aktivierung des sympathischen Zweigs, die Atmung wird evtl. etwas schneller, und der Muskeltonus

45 Auch aus diesem Grund ist es sehr wichtig, dass mit Anbietern von Präventionsprojekten eine ausführliche Auftragsklärung erfolgt, in der Ziele, Verantwortlichkeiten und Abläufe geregelt werden.

steigt. Wirkt eine bestimmte Situation auf Teilnehmer sehr »unsicher« bzw. schwer einschätzbar, so ist ein Gegenüber (z. B. der eher unbekannte Präventionsbeauftragte oder Teamtrainer) eher »mein Feind«, und die Betroffenen beobachten, welche Neuerungen wohl erfolgen werden. Daher ist es wichtig, dass die Veranstaltungsleiter um diesen Zustand wissen und ihre eigene Körperhaltung, Atmung sowie Gedanken beobachten und ggf. so verändern, dass sie selbst Sicherheit und Ruhe ausstrahlen.[46] Die folgende Abbildung 15 verdeutlicht, wie hoch der Anteil der Körpersprache (ungefähr) ist, wenn Menschen sich begegnen, und wie wenig Einfluss sachliche Aussagen haben.

Abb. 15: Wirkungsfaktoren von Kommunikation[47]

Gelingt es, soziale Verbundenheit und somit Sicherheit herzustellen, so entspannen sich die Anwesenden, die Nervensysteme können sich gegenseitig beruhigend regulieren, und es kann eine konstruktive, lernfreudige Atmosphäre entstehen. Die folgende Übung kann dies verdeutlichen:

46 Tiefe Bauchatmung, langes Ausatmen, klangvolle ruhige Stimme, interessierte Mimik, ruhiges Stehen auf beiden Füßen, weicher Blick, langsame Gesten, zentrierte und bewegliche Haltung unterstützen eine Sicherheit gebende Atmosphäre.
47 Nach Albert Mehrabians Studie *Nonverbale Kommunikation* (1971).

Stellen Sie sich vor einen Spiegel. Atmen Sie 10-mal schnell aus und langsam ein. Beobachten Sie Ihre Mimik, Haltung und Ausstrahlung im Spiegel. Wie geht es Ihnen, was nehmen Sie wahr? Wie sehen Sie aus? Lockern Sie sich kurz und atmen Sie nun 10-mal schnell ein und langsam aus. Beobachten Sie sich wieder im Spiegel und nehmen Sie sich wahr.

Vermutlich haben Sie sich bei der zweiten Durchführung wohler gefühlt und auch mehr Ruhe ausgestrahlt. Durch das lange Ausatmen erfolgt eine Aktivierung des ventralen Zweiges, der für soziale Verbundenheit und für Angenehmes steht. Diese Erfahrungen kann man in der Arbeit mit Menschen nutzen, um Sicherheit und Wohlbefinden zu erzeugen, wodurch eine produktivere Arbeitsatmosphäre entsteht.

Die Therapeutin Michaela Huber[48] hat ein einfaches Instrument, den »Spannungsregler« (Abb. 16) entwickelt, um ein Feedback zum Thema »Anspannung« zu erhalten.

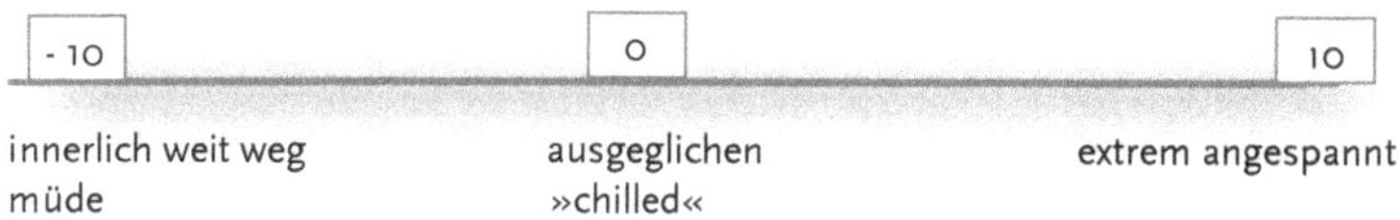

Abb. 16: Spannungsregler

Man könnte Teilnehmer vor und während Präventionsveranstaltungen fragen, wie sie ihren eigenen Spannungszustand einschätzen, damit ein eigenes Gefühl für die Anspannung entstehen kann und die Veranstalter auch eine Rückmeldung erhalten, ob der anstehende Workshop beginnen kann oder z. B. noch Regulierungsübungen nötig sind, um bspw. das Sicherheitserleben der Anwesenden zu verändern, damit eine Lernbereitschaft vorhanden ist.

Selbstregulierung stellt eine wesentliche Fähigkeit von Menschen dar, um Gesundheit und Wohlbefinden erhalten oder wiederherstellen zu können. Folgende Kriterien gehören dazu:

48 Michaela Huber ist eine psychologische Therapeutin und Ausbilderin in Traumabehandlung. Die Methode stammt aus ihrem Buch *Der geborgene Ort* (2015, S. 16).

- sich bei emotionalem Aufruhr beruhigen
- sich erholen und entspannen
- Aufmerksamkeit ausrichten und beibehalten
- Impulse bewusst wahrnehmen, kontrollieren und ggf. zurückstellen
- mit Frustration umgehen
- Absichten verwirklichen und Ziele verfolgen
- soziale Kontakte positiv gestalten.[49]

Da im Schulsystem häufig viel Druck herrscht (Noten, Zeitdruck, Häufung von Klassenarbeiten), die Schüler gleichzeitig auch durch immer mehr digitale Medien von vielen Reize überflutet werden und der Sportunterricht nicht ausreicht, um den Bewegungsmangel auszugleichen, wird es immer schwieriger, Erholung zu finden. Eine Aufgabe der Prävention sollte es in den kommenden Jahren auch sein zu unterscheiden, mit welchen Präventionsangeboten eher nur Symptombekämpfung betrieben wird (z. B. bei Alkohol, Medikamenten, Essstörungen)[50], weil die Betroffenen dadurch vorübergehend in irgendeiner Form Entlastung vom aktuellen belastenden Leben finden, und »was unter der Spitze des Eisbergs tatsächlich liegt«. Dies kann nur geschehen, wenn das Schulsystem mit allen Systemmitgliedern Entlastung erfährt, zirkuläre Wechselwirkungen betrachtet werden und die gegenseitige Beeinflussung über unsere Nervensysteme in den Mittelpunkt rückt.

Gesundheitserhaltende Lernprozesse auf Individual- und Klassenebene

Wie bereits ausgeführt ist ein angenehmer Kontakt mit anderen Menschen für das Lernen in verschiedenen Situationen förderlich. Lehrer können Vorbilder dafür sein, wie Schüler und Schülerinnen in sozialen Situationen agieren und wie sie mit starken Emotionen umgehen – ob sie bspw. Selbstbeherrschung zeigen können, wenn sie sich von einem bestimmten Schüler sehr »gestört« fühlen. Weiterhin kann ein Lehrer die Befindlichkeiten des Lernenden empathisch

49 Dami Charf, Fortbildung »Somatische Emotionale Integration« (SEI), 2021.

50 Übermäßiger Alkohol- und Tablettenkonsum sowie ungesundes oder gar therapiebedürftiges Essverhalten können stellvertretend für andere Probleme stehen, die »darunter« liegen.

aufnehmen und ihm Wertschätzung entgegenbringen sowie durch Zuhören (»ganz Ohr sein«) zeigen, dass er ganz für ihn da ist. Dies erzeugt bei den Schülern Sicherheitsgefühle, was wiederum Angst und Stress vorbeugt.

Diese Fähigkeiten werden auch »softs-skills« (Kompetenzen, die nicht nur kognitives Wissen, sondern auch die Einstellung eines Menschen umfassen) oder »emotionale Intelligenz« genannt. Sie lassen sich mit modernen »Managementmethoden« – die mit quantifizierenden Beobachtungsverfahren arbeiten und oft aus dem Qualitätsmanagement oder dem Bereich Forschung stammen und auch in Schulen regelmäßig zur Lernstandmessung eingesetzt werden – nicht oder nur schwer erfassen.

Folgende Faktoren tragen zur Gesundheitserhaltung bei:

- Aufmerksamkeit/Achtsamkeit
- (positive) emotionale Beteiligung bei Lehrern und Schülern
- freundliche Gestik und Mimik
- Hervorhebung von Stärken
- praktisches Tun und Bewegung
- Selbstwirksamkeit
- Sicherheitserleben.

Diese pädagogische Professionalität ist auf eine Selbstreflexion angewiesen, wenn die Lehrenden eine Vorbildfunktion einnehmen und diese ggf. auch verändern sollen. Dazu gehört, dass sie ein Wissen über die eigenen Handlungsmotive in pädagogischen Interaktions- und Konfliktlagen besitzen. Hierzu zählen die eigene Biografie und deren Prägung auf eigene Befindlichkeiten sowie der Umgang damit (Was und wer hat mich wie erzieherisch geprägt?). Eine daraus folgende bevorzugte Reaktionsweise suggeriert Vertrautheit und Sicherheit, auch im Umgang mit Schülern und Kollegen, was jedoch nicht immer bedeutet, dass diese angemessen ist, um gesundheitserhaltende Prozesse zu unterstützen. Das eigene Handeln in Schulklassen (und auch im Lehrerkollegium) sollten die Lehrenden aus einer übergeordneten Beobachterperspektive neu »wahr-nehmen«, um eigene Deutungsmuster und Verhaltensweisen[51] prüfen und ggf. neu konstruieren zu können, sodass ein positives Klassenklima entstehen kann, in dem der

51 Vgl. hierzu das Kap. 2.2 (»Exkurs: Muster«).

Lehrer aus einer sog. »Erwachsenenperspektive« handelt und nicht alten, in der Kindheit erlernten Reflexen folgt.

Diese sehr persönlichen Tendenzen bedürfen einer achtsamen Umgangsweise und einer Begleitung. Dies kann in Fallbesprechungsgruppen oder in einer achtsamen Beratung durch die Beratungslehrerin erfolgen. Voraussetzung hierfür ist u. a. das Einhalten der vereinbarten Schweigepflicht, sodass die Teilnehmer bzw. Klienten sich öffnen und ggf. auch verändern können.

Eine solche wertschätzende Begleitung hilft, diese Verhaltensweisen zu reflektieren und ggf. in kleinen Schritten in die erwünschte Richtung zu verändern. Eine auf Stärken und Wertschätzung basierende Kommunikation ist deshalb so wichtig, weil eine Person, die den Wert ihrer eigenen Persönlichkeit gering schätzt, kaum in der Lage ist, sich anderen bzw. ihrem sozialen Umfeld in verstehender und fördernder Kooperationsbereitschaft mitzuteilen (Arnold 2007, S. 29).

Ein sogenanntes »Gewaltbarometer« (s. Abb. 17) kann eine Rückmeldungsmöglichkeit sein, um dazu eine Einschätzung zu erhalten.

Auf einer Skala von 1-10 (10 steht für eine Kommunikation, die als übergriffig oder abwertend empfunden wird) schätzen Schüler einer Klasse die Kommunikation mit dem entsprechenden Lehrer ein:

Abb. 17: Gewaltbarometer

In weiteren Schritten könnte man einzelne Aussagen und Gesten der an der Kommunikation Beteiligten benennen, sie durch einzelne Schüler auf dem Zeitstrahl mit der entsprechenden Körperhaltung darstellen und besprechen, wie es zu dieser Einschätzung gekommen ist. Daraufhin wären Änderungen (verbal und nonverbal) möglich, die zunächst für einige Wochen eingeübt und überprüft werden müssten, damit sich langfristig andere Muster herausbilden.

Selbstreflexion

Für ein Bewusstsein über die eigenen Haltungen und Bedürfnisse können die Beteiligten (Lehrer) regelmäßig eine Selbstreflexion vornehmen, um eigene Anteile an den Kommunikationsstrukturen in Systemen zu überprüfen und ggf. zu verändern. Dies kann wiederum die Zusammenarbeit (positiv) verändern und Konflikten vorbeugen.

Ganz allgemein weisen folgende Gesprächsabläufe auf eine Kommunikation hin, die meistens zum Scheitern verurteilt ist bzw. das Gegenüber abwertet:

- Kritik/Vorwürfe: Eine Person wird be- oder verurteilt und mit Schuldzuweisungen beladen (»Du kapierst es doch nie«).
- Geringschätzung/Verachtung: Nonverbales Verhalten wie abschätzige Blicke und Handbewegungen sowie verächtliche Äußerungen (Hohn, Spott, Auslachen) prägen diesen Zustand, der auf Wut und Streitsucht hinweist.
- Rechtfertigungen: Man gibt die Schuld dem jeweils anderen und versucht, dessen »Dummheit« nachzuweisen (»Der hat von Anfang an Ärger gemacht, und es war klar, dass er es hier nicht schaffen würde«).
- Rückzug/Mauern: Scheinbare Gleichgültigkeit und Schweigen bestimmen diese Zustände, was sich z. B. darin äußern kann, dass der Blickkontakt vermieden wird (Klees 2018, S. 82 f.).

Sind die aufgeführten Haltungen Bestandteile in Kommunikationen, so kann dies auf Machtgefälle hinweisen, bei denen Emotionen im Vordergrund stehen und sachliches, ressourcenorientiertes Arbeiten kaum noch möglich ist. Erwachsene haben die Aufgabe, dies wahrzunehmen und zu verändern, vor allem im Kontakt mit Schülern, für die Lehrer als Bezugsperson eine Vorbild- und Erziehungsfunktion übernehmen. Auch im Kollegium treten diese Bestandteile auf, wenn die Schulkultur solches Verhalten (meistens unausgesprochen) zulässt und Präventionsarbeit nicht auch auf kollegialer Ebene gelebt und eingeübt wird. Den Führungskräften kommt hier die entscheidende Funktion zu, eine offene und ressourcenorientierte Haltung vorzuleben, sie einzufordern und die Grundlagen dafür zu schaffen, wofür Vertrauen und gemeinsam erarbeitete Grundwerte in der jeweiligen Schule Voraussetzung sind.

Leitfaden zur Selbstreflexion für einzelne Personen:

Gesprächssituation: ______________ (Tag, Thema, Anwesende)

- Wie war meine eigene Stimmung im Gespräch?
- Was waren meine Anliegen an diesem Tag?
- Was davon wurde »erfüllt«/umgesetzt?
- Wie ging es mir damit?
- Inwiefern hat das meine Stimmung beeinflusst?
- Was habe ich dadurch gesagt/getan? Bin ich dadurch meinen Zielen nähergekommen?
- Wollte ich andere von meinen Ideen überzeugen? Wenn ja: Wie habe ich das getan, und welche Auswirkungen hatte dies vermutlich? Was würden die anderen dazu sagen, wenn ich sie fragen könnte?
- Welche »inneren Stimmen« wie Wut, Freude, Angst, Sorgen, Enttäuschung usw. haben meine Handlungen beeinflusst?
- Hätte ich auch anders reagieren können, und was hätte dies in der Gruppe bewirkt?
- Welche Anzeichen bei mir selbst wie körperliche Reaktionen (Kloß im Hals, schnelle Atmung, Druck in der Brustgegend) weisen darauf hin, dass ich in Gesprächen evtl. bald sehr emotional reagieren werde? Möchte ich das?
- Was bedeutet dies in Bezug auf das in der Gruppe beschlossene Ziel?
- Angenommen, ich würde mit einer oder mehreren dieser inneren Stimmen ins Gespräch kommen: Welche Bedürfnisse hätten sie? Welche könnten wie befriedigt werden, und welche Möglichkeiten gibt es, ihnen ggf. weniger Einfluss zuzugestehen?
- Wie fühlte ich mich nach der Sitzung/der Schulstunde?
- Wie gelangen mir Zuhören, Einfühlung, Perspektivenwechsel und Wertschätzung?
- Welche Kompetenzen habe ich, um dies in Zukunft anders zu machen?
- In welchen Wertehaltungen könnte ich anderen in meiner Gruppe ein Vorbild sein?
- Wodurch erreiche ich das? Was müsste ich tun, um genau das Gegenteil zu erreichen?
- Was ist für mich offengeblieben, was beschäftigt mich in Bezug auf die Arbeit?
- Welche äußeren Faktoren empfinde ich als stressauslösend? Wie könnte ich das verändern? Auf was habe ich Einfluss?

- Angenommen, ich würde einen Videofilm vom Klassengeschehen ansehen: Welche Abläufe wären hilfreich und welche könnten (wie) verändert werden?
- Wie ist der Umgang mit Kritik im Klassenzimmer (bei mir, bei den Schülern)?
- Werden bei Bewertungen Verhalten und Person getrennt?
- Werden die Elemente des aktiven Zuhörens (beim Lehrer in seiner Vorbildunktion) angewandt?
- Welche Rolle spielen Stärken der Schüler im Unterrichtsgeschehen?
- Was würden die Schüler zu den oben genannten Fragen sagen?
- Wissen Sie, über welche Stärken und Potenziale Ihre Schüler (auch außerhalb der Schule) verfügen? Wie sprechen Sie diese im Unterricht bzw. in der Schule an?
- Angenommen, Sie würden sich darin üben, Ihre »emotionalen Kompetenzen« zu verstärken: Wie würde sich das im Umgang mit den Schülern (Erwachsenen) zeigen? Was wäre dann anders?
- Mithilfe eines Schaubilds können Sie überprüfen, wie hoch das eigene Stresslevel im Wochen- oder Tagesverlauf ist, um dann zu prüfen, welche evtl. negativen Auswirkungen das auf das Klassenklima der verschiedenen Klassen haben könnte (s. Tab. 2).

Folgendes Diagramm könnte einen Überblick dazu liefern:

Stresslevel genau richtig/ sicher			1.+2. Stunde: freundliche Klasse, gutes Arbeiten	3.+4. Stunde: gut vorbereitet, Unterricht läuft		gutes Mittagessen	Unterrichts-Vorbereitung gelingt Spaß im Fitness-Studio	
zu hoch zu niedrig	hektische Fahrt zur Schule müdes, trauriges Aufwachen	Stau am Kopierer in der Schule			5.+6. Stunde: Klasse ist müde, ich auch, Lärmpegel hoch			alleine zu Hause
Ereignis								

Tab. 2: Das Stresslevel im Tagesverlauf

Etwas anders machen

»Die Probleme dieser Welt lassen sich nicht mit den gleichen Denkweisen lösen, die sie erzeugt haben.«
Albert Schweizer

Automatisierte Handlungen und Haltungen erzeugen Sicherheit[52] (z. B.: Dünne Mädchen sind schön, oftmalige Handynutzung ist cool, Alkohol zu trinken hilft, um in die Gruppe aufgenommen zu werden, eine eigene Meinung zu haben bewirkt Ausgrenzung). Sollen diese Haltungen durchbrochen werden, braucht man Vertrauen in sich selbst, um der Unsicherheit oder sogar Angst zu begegnen, die dabei entstehen kann. Da Menschen bzw. ihre Gehirne sich jedoch die meiste Zeit mit sich selbst beschäftigen (autopoietische Systeme), lassen sie sich kaum oder gar nicht von außen überreden oder anleiten. Deshalb sind »Einladungen« und Ermutigungen so wichtig, damit Schüler ebenso wie Lehrer einen Möglichkeitsraum auch betreten wollen und können, in dem sie neue Erfahrungen mit sich selbst und anderen machen können. Hierfür ist meistens eine gewisse Offenheit bzw. leichte Aktivierung des Nervensystems ohne zu viel Druck nötig (z. B. innere Wünsche, Interessen, Neugierde oder angebotene Gestaltungsmöglichkeiten). Der Schulalltag ist jedoch oft stark strukturiert, und Schüler müssen »funktionieren«, damit Lehrende ihre vorgeplanten Unterrichtsentwürfe korrekt durchführen und die Stundenpläne einhalten können. Menschen bzw. Kinder und Jugendliche im Schulsystem werden hierdurch oft »organisiert und verwaltet«, und diese Strukturen bieten wenig Erfahrungsmöglichkeiten, die auch Selbstwertgefühle und Vertrauen entstehen lassen können.

Um neue Informationen aufnehmen und umsetzen zu können, was in der Präventionsarbeit ja geschehen soll, sollte zunächst die Vertiefung bzw. Schaffung eines Sicherheitsgefühls der einzelnen Teilnehmer im Vordergrund stehen. Dann lassen sich anschließend in der Wachstumszone Übungen durchführen. Folgendes Schaubild (Abb. 18) kann dies verdeutlichen.

Da Menschen jedoch keine trivialen Maschinen sind, lassen sie sich auch nicht wie solche planen und formen, ihr Verhalten wird nie wie bei einem Objekt im Voraus absehbar sein. Um die alten Muster

52 Und das System Mensch benötigt weniger Energie, was für einen Körper eine wichtige Variable darstellt.

verändern zu können, hilft eine Atmosphäre, die frei von Bewertungen und Stigmatisierungen ist. Denn ein Verhalten, das auch Versuch und Irrtum enthalten darf, lässt uns neue individuelle, hilfreichere Handlungs- und Denkweisen finden.

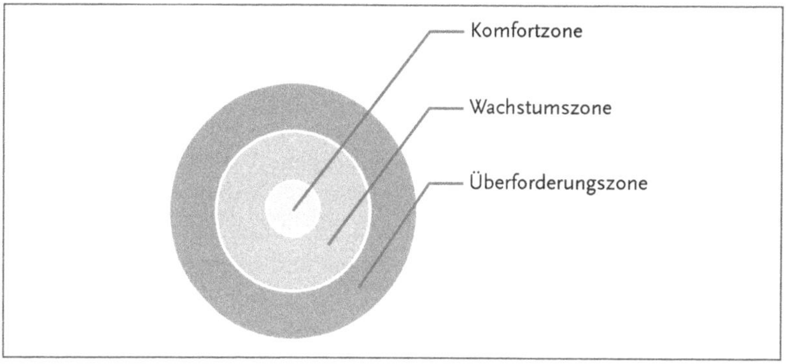

Abb. 18: Präventionsarbeit in der Wachstumszone

Lehrer können diese offene Atmosphäre dadurch unterstützen, dass sie selbst ihr Denken und Verhalten ändern und dass z. B. problematisches Verhalten (Bulimie oder Aggressivität) in Wechselwirkung mit dem Denken und Verhalten von anderen Bezugspersonen bzw. Gruppen (Klasse, Familie, Lehrer) gesehen wird. Das nennen wir eine zirkuläre Betrachtung. Dadurch bleiben dem Einzelnen Schuldzuweisungen erspart, und es öffnet sich ein Raum für andere Verhaltensweisen. Ob diese Veränderungen (veränderte Aufmerksamkeitsfokussierungen) interessant und lohnend erscheinen, wird immer wieder individuell abgewogen (von Lehrenden und Schülern gleichermaßen). Belohnungserwartungen wie Zugehörigkeit oder Lob durch Kollegen, Eltern und Freunde fördern diese Prozesse und führen zur Ausschüttung von Gehirnsubstanzen, die lustvolle und vertrauensbildende Wirkungen entfalten.

Dies bedeutet für die Präventionsarbeit, dass die Einführung von Unterschieden – in Form von Informationen, neuen Beobachtungen und veränderten, ressourcenorientierten Handlungen – wertvoll ist, um Systeme dazu anzuregen, sich zu verändern.[53] Somit entsteht ein

53 Folgende Fragestellung mag für einige Teilnehmer interessant und auffordernd wirken: »Wann hast du zum letzten Mal etwas anders gemacht in der betroffenen Situation/beim angesprochenen Thema, und was hat dich darin unterstützt?«

Unterschied zur vorherigen Situation, was dazu führt, dass sich das System verändert. Dafür ist es notwendig, dass die Beteiligten das neue Muster als wirksamer und befriedigender erleben als das alte (Palmowski 2002, S. 59). Beginnen einzelne Mitglieder (im Schulsystem auf Klassen- und/oder individueller Ebene), etwas anders zu machen als bisher, verändern sich auch die Wechselwirkungen im Gesamtsystem, und die Präventionsarbeit kann veränderte Haltungen in der ganzen Klasse anregen. Täglich wechselseitige Wahrnehmungs- und Bewertungsprozesse unter den Mitgliedern der Systeme führen dazu, dass Einschätzungen erfolgen, ob das eigene Verhalten ausreichend Sicherheit und Orientierung bietet. Erhalten sie dafür Wertschätzung und Anerkennung von bedeutsamen Personen, regt dies selbstverstärkende Prozesse an. Autonomieverlust und Abwertungen hingegen führen dazu, dass man meistens auf alte Muster (Verhaltensweisen) zurückgreift, was unbewusst abläuft. Daher ist es sehr wichtig, dass Lehrer bei sich prüfen, welche Gedanken und Haltungen sie in die Klasse einbringen, da sie zu den »bedeutsamen Personen« zählen. Sprache und Sprachmuster weisen schnell darauf hin, ob ein Lehrer in einer Klasse mit negativen, abwertenden Glaubenssätzen arbeitet und den Schülern bzw. dem Schulsystem negativ begegnet. Solch einer Atmosphäre bietet kaum Raum für vertrauensvolle Änderungen. Daher sind Selbstbeobachtungen und -reflexionen ein wichtiger Bestandteil der Präventionsarbeit im System Schule.

Gruppendynamik

Wir haben bereits darauf hingewiesen, dass sich die Verhaltensweisen einzelner Mitglieder eines Systems gegenseitig bedingen. Da dieser Aspekt nach unseren Erfahrungen im Denken der am Schulleben Beteiligten nur einen kleinen Raum einnimmt, möchten wir nun nochmals explizit darauf eingehen, da er einen großen Einfluss auf die Präventionsarbeit in Schulen bzw. mit Gruppen hat. Überall im Schulleben agieren Gruppen – das beginnt bei der Arbeit eines Schulleiters mit dem Kollegium, mit den Eltern und seinen Abteilungsleitern, setzt sich über die Prozesse innerhalb eines Lehrerkollegiums bis auf die Ebene der Arbeit innerhalb einer Klasse (Lehrer, Eltern und vor allem Schüler) fort. Überall laufen gruppendynamische Prozesse ab, und innerhalb einzelner Gruppen bilden sich gruppenspezifische Muster. Diese Muster wirken innerhalb einer Gruppe wie auch in ihrem Handeln nach außen. Da eine Gruppe mehr ist als die Summe ihrer einzelnen Mitglieder (ihrer Eigenschaften) und die Personen nicht als Individuen, sondern in ihren im jeweiligen System eingenommenen Rollen agieren, scheint ein Umgang mit dem beschriebenen »Emergenzphänomen«[54] angebracht, um hilfreiche Präventionsarbeit gestalten zu können.

Im systemischen Kontext wird hierbei der Name Kurt Lewin[55] genannt, der in den 1930er-Jahren Gruppendynamiken erforscht hat. Er entdeckte bei seinen Studien, dass durch die sogenannte »Metakommunikation«[56] gezielt Kommunikationsabläufe in Gruppen beobachtet und reflektiert werden, wodurch die Fähigkeit geschult wird, Abstand zu diesen Abläufen einzunehmen und diese dadurch indirekt zu beeinflussen. Die Gruppe macht sich somit selbst zum Thema, und automatisierte Abläufe (Gedanken, Gefühle, Wünsche, Werte, Bedürfnisse, Haltungen, Ziele) werden somit auf die Bewusstseinsebene verlagert. Dies stellt eine neue Information im System dar und irritiert dieses sogleich.

Fragestellungen zu folgenden Themen werden z. B. bei der Präventionsarbeit in Teamtrainings erörtert:

- Welche Rollen haben sich verfestigt? Welche lösen sich durch die Beobachtungen wieder auf?
- Welche Prozesse sind gruppendynamisch beobachtbar?
- Welche Reaktion folgt auf welchen Reiz?
- Welche kognitiven Themen werden offen dargelegt, welche nicht?
- Welche Themen werden nicht angesprochen und prägen doch den Alltag der Gruppe?

Bei der Auswertung von Gruppenprozessen und -übungen können Sie folgende Frage bearbeiten: Welche Lernchancen bietet diese Metakommunikation (auch im Schulleben) für die Präventionsarbeit?

- Welche Eigendynamiken gibt es in den Gruppen/Klassen?
- Welche Orientierungshilfen und Regeln werden benötigt?
- Welche Themen stehen im Vordergrund, und wie werden Ziele festgelegt?

---

54 Unter dem Begriff Emergenz versteht man die Entstehung von neuen Eigenschaften eines Systems, die sich aus dem Zusammenwirken der einzelnen Elemente entwickeln.
55 Verfügbar unter: http://www.kurt-lewin.de/gruppendynamik.shtml [21.6.2021].
56 Mitglieder eines Systems kommunizieren über die eigene aktuelle Kommunikation. Verglichen wird das oft mit der Perspektive eines Adlers, der über dem Geschehen kreist und die Abläufe aus der Entfernung beobachtet.

- Welche Schüler haben mehr Einfluss und wodurch und wie geht die Gruppe damit um?
- Wer führt wann die Gruppe, wer bringt dafür welche Qualitäten mit? In welchen Phasen ist dies hilfreich und wann evtl. nicht?
- Wie geht die Klasse mit Führung und Autoritäten um? Welche Bilder/Ideen gibt es dazu?
- Welche Spielregeln bestehen und entwickeln sich im Laufe der Zeit?
- Wie geht ein Lehrer (als Autoritätsperson) mit Führung und Kritik um?
- Wie (nach welchen Spielregeln) erfolgt die Auseinandersetzung zwischen Klasse und Lehrer(teams) und was lässt sich daraus schlussfolgern?
- Welchen Stellenwert erhalten die Themen Respekt, Regeln, Rollen- und Rollenerwartungen, Wertschätzung, Störungen usw.?

Metakommunikation bietet die Möglichkeit, nach vorab vereinbarten Regeln über inter- und intrapersonale Abläufe zu sprechen. Im Schulalltag laufen die angesprochenen Themen meistens im Verborgenen ab, hier in der Präventionsarbeit erhalten sie eine Plattform und lassen sich betrachten, verdichten oder verkleinern.

Gleichzeitig wird die soziale Wahrnehmung für untergründig mitlaufende Prozesse geschult. Gefühle und Empfindungen geben individuell Auskunft, welche Kommunikationsabläufe gerade im Fokus stehen und welche verborgen liegen, wodurch Körperempfindungen im meist kognitiven Schulalltag wieder einen wichtigeren Stellenwert erhalten.

Auf körperlicher Ebene, die auf tieferliegende Muster hinweist, ohne dass man von der Sprache Gebrauch machen muss, könnten Sie hierzu folgende Übung mit einer Klasse oder Gruppe durchführen, um den Teilnehmern ein Feedback bzw. ein Gefühl zu geben, wie hilfreich eine entspannte Atmosphäre sein kann, oder auch, welche Mimik und Gestik ein Wohlbefinden auslöst.

- Die Teilnehmer stellen sich alle auf.
- Alle spannen ihre Muskeln stark an und denken an eine unangenehme Situation. Dabei sehen sie andere Teilnehmer an.
- Lockern. Durchatmen. Schütteln.
- Alle atmen nun langsam ein und aus, so wie es angenehm ist, und denken nun an ein schönes Ereignis, lächeln etwas dabei. Sie sehen andere Teilnehmer dabei an.

- Danach kann ein Anschlussgespräch folgen, welche Unterschiede in den Übungen wahrgenommen wurden, wie die zwei Zustände aktiviert bzw. verändert werden könnten und welche Voraussetzungen (Vertrauen, achtsame Kommunikation, Selbstregulierungsfähigkeiten etc.) dafür nötig sind. Es wäre auch möglich, den auf Seite 51 beschriebenen Spannungsregler zu nutzen, damit die Teilnehmer sich auf dieser Skala einordnen können, um eine Rückmeldung zu den Übungen zu geben.

Lernen Klassen, präventiv und durch ihre Teilnahme an Metakommunikationen zugleich aktiv die Kommunikationsabläufe zu betrachten, kann dies eine jederzeit zugängliche Ressource im Schulalltag darstellen, die man thematisieren und nutzen kann, um Unwohlsein, Druck oder Freudiges zum »Gruppen-Realitätscheck« heranzuziehen. Dadurch kann eine Problemlösefähigkeit auf verschiedenen Ebenen des Eisbergmodells (s. Abb. 20) entstehen, die z. B. der Eskalation von Konflikten und Mobbinghandlungen vorbeugen kann.

Die Methode *Johari-Fenster* (Abb. 19) stellt den Zusammenhang bewusster und unbewusster Persönlichkeits- und Verhaltensmerkmale

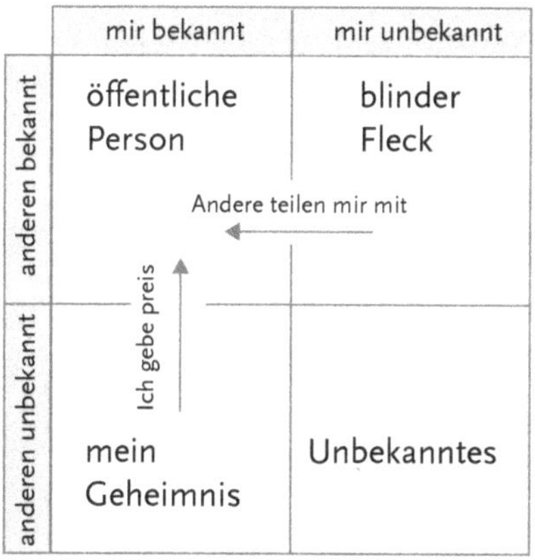

Abb. 19: Johari-Fenster[57]

zwischen einem selbst und anderen oder einer Gruppe dar. Entwickelt wurde es 1955 von den amerikanischen Sozialpsychologen Joseph Luft

57 Verfügbar unter: https://de.wikipedia.org/wiki/Johari-Fenster [24.3.2021].

und Harry Ingham. Es spielt in der gruppendynamischen Arbeit seit den 1960er-/1970er-Jahren eine bedeutsame Rolle zur Demonstration der Unterschiede zwischen Selbst- und Fremdwahrnehmung und zählt zum Standardrepertoire für die Arbeit mit gruppendynamischen Modellen und Verfahren.

Die vier Felder des Johari-Fensters

1) Öffentlich: Öffentlich ist alles, was ein Mensch von sich preisgibt, was also ihm selbst und anderen bekannt ist, mit anderen Worten: die Anteile der Persönlichkeit, die nach außen sichtbar sind und von anderen wahrgenommen werden. Dazu zählen
   - äußere Merkmale, wie zum Beispiel Erscheinungsbild, Umgangsformen oder körperliche Reaktionen
   - sowie – soweit diese nach außen erkennbar hervortreten – persönliche Eigenschaften, wie beispielsweise Ehrgeiz oder Ängstlichkeit, und
   - innere Haltungen und Einstellungen, wie etwa Religiosität, Moral und ethische Werte.

   Dieser Teil des »Fensters« ist im Vergleich zu den anderen Teilen meist eher klein. Denn es sind vor allem die nichtöffentlichen Bereiche, mit anderen Worten: die nichtbewussten Faktoren, die für die Beziehungen zwischen Personen bestimmend sind. Auch hier hilft das Eisberg-Modell, dies zu verdeutlichen.

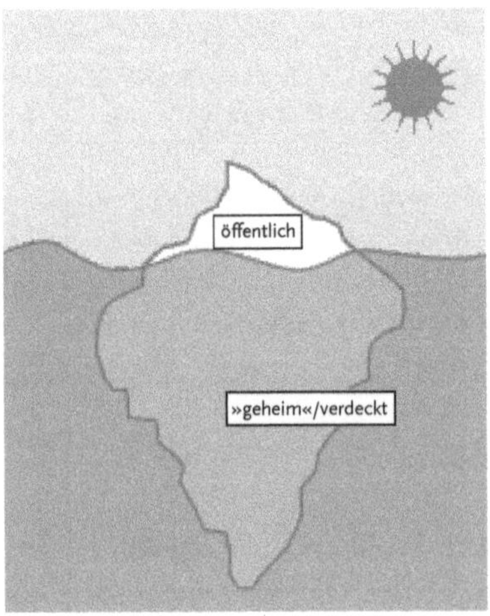

Abb. 20: Eisberg-Modell

2) Geheim: Geheim ist alles, was der Betroffene weiß und kennt – also, was ihm bewusst ist, was er aber anderen entweder unwissentlich nicht zugänglich macht oder bewusst vor ihnen verbirgt.
3) Blinder Fleck: Unter dem »blinden Fleck« versteht man alles, was vom Betroffenen ausgesendet und vom Empfänger wahrgenommen wird, ohne dass sich der Betroffene dessen bewusst ist. Andere erkennen Verhaltensweisen und Merkmale, die der Betroffene bei sich selbst nicht wahrnimmt. Durch das Feedback der Mitmenschen können Informationen vom blinden Fleck in den Quadranten »öffentlich« transportiert werden.
4) Unbekannt: Unbekannt ist alles, was weder dem Betroffenen noch anderen bekannt ist. Es handelt sich um unenthülltes Terrain, wie bspw. unbewusste Erinnerungen oder Talente.

   Da der weitaus größere Teil des »Eisbergs« unserer Persönlichkeit unbekannt, also unbewusst ist, erklärt sich, dass dieser Quadrant einen beträchtlichen Anteil am gesamten Fenster einnimmt. Viele Faktoren, die eine Beziehung zwischen zwei Menschen ausmachen, sind auch in diesem Bereich des Fensters angesiedelt.

Wie groß die einzelnen Quadranten des Johari-Fensters tatsächlich sind, ist von Fall zu Fall unterschiedlich und abhängig von der jeweiligen persönlichen Beziehung. Denn einerseits agiert jede Person mit bestimmten anderen Menschen unterschiedlich, und andererseits hat auch jede Person in verschiedenem Ausmaß Kenntnis von ihrer eigenen Persönlichkeit.

Ein Ziel dieser Arbeit mit Gruppen und deren Dynamiken ist es, den gemeinsamen Handlungsspielraum transparenter und weiter zu gestalten. Im Johari-Fenster wird dabei das linke obere Feld immer größer, die anderen drei werden kleiner:

- sich preisgeben: Wenn man anderen persönliche Geheimnisse preisgibt und sie mit ihnen teilt, verringert sich der Aufwand, den man sonst für die Geheimhaltung treiben musste, und die Freiheit und der Handlungsspielraum in der Öffentlichkeit vergrößern sich.
- Beobachtungen mitteilen: Wenn wir den Betroffenen unsere Beobachtungen über blinde Flecken direkt mitteilen (Feedback),

gewinnt dieser neue Erkenntnisse über sich selbst und kann so seinen privaten und öffentlichen Handlungsspielraum bewusster wahrnehmen und ausfüllen.

Beide Wege ergänzen einander und helfen auch, Unbewusstes bewusst und dadurch handhabbar zu machen.

Die Metakommunikation in einer Gruppe, das Darlegen eigener persönlicher Wahrnehmungen und Beobachtungen über gerade ablaufende Prozesse ist nichts Selbstverständliches und erfordert Vertrauen und einen achtsamen Umgang innerhalb des Systems. Hier zeigt sich, welche Schulkultur gelebt wird und ob Schüler und Lehrer sich »zeigen« dürfen und wollen. Normalerweise wird (»arbeitsbezogene«) Kommunikation zwar in irgendeiner Form wahrgenommen, jeder Einzelne verarbeitet sie jedoch für sich, ohne dass darüber gesprochen wird, und wenn, dann nur irgendwie »gefiltert«. Metakommunikation bietet hervorragende Möglichkeiten, soziale Wahrnehmungen, eigene Gefühle und Erwartungen zu beobachten und den eigenen Umgang sowie den Umgang der anderen damit zu thematisieren. Dies bietet Risiken und Chancen.

In Anbetracht der Tatsache, dass im Schulleben permanente Kommunikation (in Gruppen/Klassen/Kollegien) den Alltag bestimmt und Eltern Lernerfolge ihrer Kinder fordern, sollten gruppendynamische Betrachtungen[58] und das Schulen von Fähigkeiten zur Beobachtung von Abläufen in Klassen mehr Beachtung finden. Prävention kann eine Möglichkeit bieten, Grundlagen hierfür zu vermitteln, um Wohlbefinden und Effizienz beim Arbeiten einzelner Schüler und Lehrer zu fördern. Schulen selbst stehen vor großen Entwicklungsaufgaben (Digitalisierung, Globalisierung), sind systemisch eingebunden in gesamtgesellschaftliche Prozesse (z. B. Lösung komplexer Probleme, Umgang mit Unkalkulierbarem) und können Veränderungsdruck annehmen und aushalten, wenn Mitglieder dieser Systeme gesund und ressourcenorientiert in funktionierenden Teams und Klassen arbeiten können. Daher scheint es wichtig, die Methode der *Metakommunikation* in Klassen und Lehrerkollegien einzuführen, um gruppendynamische Prozesse betrachten, bezeichnen und ggf. verändern zu können. Dies würde dann wieder dazu führen, dass sich intra- und interpersonelle Muster besser managen lassen.

---

58 Vgl. hierzu auch das Kapitel »Zusammenarbeit in Präventionsteams« (Kap. 3.10).

Organisationen, die dies in hohem Maße leisten, achten verstärkt auf folgende Parameter:

- Aussprechen wechselseitiger Beobachtungen
- Skepsis gegenüber vorgefertigten Meinungen
- Hinterfragen von Realitätseinschätzungen
- Respekt gegenüber verschiedenen Expertisen
- soziale Kompetenz der Beteiligten innerhalb des Systems
- Einladungen, Eindrücke und Empfindungen offen aussprechen und dies auch wertschätzen
- Wissen um die Eigendynamik von Gruppen und hilfreiche Nutzung der Potenziale für das Gesamtsystem.

Verhalten ist kontextabhängig

Lehrer (und Eltern) erwarten von Landschulheimen, in denen Teamtrainings durchgeführt werden, eine bessere Klassengemeinschaft, worunter sie meistens weniger Konflikte, mehr Ruhe im Unterricht und reibungslose Arbeitsabläufe verstehen. Die Klasse soll dadurch »mehr zusammenwachsen« und sich besser verstehen.

Dies sind verständliche Ziele. Um Enttäuschung zu vermeiden und eine theoretische Diskussionsgrundlage zu geben, betrachten wir das Thema »Kontext« anhand von »Teamtrainings in Landschulheimen«. Als Kontext wird die Umgebung eines Individuums bzw. eine Gruppe verstanden, in der seine Aussagen und Handlungen für ihn selbst einen bestimmten Sinn ergeben und den räumlichen, sozialen (Regeln und Werten) und zeitlichen Gegebenheiten angepasst werden bzw. in Wechselwirkung mit diesen stehen.

So kann sich ein Schüler in einem Landschulheim wohlfühlen, seine Anspannung, die er evtl. in seiner Schule aufgrund vom Notendruck durch seine Eltern spürt, kann sich lösen, und dies ermöglicht es ihm, entspannt im Teamtraining mitzuarbeiten. Sein Verhalten gegenüber Mitschülern ist aufgeschlossen und freundlich. Dadurch verändern sich die Interaktionen in der gesamten Gruppe – vor allem, wenn noch mehr Schüler eine Entspannung erfahren (die auch aus möglicherweise ganz anderen von außen nicht beobachtbaren Gründen unter Druck standen). Es ist hingegen auch möglich, dass ein Mädchen den Teamtrainer als kritischen »Beobachter« einschätzt und sich dadurch belastet fühlt, da sie vermutet, dass er ihr Verhalten genauestens beäugt, deutet und mögliches Fehlverhalten tadeln würde (Erwartungserwartungen). Daher empfindet sie eine gewisse Anspannung und achtet sehr auf (meist unausgesprochene) Verhaltensregeln, von denen sie vermutet, dass sie von den anwesenden Erwachsenen als »gut und richtig« eingeschätzt werden.

In diesem Landschulheim-Teamtraining können nun Beobachtungen, Lösungen und Vereinbarungen zwischen Lehrern, Klasse und Teamtrainern getroffen werden, die für die Situation im Landschulheim hilfreich sind bzw. zu den vorhandenen Interaktionen zwischen den Anwesenden »passen« und als unterstützend für die Zusammenarbeit gelten. Die Schüler zeigen im Landschulheim also ein Verhalten, Denken und Fühlen, das sie an den Kontext angepasst haben.

Bei der Planung von Präventionsmaßnahmen, was Teamtrainings im Landschulheim ja auch sind, wird dieses kontextabhängige Verhalten oft nicht bedacht. Schüler und auch Lehrer sind nicht nur Personen mit einem bestimmten Verhalten, sondern können in unterschiedlichen Situationen »vieles sein – und immer mal wieder etwas anderes«.[59] Wenn ein Schüler sich im Landschulheim redefreudig und argumentationsstark zeigt, muss er das in einer Schulsituation bei einem Konfliktgespräch oder bei seinem Referat in der Klasse noch lange nicht sein. Hier zeigt er anderes Verhalten. Ist der Teamtrainer männlich, so verhalten sich vielleicht einige Schüler diesem gegenüber kooperativ und interessiert. Im Unterrichtsgeschehen mit Lehrerinnen in der Schule hingegen zeigen sie weniger Interesse, weil sie bisher mit Frauen evtl. schlechte Erfahrungen gemacht haben. Mit der anwesenden Person hat dies dann nichts direkt zu tun. Es könnte auch sein, dass ein bestimmter Typ Mensch (der an einen strengen Vater erinnert) ein spezielles Kommunikationsverhalten beim Schüler auslöst (z. B. Verstummen). Dies zeigt, dass Schülerverhalten in Teamtrainings nicht 1:1 auf Schulsituationen übertragbar ist und dies bei Planungen zu beachten ist.

Die Wahrnehmung einer Situation erfolgt hier innerhalb des Gehirns durch einen Vergleich des Reizes mit bereits abgespeicherten Erfahrungen (Erfahrungsabhängigkeit). So entstehen unterschiedliche Interpretationen, die wiederum unterschiedliches Verhalten nach sich ziehen. Ein Schüler hat durch den unbewussten Vergleich mit seinem

59 Weitere Beispiele hierfür: Das Durchsetzen von eigenen Interessen kann im beruflichen Kontext (Schulsystem) vonseiten der Vorgesetzten als erstrebenswert und nützlich angesehen werden, von Kolleginnen und Kollegen allerdings als rücksichtslos und sozial unangepasst. Raufen und Kräftemessen kann unter Jugendlichen ein positiv sanktioniertes und sozial anerkanntes Verhalten sein. In der Schule wird dieses Verhalten aber teilweise als sozial unerwünscht und aggressiv eingestuft.

strengen Vater also »seine ganze Familie« (sein Heimatsystem) bei sich, die durch bestimmte Reize Einfluss auf sein Verhalten »nimmt«. Auch dies verdeutlicht, dass systemisches Denken in Wechselwirkungen und Beziehungen für die Präventionsarbeit sehr sinnvoll ist. Ein einzelner Lehrer oder Teamtrainer kann als Teil eines Systems nicht das Ganze (in diesem Fall eine Schulklasse samt der innerpsychischen Abläufe Einzelner) kontrollieren und steuern. Durch Kontrolle, Abwertungen und Druck (z. B. Noten, Arrest) lassen sich Verhaltensweisen zwar »erzwingen«, die eigentliche Meinung der Schüler wird dadurch aber nicht dauerhaft beeinflusst.

Erwachsene schließen durch ein beobachtetes Verhalten bspw. in Teamtrainings anschließend oft auf die gesamte Persönlichkeit. Einem sehr freundlichen, höflichen Schüler trauen wir keine Aggression zu. Von einer sehr durchsetzungsstarken, toughen Schülerin denken wir nicht, dass sie sich in einer Klassengemeinschaft unterordnen könnte. Diese personenbezogenen Sichtweisen und Erklärungsmodelle orientieren sich an Menschenbildern, denen bestimmte Typologien (z. B. Sanguiniker, Melancholiker), Charaktere und genetische Faktoren zugrunde liegen.

In der systemischen Betrachtungsweise hingegen geht es darum, die Wechselbeziehungen zu betrachten, da es sich bei Menschen um sogenannte nichttriviale Systeme handelt, die nicht berechenbar, nicht steuerbar und nicht restlos analysierbar sind. Einfache linear-kausale Betrachtungen, mit denen man auch in Teamtrainings manchmal weiterhin arbeitet, beachten dies kaum. Dies zeigt sich auch daran, dass Mitglieder (Lehrer) des Klassensystems nicht oder nur relativ passiv (z. B. als Außenstehende und Beobachter) an Teamtrainings teilnehmen, obwohl sie im Schulalltag aktiv in den Unterricht eingebunden sind bzw. diesen leiten und somit Teil des (Klassen-)Systems sind. Für Lehrer hat dieses Vorgehen Vor- und Nachteile. Der Vorteil besteht darin, dass sie ein Funktionieren der Klasse alleine vom Verhalten der Schüler abhängig machen. Bei Problemen vermuten sie Schwierigkeiten in der Herkunftsfamilie, betrachten ihr eigenes Handeln nicht bzw. sehen es nicht im Zusammenhang mit den Schülern. Der Nachteil ist, dass diese personenbezogene, lineare Sichtweise einen negativen Fokus auf Außenstehende (Schüler, Eltern) stützt und Ressourcen kaum besprochen bzw. in mögliche Lösungsversuche eingebaut werden. Das verhindert ein Denken in Wechselbeziehungen und unter Einbeziehung von Stärken, was sonst zu anderen, möglicherweise hilfreicheren Ideen führen könnte.

Beispielsweise ließe sich beobachten, dass negative Zuschreibungen (»Der Junge verhält sich genauso schlecht wie sein Vater im Elterngespräch«) Kontrolle und Strafen nach sich ziehen, da das Klassenlehrerteam nun vermehrt auf das Verhalten des Jungen achtet. Der betroffene Junge merkt, dass er im Fokus steht, und spürt vermehrt Druck, was seinen Widerstand erhöht. Dieser Teufelskreis entsteht durch mindestens zwei beteiligte Personen (Schüler und Lehrer) in einem bestimmten Kontext (Schule) und lässt sich durch lineare Sichtweisen kaum aufdecken. Die Frage, in welchem Kontext dieses Verhalten (des Jungen) einen Sinn ergibt, würde andere Aspekte betonen und könnte zu der Vermutung führen, dass einseitige negative Haltungen und Regeln (Strafen, Abwertungen) diesen Regelkreis stützen. Dies bedeutet, dass unverständliche und störende Verhaltensweisen ihre wichtige Funktion durch die Einbeziehung des Kontextes, in den sie eingebunden sind, verständlich werden und alle Beteiligten in einem System durch ihre Wechselbeziehungen das Verhalten mitgestalten.

Für die Präventionsarbeit bzw. in diesem Fall Teamtrainings, bedeutet dies, dass Dinge nicht nur alleinstehend wahrgenommen werden, sondern immer in einer Einheit mit ihrer Umgebung. Wird die Umgebung mit der Rückkehr in die Schule gewechselt, so passen sich Schüler und selbstverständlich auch Lehrer wieder diesem Kontext an und verändern ggf. ihr Verhalten. Ein Lehrer, der im Landschulheim endlich mehr Zeit für seine Klasse hat, ruhige Gespräche mit Schülern führen kann und abends am Lagerfeuer sein Hobby, das Gitarrespielen, vorführen kann, verhält sich im Landschulheim vermutlich viel freundlicher als in der Schule, in der er gehetzt von einem Klassenraum zum nächsten läuft.

Im Kontext Schule entstehen somit andere Muster als im Landschulheim (zur Musterbildung ist dort meistens auch viel zu wenig Zeit, bzw. eingeübte Verhaltensweisen haben nur im Kontext »Landschulheim« Sinn und somit Bestand). Das bedeutet, dass bestimmte Rollenzuschreibungen vorgenommen und Verhaltensweisen angepasst werden.

Vor Teamtrainings (im Landschulheim) und anderen präventiven Maßnahmen sollte man also hinterfragen, welchen Nutzen das Projekt haben soll, wer konkret und zu welchem Zweck an einem Teamtraining teilnimmt und wie sich Erkenntnisse und Erfahrungen in unterschiedlichen Situationen auf die Schulebene übertragen lassen.

Folgende Fragen könnten hierzu hilfreich sein:

- Welche Unterschiede im Verhalten[60] wurden gezeigt?
- Wie verlief die Beziehungsgestaltung im System? Was war anders?
- Welche Gefühle herrschten vor, und wie könnte das im System Schule auch erzeugt werden? Wie ließe sich das Gegenteil davon erreichen? Wer müsste dazu was tun?
- Welche neuen Perspektiven konnten die anwesenden Lehrer erfahren, und wie beeinflusste das ihre eigene Haltung gegenüber bestimmten Schülern bzw. der gesamten Klasse? Welche hilfreichen Erkenntnisse könnten diese für den Unterricht bieten, und wie ließe sich das umsetzen?
- Da meist »nur« die Klassenlehrer im Landschulheim dabei sind, stellt sich die Frage, wie sich die erarbeiteten Regeln auf andere Wechselbeziehungen (andere Fachlehrer in der Klasse) übertragen lassen.
- Wenn das Sozialverhalten im Mittelpunkt steht, sind folgende Aspekte zu betrachten:
  - Umgang mit sich selbst
  - Umgang mit Freunden
  - Umgang mit Mitschülern, mit denen man nicht befreundet ist
  - Umgang mit Fremden (Teamtrainer, Köche im Landschulheim, Hausleitung etc.)
  - Umgang mit Erwachsenen, insbesondere Eltern und Lehrkräften
  - Umgang mit Sachen.

Auch hier gilt: Die Maßstäbe, nach denen Verhaltensweisen als angemessen, wünschenswert und tolerierbar beurteilt werden, ändern sich z. B. je nach Alter der Schüler, nach Situationen und sozialem Umfeld sowie nach den Erwartungen und Werten der beurteilenden/anwesenden Personen.

60 Da das Denken in Eigenschaften (»Florian ist immer aggressiv«) die Wahrscheinlichkeit senkt, dass Änderungen eintreten können, da Eigenschaften schwer veränderbar sind und bei der Beschreibung auch die gesamte Person negativ betrachtet wird, sollten lieber Verhaltensweisen beschrieben werden. Diese stehen immer im Zusammenhang mit allen Beteiligten eines Systems sowie deren Bewertungen und lassen sich leichter verändern oder aufrechterhalten.

Durch die Veränderung von Interaktionen und Betrachtungen bzw. einer variablen Umfeld- und Angebotsgestaltung (»Nach welchen Spielregeln wird in der Klasse agiert? Wer beobachtet und deutet was?«) bekommen einzelne Mitglieder in der Klasse die Möglichkeit, sich anzupassen, ohne dass ein einzelner als »Schuldiger« hervorgehoben und damit gedemütigt wird. Schuldsuche erzeugt immer eine Art von Druck im System, fördert Problemtrancen und arbeitet nicht mit der Einbeziehung von Ressourcen.

In motivationaler Hinsicht soll dies am Rubikon-Modell (s. Abb. 21) von Heinz Heckhausen[61] nochmals verdeutlicht werden. In der 1. Phase *Abwägen* überlegen Personen, welche Angebote und Ideen sie aus welchen Gründen annehmen möchten. Es erfolgen Bewertungen, wie bedeutsam das Erreichen von z. B. einem vorgestellten Teamtraining für sie selbst ist (Wertkomponente), ob also das Teamtraining eigene Wünsche erfüllen würde und könnte.

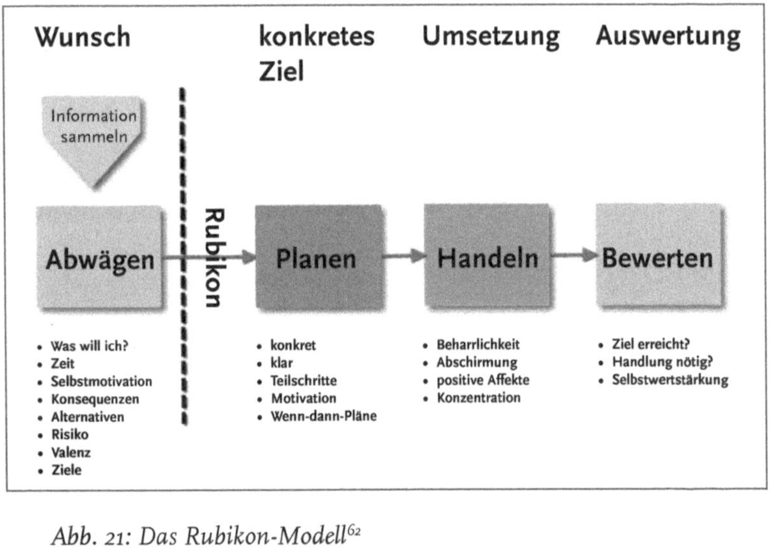

Abb. 21: Das Rubikon-Modell[62]

Innerpsychische Aspekte lassen sich durch folgende Fragen darstellen:

61 Verfügbar unter: https://de.wikipedia.org/wiki/Rubikonmodell_der_Handlungsphasen [3.5.2021].
62 Verfügbar unter: https://www.heisetraining.at/wpblog/wp-content/uploads/2017/07/Rubikonmodell.jpg [22.3.2021].

- Ist das Ziel für mich überhaupt *erstrebenswert*?
- Habe ich dafür die notwendigen *Mittel* (Ressourcen)?
- Ist mein Wunsch/meine Idee überhaupt dadurch *realisierbar*?

An dieser Stelle wird auch klar erkennbar, dass die Arbeit mit Ressourcen bzw. Stärken von Schülern und der Fokus auf Ziele, die (auch) die Schüler als positiv für sie selbst ansehen, eine wichtige Voraussetzung sind.

Werden die aufgeführten Fragen vom Schüler positiv beantwortet, so wird der sogenannte Rubikon[63] überschritten, und die nächsten Phasen können geplant werden, wobei jede »erfolgreich« abgeschlossen werden muss, damit die nächste folgen kann. In der 2. Phase, dem *Planen*, legt ein Schüler für sich fest, mit welchen Vorsätzen und Mitteln er sein Ziel erreichen möchte. Die Umsetzung dessen erfolgt in der 3. Phase, der Zeit des *Handelns*. Hier sind Fokussierung und Ausdauer nötig, wenn evtl. Probleme auftauchen sollten. In Teamtrainings könnten alternative Verhaltensweisen im Vergleich zu den bisherigen ein Thema sein. Veränderungen lassen sich nur dauerhaft herbeiführen, wenn Schüler und Lehrer die neuen Verhaltensweisen viele Male einüben und hierfür genug positive Anreize vorhanden sind. Die *Bewertung* erfolgt in der letzten und 4. Phase. Ursachen für Erfolg oder Misserfolg werden analysiert und mögliche Schlussfolgerungen abgeleitet.

Wenn sich Verhalten in einer Schulklasse ändern soll, lassen sich die »Spielregeln« neu konstruieren, wodurch eine lösungsorientierte Ideensuche aller Beteiligten eines Systems hervorgehoben wird. Dies könnte dadurch geschehen, dass man

- fragt, welcher Verhandlungsspielraum im Schul- und Klassensystem vorhanden ist, um Spielregeln zu betrachten. Lehrkräfte sollten zunächst für sich selbst reflektieren, welches normative Gefüge ihrem Urteil zugrunde liegt. Viele Missverständnisse in Gesprächen entstehen schon dadurch, dass Verhaltensweisen von Kindern und Jugendlichen in unterschiedlichen Systemen oder von unterschiedlichen Personen anders bewertet werden. Ein Verhalten, das der Lehrer als Problem bezeichnet, stellt

63 Zur Zeit Caesars markierte der Rubikon in Norditalien die Grenze zwischen Italien und Gallien. Mit der Überschreitung des Flusses eröffnete Caesar den Bürgerkrieg gegen Gallien. Daher stammt nicht nur das berühmte »Die Würfel sind gefallen«, sondern seitdem bedeutet »den Rubikon überschreiten«, dass jemand einen wichtigen Schritt vollzieht.

für den Schüler, der das Verhalten zeigt, möglicherweise eine Problemlösung in der aktuellen Situation dar. Der Lehrer mag das Verhalten für sich und das soziale Gefüge als problematisch und unpassend bewerten, für den Schüler ist es aber passend und wird von ihm als angemessen gesehen – er hat somit gute Gründe, sich so und nicht anders zu verhalten
- die Regeln eines Lehrers übernimmt
- Kompromisse eingeht
- gemeinsam neue Regeln bzw. Verhaltensweisen vereinbart (z. B. durch Metakommunikation)
- dem Verhalten eine neue Bedeutung beimisst (Reframing)
- hinreichend klärt, woher die »Störungen« kommen, wen genau sie betreffen, wann oder bei wem sie eintreten bzw. beobachtbar sind und welches Ziel die Veränderung haben soll.

Hierzu ist es in einem System notwendig, dass die Beteiligten die neuen Vereinbarungen und Haltungen als wirksam und hilfreich erleben und sie annehmen.

Bei Teamtrainings arbeiten letztendlich Lehrer und Schüler im Schulsystem gemeinsam, auf Systeme außerhalb (Familien, Freundeskreis) können sie nicht »zugreifen«, um diese zieldienlich zu verändern bzw. einzubeziehen. Daher ist es sinnvoll, dass der Fokus auf den Faktoren innerhalb der Schule in Bezug auf Veränderungen liegt, da diese am leichtesten zugänglich sind und sich somit am stärksten für Maßnahmen in Betracht ziehen lassen:

- Schulklima und Schulorganisation
- Zusammensetzung einer Klasse/der Schülerschaft
- Gestaltung des Unterrichts
- Lehrerverhalten
- Lehrer-Schüler-Verhältnis.

Alle Formen der Intervention sollten in ein tragfähiges soziales Schulkonzept eingebunden sein. Vereinzelte Interventionen werden vermutlich nicht dauerhaft zum Erfolg führen, da keine Klarheit über die Normen des sozialen Verhaltens herrscht und Schüler so weder Orientierung bekommen noch Möglichkeiten des Ausweichens zur Verfügung haben.

Bevor Teamtrainings oder ähnliche Maßnahmen überhaupt beginnen, sollte man über eine detaillierte Auftragsklärung die Wünsche und Anliegen der Beteiligten herausarbeiten. Oftmals lautet ein möglicher Auftrag nur: »Die Klasse soll im Landschulheim besser zusammenwachsen.« Was dies genau bedeuten soll und für wen, wird nicht geklärt – auch nicht, welche Verhaltens- und Wahrnehmungsänderungen ein Training bewirken soll. Hierzu gehört auch die Frage nach Verantwortlichkeiten. Die Klassenlehrer haben die Verantwortung für ihre Klasse, organisiert wird das Training jedoch oft über die Schulsozialarbeit und/oder Präventionslehrkräfte. Da sich auf dem inzwischen unübersichtlichen Markt an Teamtrainings, Sozialprogrammen etc. durchaus auch Anbieter befinden, deren Arbeit qualitativ fragwürdig ist, sind folgende Themen vorab zu klären:

- Unter welchen Gesichtspunkten werden die Anbieter von wem ausgewählt?
- Werden nur evaluierte Anbieter gebucht oder auch andere?
- Wer übernimmt die Verantwortung, falls etwas »schieflaufen« sollte bei einem »Training«? Unter welchen Gesichtspunkten sollte ein Training abgebrochen werden?
- Wie wird das den Eltern kommuniziert?
- Wie kreiert man an der Schule ein Klima, in dem auch über mögliche Probleme beim »Training« gesprochen werden darf? Oder steht »Makellosigkeit« im Vordergrund? Ist dies überhaupt erwünscht?
- Wie verläuft die Kommunikation innerhalb einer Schule, wenn systemische Sichtweisen von einigen Verantwortlichen auf eher kausal-linear denkende Lehrer »treffen«? Wie ist die Ausrichtung der Schule insgesamt und für die Zukunft?
- Steht Ressourcenorientierung im Vordergrund oder eher die kausal-lineare Betrachtung, welche Schüler was »falsch« machen bzw. sich verhalten? Wer entscheidet dies und unter welchen Gesichtspunkten?

Übung

Stellen Sie sich einen Schüler vor, der an einem Teamtraining seiner Klasse teilnimmt. Überlegen Sie, wie ein solcher Prozess anhand des *Rubikon-Modells* der Handlungsphasen ablaufen könnte.

»Besucher«

Pädagogen erfahren täglich, dass Schüler und Eltern oft unfreiwillig in die Schule kommen. Sie tun dies, weil Elterngespräche erbeten wurden, Schulpflicht besteht oder der Besuch eines Elternabends zum »guten Ton« gehört. Vor allem Schüler wissen oft nicht, warum sie bspw. zur Beratung geschickt wurden, denn eigentlich »haben« andere das Problem – wie z. B. die Lehrer. Sie sind daher der Meinung, dass andere sich verändern müssten (»Hr. XY müsste einfach mal mehr Filme zeigen, dann wäre der Unterricht nicht so langweilig«, »Die Arbeit war zu schwer und nicht gut vorbereitet«). Dies bedeutet, dass sie ihre Probleme für nicht lösbar halten, solange andere sich nicht anders verhalten (Radatz 2009, S. 140).

Oftmals versuchen Lehrer auch sehr motiviert, Ideen der Präventionsarbeit vorzustellen und bei den Schülern durchzuführen. Manchmal scheint es, dass die Lehrer motivierter sind als die anderen Beteiligten, was frustrierend sein kann. Um diesem Frust vorzubeugen und zum besseren Verständnis der weiteren Ausführungen in diesem Buch möchten wir einige Hinweise zum Thema »Besucher« in der Präventionsarbeit geben.

Schüler und teilweise auch Eltern werden geschickt bzw. mit mehr oder weniger Nachdruck gebeten, an Präventionsangeboten teilzunehmen. Dies bedeutet also vor allem für die Schüler:

- Sie bringen teilweise eine geringe Motivation mit.
- Sie können der Meinung sein, die Prävention stelle keine Hilfe dar und sie selbst hätten keine wie auch immer definierten Probleme in der Zukunft.
- Sie können die Haltung haben, eher die Lehrer hätten in Zukunft Probleme, die sich den Themen der Prävention zuordnen lassen.
- Sie erkennen darin kein sinnvolles Ziel.
- Es kommt zu Misstrauen und/oder Resignation.
- Selbstschutz und Selbstbehauptung vor möglichen Sanktionen stehen im Vordergrund, wenn die von außen gesetzten Vorgaben nicht eingehalten bzw. erreicht werden.
- Sie widersetzen sich offen, indem sie laut sind, stören oder »blöde« Fragen zu der Präventionsarbeit stellen.
- Sie sind zwar physisch anwesend, innerlich denken sie aber über ganz andere Themen nach, die sie derzeit mehr beschäf-

tigen (Sportfest, die nächste Party). Dabei tun sie so, als ob sie interessiert zuhören würden.

- Ihr Verhalten wird nicht durch die Prävention beeinflusst.
- Beim nächsten Präventionsprojekt schwänzen sie, sind krank oder noch desinteressierter.
- Problematisches Verhalten wird dem Schüler zugeschrieben und nicht den institutionellen Bedingungen (Schulpflicht).

Verallgemeinert lässt sich sagen, dass jedes System (jeder Schüler, Lehrer, jedes Elternteil) seine eigene »Lösung« im Umgang mit Einflüssen von außen findet bzw. wählt, z. B.:

- Etwas ganz Neues wird gewählt.
- Einige alte Verhaltensweisen und Ansichten werden aus gutem Grund beibehalten und neue hinzugefügt.
- Altes wird bewahrt und soll nicht verändert werden.
- Mal wird das Neue ausprobiert, mal das Alte gelebt.

(Un-)Freiwilligkeit

Im Sinne der positiven, präventiven Gesundheitsförderung bzw. Persönlichkeitsentwicklung werden im Schulsystem die Handlungen der beteiligten Lehrer und weiterer »professioneller« Helfer (wie Sozialtrainer, Teamtrainer, Vortragende etc.) als hilfreich dafür angesehen, kausal Einfluss auf die Einstellungen und Verhaltensweisen der Schüler und Eltern zu nehmen. Das Thema »Zwangskontext« und »Macht« der Verantwortlichen wird dabei (leider) nicht thematisiert, denn Schüler und teilweise auch Eltern haben keine oder kaum Möglichkeiten, die gut gemeinten Angebote abzulehnen. Es herrscht somit ein hierarchisches Gefälle vor, und die präventive Arbeit findet im »Zwangskontext« Schule statt (Schulpflicht). Vor allem Schüler müssen die dargebotenen Veranstaltungen meistens während der Schulzeit besuchen, eine eventuelle Nichtteilnahme steht nicht zur Diskussion.

Diese »Zwangsmaßnahmen« ließen sich im Extremfall als Abwesenheit von Kompetenz betrachten, da sie als notwendige und unvermeidbare Interventionen bezeichnet werden, aber mit »Zwang« eingefordert werden, was dem grundsätzlichen Verständnis der Präventionsarbeit von Respekt, Wertschätzung, Vertrauen, Sinnhaftigkeit, Transparenz der Entscheidungen und Lösungsorientierung widerspricht. Die Verantwortlichen benutzen – unausgesprochen – ihre Macht, um Lösungen von bestimmten (Präventions-)Problemen herbeizuführen, was dann wiederum als kompetent und lösungsorientiert betrachtet wird.

Dieses Dilemma steht im Kontrast zu den eingangs erwähnten Grundhaltungen, die die Problemlösefähigkeit und Ressourcenstärkung in den Vordergrund stellen, da ein Zwangskontext diese eher einschränkt und Ressourcen wie freie Zeiteinteilung, Interessenvertretung, Kontrolle von Dingen, Anordnung von Menschen, Vorgabe von Themen und Werten in der Hand von Erwachsenen im Schulsystem liegen.[64] Diese Ideen sind den Schülern bereits präsent, und somit sind die Einflussmöglichkeiten begrenzt, was einen Einfluss auf die Motivation von Schülern (und Eltern) ausüben kann. Wie und in welchem Umfang ein Einfluss möglich ist, lässt sich unter dem systemischen Gedanken der individuellen Strukturdeterminiertheit nicht bestimmen. Aus diesem Grund lässt sich aber auch nicht vorhersagen, wie ein Individuum auf diese Machtverhältnisse reagiert. Da direktives Einwirken nicht möglich ist, kann Macht auch nicht nur einseitig gelebt werden, denn Menschen sind immer Teil von Beziehungen und unterliegen somit unterschiedlichen Wechselwirkungen. Eltern und Schüler üben ihre eigene Macht insofern aus, als sie entweder die angebotenen Veranstaltungen meiden, sich desinteressiert zeigen, nicht zuhören, Arbeitsaufträge verweigern, den Ablauf durch Reden mit Mitschülern stören oder im anderen Falle interessiert sind, nachfragen und Ideen umsetzen bzw. erproben (s. Abb. 22).

Präventionsarbeit versucht somit auch, das Umfeld zu kontrollieren und Vorgaben sowie Strategien zu entwickeln, um vorgegebene Ziele zu erreichen. Dies bedeutet, dass bestimmte Personen im Kontext Schule die »Macht« haben (oder zumindest davon ausgehen), auf andere einzuwirken (Conen u. Cecchin 2007, S. 34 ff.). Wichtig scheint uns, das Thema »Unfreiwilligkeit« zu thematisieren, da sich Lerngegenstände eben nicht in das kognitive System eines Lernenden transportieren lassen. Eine Lösung hierfür könnte darin liegen, statt einer »Erzeugungsdidaktik« eine »Ermöglichungsdidaktik«

64 Heinz von Foerster sprach sich jedoch dafür aus, Freiheitsgrade zu erhöhen, d. h., Handlungsmöglichkeiten auszubauen, damit bisher als problematisch erscheinende Verhaltensweisen nicht mehr oder weniger genutzt werden, was in Dialogen zwischen den Beteiligten ausgetauscht werden müsste.

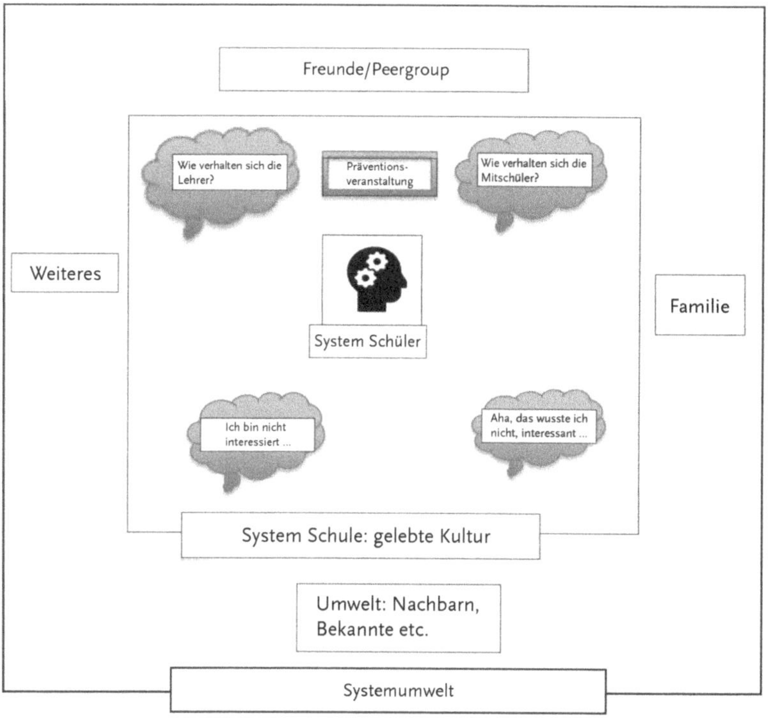

Abb. 22: Präventionsangebote – Einfluss auf Schüler

(Arnold 2007, S. 119) anzubieten, sodass Individuen die Möglichkeit haben, nach eigenen Bedürfnissen (unter Beachtung ihrer aktuellen Lebenskontexte) Nutzen aus der Präventionsarbeit zu ziehen und nicht unter »strengen«, wertenden Erwachsenen z. B. an Teamtrainings teilnehmen müssen, bei denen sie beobachterabhängig »bewertet« werden. Hierbei unterstellt man Schülern gerne auch eine mangelnde Motivation oder Änderungsbereitschaft, was den Fokus auf Defizitäres lenkt. Dabei kann bereits diese Abwertung einen negativen Einfluss auf die Kooperation haben, durch z. B. nonverbale Signale, die diese Einschätzung signalisieren. Unter systemischen Gesichtspunkten sollten wir hingegen die Elemente Wertschätzung, Transparenz, Ressourcen und Klarheit hervorheben, mit denen sich eine Zusammenarbeit mit eventuellen »Besuchern«[65] fördern lässt. Sprachlich wird diese Haltung durch systemische Fragen unterstützt:

65 Klienten werden in der Beratung und Therapie auch in »Besucher«, »Klienten« und »Klagende« eingeteilt (nach der Ausbildung für systemische Beratung *sys-TEM* in Karlsruhe).

- Skalierungen
- hypothetische Fragen (Angenommen, …)
- Utilisation von Aussagen und Haltungen
- paradoxe Interventionen u. a.

Grundlage ist auch, dass es keinen notwendigen Zusammenhang zwischen dem Problem und der Lösung gibt. Außerdem ist es wichtig, dass die Betroffenen mit der Zusammenarbeit/Präventionsarbeit zufrieden sind und sie als nützlich und hilfreich erleben. Daher werden sie (Schüler und Eltern sowie Lehrer) in die Zielfindung mit eingebunden.

Drei einfache Regeln unterstützen diese Wege:

- Suche nach dem, was funktioniert, und mache mehr davon!
- Wenn etwas nicht funktioniert, mach etwas anderes!
- Finde heraus, was die Betroffenen im System möchten!

Die Zielfindung zu Beginn eines (Präventions-)Prozesses ist ein erster wichtiger Schritt, um eine Zusammenarbeit möglichst gewinnbringend (im Sinne der Präventionsarbeit) zu gestalten. Wenn Schüler beispielsweise bei einem Thema (z. B. Ess-Störungen) kein Problem sehen und somit auch keine Veränderungswünsche formulieren können, so wäre es fatal, ihnen mangelnde Motivation zu unterstellen. Denn sie haben für diese Einschätzungen gute Gründe (in ihren Lebenskontexten). Um in einer Schule eine nachhaltige Präventionsarbeit leisten zu können, scheint es daher sinnvoll, Hoffnung auf Änderungen zu wecken, die allen Beteiligten nützlich sein könnte. Daher ist es notwendig, alle Beteiligten und ihre Bedürfnisse z. B. in Gesprächen und Auftragsklärungen einzubeziehen. Die Fragestellung »Angenommen, wir würden das Präventionskonzept folgendermaßen gestalten …« zeigt einen möglichen Weg in die Zukunft auf – ohne dass eine Festlegung sofort möglich ist –, bei dem die Meinung aller »Systeme« ernst genommen wird, was dem Grundbedürfnis von Kontrollierbarkeit und Selbstwirksamkeit entspricht.

Eine Thematisierung von Machtdimensionen (Zuwendung und Entzug von sozialer Anerkennung, gute Noten und Strafen von Lehrerseite), die zweifelsfrei vorliegen, könnte die angesprochenen Dilemmata (direkte Änderung autopoietischer Systeme durch Prävention) aufzeigen, Diskussionen anregen und dadurch eine offenere und vor allem ehrlichere Haltung dazu ermöglichen. Aber auch die Tatsache, dass »unfreiwillige« Teilnehmer (Schüler) Möglichkeiten der Einflussnahme auf Präventionskonzepte haben, sollte zur Sprache kommen, damit ergebnisoffene Gestaltungsmöglichkeiten der Präventionsarbeit neu überdacht werden.

Allerdings ist es oft nötig, im Zwangskontext »Schulsysteme« Veränderungen zu forcieren, um den Aufträgen von Regierungspräsidien und dem Kultusministerium gerecht zu werden, da sonst behördliche Maßnahmen erfolgen könnten, wenn beispielsweise ein Sozialcurriculum nicht rechtzeitig fertiggestellt wird. Auch diese Aufträge von »oben«, die oft auf analytischen Untersuchungen basieren, stellen einen wesentlichen Unterschied zur Arbeit mit freiwilligen Personen dar. Dadurch entsteht die Gefahr, dass die Arbeit unter der Bezeichnung »Klientenzentrierung« manipulativ erfolgt, um reibungslose Arbeitsabläufe in Schulen gestalten zu können.

Ein systemischer Ansatz könnte daher lauten, die zweitbeste Lösung (aufgrund des vorgegebenen Zwangskontextes) zu kreieren und »Sowohl-als–auch«-Wege zu beschreiten (s. Tab. 3).

Kausal-lineare Betrachtungen	Systemisch-zirkuläre Betrachtungen
• Erhebung des Problems, Geschichten, Fakten • Diagnosen durch Experten • passende Lösungen zur »Diagnose« finden • Lösungen verschreiben, »Rezepte« empfehlen • Ergebnisse prüfen, evaluieren	• Was möchten die Beteiligten im Schulsystem? • gemeinsame Festlegung von Zielen • Gutes vertiefen, Ressourcen entdecken, Wertschätzung, Sowohl-als-auch-Ideen • nächste Schritte gemeinsam festlegen • Kooperation

Tab. 3: Betrachtungsweisen

Kommunikationsabläufe anders betrachten – Prävention von Eskalationen

Konflikte in Schulen gehören zum Alltag der dort lehrenden und lernenden Personen. Da Kommunikation immer stattfindet[66] (verbal und nonverbal), ist es nicht möglich, Missverständnisse dabei präventiv

66 Siehe Paul Watzlawick, verfügbar unter: https://www.paulwatzlawick.de/axiome.html [21.6.2021].

ausschließen zu wollen. Daher kann ein Beitrag der Prävention darin bestehen, Eskalationen zu verhindern und somit zur Beseitigung von Belastungsfaktoren beizutragen.

Viele Schulen stellen auf ihrer Homepage Anleitungen zum Verhalten in solchen Konfliktsituationen zur Verfügung, um eine Eskalation präventiv zu vermeiden. Was jedoch, wenn ein Konflikt zwischen bestimmten Personen immer wieder auftritt, obwohl man in einem Gespräch mit Dritten bereits versucht hat, möglichst lösungsorientiert durch aktives Zuhören und gemeinsame Absprachen eine sogenannte Win-win-Situation zu schaffen? Gerne wird hierfür auch das *Harvard-Konzept* zugrunde gelegt, das sich »die Methode des sachgerechten Verhandelns« nennt (s. Abb. 23).[67]

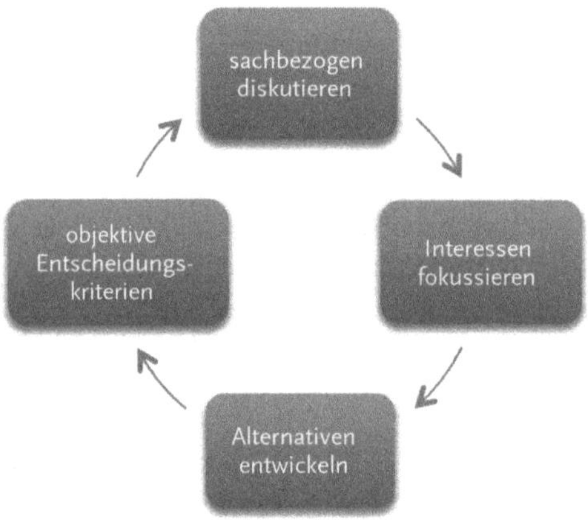

Abb. 23: Harvard-Modell[68]

Bei dieser Idee werden Sachliches und Persönliches bzw. die Sachebene und Beziehungsebene getrennt – und zwar unter der Annahme, dass eine Klärung des Sachverhalts im Vordergrund stehen sollte, da Emotionen die Schlichtung stören und zu (weiteren) Kränkungen führen können. Gelingt eine Lösung des Konflikts, beruhigen sich die Emotionen auch, so die Annahme. Leider ma-

67 Diese Methode hat man an der Harvard-Universität entwickelt, um in Konfliktsituationen eine konstruktive Einigung zu erzielen. Menschen und Probleme werden getrennt voneinander behandelt, und Ergebnisse werden auf objektiven Entscheidungskriterien aufgebaut.
68 Verfügbar unter: https://de.wikipedia.org/wiki/Harvard-Konzept [21.6.2021].

chen jedoch Betroffene und »Streitschlichter« die Erfahrung, dass sich emotionale »Wellen« dadurch nicht beruhigen lassen. Wie lässt sich das erklären?

Aus systemischer Sicht sind Menschen autopoietische Systeme, die sich selbst organisieren und von außen nicht direktiv beeinflussbar sind. Autopoiese bedeutet Selbsterschaffung bzw. Selbsterhaltung. Somit ist ein Konflikt zwischen (zwei) Menschen ein autopoietisches System, das sich aus sich selbst heraus erhält. Liegen hierbei »intimere« Beziehungsstrukturen zugrunde und liegt das Kernproblem nicht (nur) in einer Sachfrage, so greifen Schlichtungsversuche, die auf Sachliches fokussieren, nicht. Ein Mustermanagement kann allerdings hilfreich sein, da es diese unwillkürliche Musterbildung beachtet.

In Systemen (Klassen, Lehrerkollegien usw.) kommt es im Laufe der Zeit zur Bildung von Mustern, die sich dadurch auszeichnen, dass Handlungen und verbale Kommunikationen sich wiederholen, um Kommunikationsroutinen stabil zu halten. Bei Liebespaaren lässt sich dies anschaulich beobachten: Zu Beginn ist alles neu, doch mit der Zeit weiß der Partner, was er tun muss, um den anderen zu verärgern oder zu erfreuen. Auch zwischen Lehrern und Schülern bilden sich solche Kommunikationsmuster. So weiß ein Schüler nach anfänglicher gründlicher Beobachtung genau, welcher Lehrer kleine Dazwischenrufe akzeptiert und welcher nicht. Im Lehrerzimmer selbst kann man schon vor einer Konferenz vorhersagen, wer das Ende durch »unnötige« Fragen hinauszieht und wer lieber korrigiert. Auch hier hilft die Musterbildung bei der Stabilisierung, und Verhaltensautomatismen unterstützen (unwillkürlich) die Kommunikationsroutine.

Bei Paaren wird aus anfänglicher Liebe leider auch öfters Abneigung, zwischen Freunden/Schülern beenden Streitigkeiten die gegenseitige Unterstützung, und in (Lehrer-)Teams wird die effiziente Zusammenarbeit durch Streit, Neid und Machtfragen ausgebremst. In der Literatur wird dies auch als »dysfunktionale Kommunikation« bezeichnet. Die Sichtweise der »Autopoiesis« kann dazu anregen, diese Kommunikationen zunächst einmal als zu ihrer Struktur passend anzusehen. Veränderungen werden erst möglich, wenn die Beteiligten sie als hilfreich einschätzen (von Schlippe u. Schweitzer 2007, S. 68). Darauf werden wir in diesem Abschnit später nochmals eingehen.

Von den Beteiligten erhält man bei Konfliktklärungsversuchen meistens keine hilfreiche Antwort, da der sogenannte »blinde Fleck« die eigene Beteiligung bei Konflikten ausblendet. Die Schuld wird beim anderen gesehen. Bei Klärungsversuchen neigen die Betroffenen dazu, die Schuldfrage dadurch zu lösen, dass sie aufzeigen, was der jeweils andere falsch gemacht hat und welchen Anteil er am Geschehen trägt. So entwickeln sich mit der Zeit »Konfliktmuster«, was bedeutet, dass auf eine Aussage oder Handlung eine sich immer wiederholende (Re-)Aktion erfolgt. In der systemischen Beratung nennen wir dies auch »Anschlussfähigkeit« der Kommunikation. Das bedeutet, dass sich Abläufe in der Kommunikation verfestigen, also wiederholen, und auch zu leidvollen bzw. wenig hilfreichen Kommunikationsmustern »einschleifen«. Dies verläuft unbewusst, und die Beteiligten sind emotional in diesen Mustern »gefangen«, sodass der nötige Abstand zur Betrachtung dieser Abläufe selten möglich ist. Es scheint, als würde diese Kommunikation mit den Menschen machen, was sie will. Sie ist stark und nur schwer veränderbar, sobald sie einige Zeit »eingeübt« wurde. Egal, auf welchen Ebenen bzw. in welchen Systemen im Schulleben sich Konfliktmuster gebildet haben: Gleich bleibt, dass das Problem nicht im Konflikt selbst gesehen wird, sondern in der anderen Person.

Hier setzt das Mustermanagement an: Der »unsichtbare« Ablauf innerhalb der Systeme soll »sichtbar« gemacht werden. Hierzu wird ein sogenannter »Beobachter« eingesetzt. Er fokussiert auf die Abläufe zwischen Konfliktparteien mit einer gewissen Distanz und somit auch auf die Funktionsweise des Konflikts. Daraus erschließt sich die Erkenntnis, dass die sich wiederholenden Abläufe (Kommunikation) nur von zwei bestimmten Parteien (den Beteiligten) aufrechterhalten werden. Weitere hilfreiche Erklärungen bei einem Schlichtversuch könnten sein:

- Es liegt in der Natur des Menschen, Ursachen für Probleme im Außen zu sehen. Bei Konflikten weiß jeder, was der andere falsch gemacht hat und dass dieser verantwortlich sei. Meistens folgen Besserungsvorschläge an den jeweils anderen.
- Diese Verbesserungsanweisungen an den anderen Beteiligten führen jedoch dazu, dass dieser sich noch mehr verschließt und dass die emotional negativen Gefühle stärker werden.

Diese Vorgänge führen meistens zu einer Vertiefung des Konflikts. Die Praxis des Mustermanagements schlägt die Überwindung des gemeinsamen (!) Konflikts vor. Falls beide Beteiligte dem zustimmen können[69] und sich somit ein gemeinsames Ziel (die Überwindung des Konflikts) formulieren lässt, ist eine Gemeinsamkeit hergestellt, und es kann etwas Distanz zu den emotionalen Abläufen entstehen. Der Konflikt wird sozusagen externalisiert. Er wird so behandelt und beobachtet, als ob er »außerhalb« wäre (s. Abb. 24).

Folgende Fragen unterstützen den Prozess:

- Wann tritt der Konflikt auf?
- Wie sind die »Spielregeln« bzw. Abläufe?
- Wie verläuft das Konfliktmuster (Details)?
- Wem macht der Konflikt am meisten zu schaffen?
- Was würde mit der Beziehung der Beteiligten geschehen, wenn er aufgelöst wäre?
- Welches Menschenbild hat der Konflikt?
- Welchen Titel könnte man dem Konflikt geben?
- Wie könnten die Beteiligten stattdessen agieren?

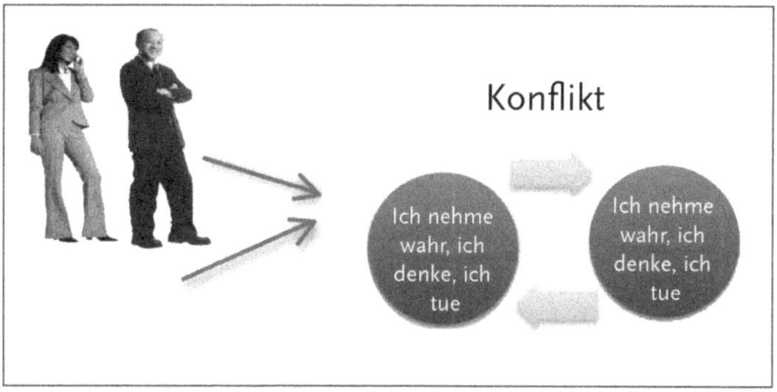

Abb. 24: Konfliktmuster beobachten

Durch solche Beobachtungen und Zuschreibungen kann es gelingen, den Konflikt als gemeinsamen »Widersacher« anzusehen, der zu überwinden ist, bevor eine Eskalation eintritt. Dadurch wird ein konstruktiver Prozess möglich, und die Wahrscheinlichkeit steigt, dass sich

69 Eine Änderungsmotivation sollte klar vorhanden sein.

die Klärung der Sachverhalte kooperativer gestalten lässt. Um diesen konstruktiven Prozess einzuleiten, scheint es notwendig, dass starke Emotionen vorab beruhigt werden. Hierbei können Hinweise aus der Polyvagal-Theorie helfen, um herauszufinden, ob der sympathische Anteil des ANS noch stark aktiv ist und was evtl. benötigt wird, um eine Entspannung und ein Sicherheitsgefühl zu ermöglichen. Dies kann jeder Teilnehmer für sich selbst klären, oder es kann auch im Austausch mit anderen Personen geschehen (z. B. mit einem Mentor, Lehrer, Mitschüler oder mit Eltern).

Lernen Schüler und Lehrer diesen Umgang mit Problemen bzw. eine andere Betrachtung von Kommunikationsabläufen, so wird es möglich sein, vor einer Verfestigung der Standpunkte der jeweiligen Konfliktparteien Probleme auf emotionaler und sachlicher Ebene zu lösen bzw. für beide Seiten gute Lösungen zu finden, was ihre Selbstwirksamkeit stärkt und den Stress reduziert.

Versöhnungskompetenz entwickeln

Nach Konflikten und/oder Meinungsverschiedenheiten können Verletzungen entstanden sein, die auch nach Klärung immer noch unversöhnt bleiben. Damit diese Verletzungen nicht schnell neue Konflikte provozieren, ist es wichtig, dass wir dies wahrnehmen und auch formulieren können. Auch hier ist es hilfreich, die eigenen Bedürfnisse wahrzunehmen und sie auch auszusprechen, um neuen Problemen vorzubeugen und um eine eigene emotionale Sicherheit zu erlangen, die auch der Gesunderhaltung dient.

Hilfreiche Fragen können lauten:

- Was fühlst, denkst und tust du?
- Was benötigst du, damit sich das ändert?

Problematisches Verhalten lässt sich als Problemlösungsversuch ansehen, hinter dem eine »gute Absicht« steckt. Die Frage nach diesen Absichten kann helfen, einen Perspektivenwechsel herbeizuführen.

- Auf welche bisher unbeachteten Bedürfnisse könnte das Verhalten hinweisen?
- Was nehme ich bei mir und beim anderen wahr? Wie gehen wir damit um?

- Durch welche Taten und Aussagen können wir negative Emotionen beruhigen?
- Wen halte ich für einen weisen Menschen in meinem Umfeld (Vater, Kinoheld, Sportler), der ein großes Vorbild für Lösungen von Problemen aller Art ist. Worin unterscheiden sich dessen Lösungen von meinen eigenen?
- Kenne ich jemanden, von dem ich einigermaßen sicher bin, dass er bei meinem Problem eine unvernünftige, schädliche oder falsche Lösung finden würde? Worin unterscheiden sich dessen Lösungen von meinen eigenen?

Wie bereits erläutert helfen diese Fragen dabei, die Eigen- und auch Fremdwahrnehmung zu schulen und sie anzunehmen sowie die Bedürfnisse besser erkennen zu können.

Wird in Schulen das Wissen vermittelt, dass Beobachtungen und Wahrnehmungen immer beobachterabhängig und somit subjektiv »geprägt« sind, so kann dies auch zu einer schnelleren Beilegung von Konflikten führen, da die Beteiligten nicht (oder kürzer) um die »richtige« Darstellungen von Sachverhalten streiten. Meistens dreht sich die Diskussion um die Richtigkeit der jeweiligen Sichtweise, während die Sichtweise der Gegenseite als falsch bezeichnet wird. Systemisch gesehen geht man jedoch davon aus, dass jeder nur (s)einen Ausschnitt der Umwelt wahrnimmt – nämlich das, was er gerade beschreibt. Das andere ist unsichtbar. Diese Annahme geht auf den britischen Mathematiker, Psychologen und Philosophen George Spencer Brown zurück,[70] der die Systemtheorie beeinflusst hat. Er nimmt an, dass etwas nur über Unterscheidungen real wird und nicht durch bloßes Dasein. Wenn wir etwas identifizieren (bezeichnen), haben wir es gleichzeitig von etwas anderem unterschieden. Somit wird aber auch gleichzeitig mit dem Identifizieren etwas anderes ausgeschlossen. Daher geht es immer auch um Differenzen. Wirklichkeit entsteht durch das Treffen einer Unterscheidung und durch das gleichzeitige Bezeichnen einer Seite der Unterscheidung.

Der »Gebrauchswert« dieser Theorien für die systemische Beratung bzw. Präventionsarbeit lässt sich darin sehen, dass man den Mitgliedern im Schulsystem vermittelt, eigene Beobachtungen seien

70 Verfügbar unter: https://de.wikipedia.org/wiki/Gesetze_der_Form [21.6.2021].

»nur« Beobachtungen, die von einer Person (einem Beobachter) getroffen werden, indem er in seinen Wahrnehmungen einen Unterschied bildet. Er nimmt bestimmte Dinge wahr und andere nicht. So kann ein Lehrer die Überzeugung leben, dass ein Schüler dumm und faul sei. Dies zeigt seine Art und Weise des Beobachtens, da er selbst die Kriterien für seine Wahrnehmungen festlegt. Er hat entschieden, den Schüler auf diese Weise zu bezeichnen und die aufgenommenen Reize auf eine bestimmte Art zu verarbeiten. Andere Eigenschaften des Schülers berücksichtigt er nicht – wie etwa eine bestimmte ruhige Art, weitere andere Verhaltensweisen, gewisse Stärken und seine eventuelle Herzlichkeit Mitschülern gegenüber. Andere Menschen würden vielleicht das, was der eine als dumm und faul bezeichnet, eher als wertvolle Kompetenzen ansehen. Dies geschähe dadurch, dass bei Bezeichnungen (»dumm und faul«) potenziell immer auch andere Eigenschaften vorhanden sind, die auch noch benannt werden könnten, die jedoch im Augenblick des Bezeichnens unberücksichtigt bleiben. Das Nichtberücksichtigte ist in diesen Momenten unsichtbar. Spielen zwei Schulklassen unterschiedlicher Schulen gegeneinander Fußball, kommt es vermutlich zu einsatzreichen Zweikämpfen für den Sieg der eigenen Mannschaft. Der Gegner wird als blöd, langsam, gemein, unfair usw. bezeichnet. Hätten sich die Spieler in einem Verein kennengelernt und dort in derselben Mannschaft gespielt, würden die Einschätzungen wahrscheinlich völlig anders ausfallen, und sie hätten sich gegenseitig unterstützt.

Wenn man auf etwas verweist und gleichzeitig das ausschließt, auf das aktuell nicht verwiesen wird, bedeutet das immer, dass etwas beobachtet bzw. unterschieden und bezeichnet wird. Bei Konflikten zwischen Systemen, z. B. Schülern, streiten sich zwei Menschen, die nur ihren jeweiligen Ausschnitt der »Wirklichkeit« beobachtet und bezeichnet haben. Dieses Wissen kann dazu verhelfen, dass man nicht die eine »richtige« Sichtweise sucht, sondern Einladungen an beide Parteien ausspricht, den Kontext zu berücksichtigen. Dadurch wird sichtbar, dass es mehr gibt als das aktuell Bezeichnete (eines Schülers), und beide Seiten können hilfreiche (andere) Lösungsebenen betreten.

Krisenmanagement

»Eine Krise besteht darin, dass das Alte stirbt und das Neue noch nicht geboren werden kann.«
A. Gramsci

In der modernen Welt sind Firmenverkäufe, Stellenab- und -umbau, neue Regelvorgaben sowie der Verlust von Sozialkontakten gängige und belastende Themen, die zu Stress und sogar Krisen führen können. Daher scheint es wichtig, Schülern (und auch Lehrern wie Eltern) präventiv gewisse »Werkzeuge« an die Hand zu geben, um Krisensituationen meistern zu können.[71] Diese lassen sich zum besseren Verständnis in Untergruppen einteilen:

- Entwicklungskrisen: Ablösung vom Elternhaus, Eintritt in die Pubertät
- Anforderungskrisen: als zu hoch erlebte Leistungserwartungen, Auflösung der eigenen Klasse und Vermischung mit anderen Klassen
- Verlustkrisen: Tod eines geliebten Menschen
- Sinnkrisen: das Ende einer Liebesbeziehung, Verlust eines Hobbys
- interaktionelle Krisen: Mobbing, Streit
- gesellschaftliche Krisen: Arbeitslosigkeit, Finanzkrise, Lockdown und deren Auswirkungen auf die eigene Familie.

Typische Phänomene eines Krisenerlebens:

- Gewohnte Zustände bzw. Muster der eigenen Lebenssituation sind nicht mehr verfügbar bzw. werden als nicht mehr verfügbar erlebt.
- Eigene Werte, Normen, Ziele und Rollenvorstellungen werden als bedroht empfunden.
- Vertraute Prozesse von Planung, Verhalten, Denken und Fühlen werden abrupt als getrennt, unterbrochen, verändert oder gar vernichtet empfunden.
- Es gibt das starke Empfinden, dringend Entscheidungen treffen zu müssen.

71 Die folgenden Ausführungen orientieren sich vor allem an Vorträgen von Gunther Schmidt und Dieter Salomon.

- Das Gefühl, sich in einer Zwickmühle zu befinden, entsteht, da die betroffene Person nicht über ausreichende und hilfreiche Handlungsmöglichkeiten verfügt und versuchte Lösungsstrategien scheitern. Gefühle des Opfererlebens stellen sich ein, die Situation erscheint noch aussichtsloser und führt zu zirkulärer (gedanklicher) Eskalation (s. Abb. 25).

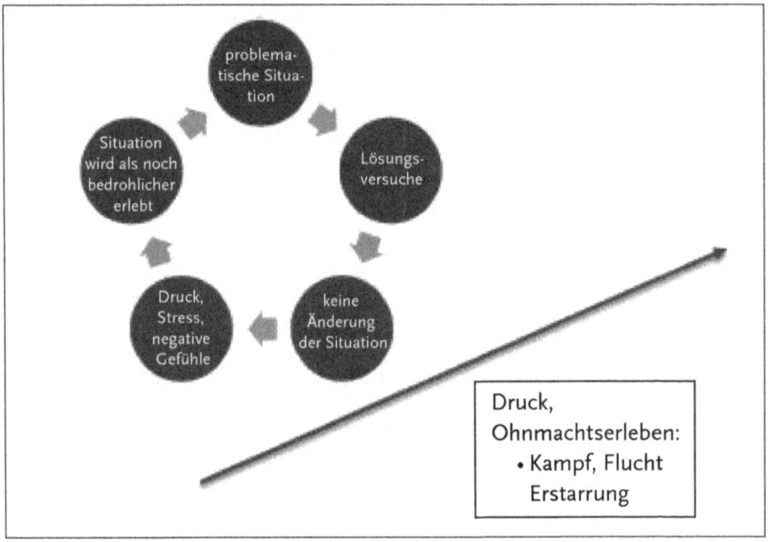

Abb. 25: Zirkuläre Eskalation

Im Wahrnehmungsbereich der betroffenen Personen (Fokussierung) werden Reize ein- oder ausgeblendet, was zu folgenden Phänomenen führen kann:

- »Röhrenblick« (Tunnelvision) – bestimmte Themen werden verstärkt beachtet und innerpsychisch verarbeitet
- Überflutung mit den gerade »feuernden« Affekten (z. B. der Angst, der Wut, der Verzweiflung)
- Dissoziation – die beschriebenen Prozesse werden weggedrängt, abgespalten.

Aufgrund der oft massiven psychischen Belastung dadurch wird das Selbstbewusstsein der betroffenen Personen stark beschädigt, sie kann Aggressionen sich selbst oder anderen gegenüber entwickeln, die immer automatisierter ablaufen (in Form von Trancen). Dadurch verstärkt sich die eingeengte Wahrnehmungsfähigkeit und somit auch die Handlungsfähigkeit, wodurch neue Lösungen und Hilfen nicht erkannt bzw. kreiert werden können. Damit Betroffene diese Abläufe erkennen und sich Unterstützung suchen, könnte es helfen, sich diese Vorgänge (auf einfacher Ebene) in der Präventionsarbeit an Schulen bewusst zu machen. Dies zeigt aber auch, dass das Erleben einer Krise subjektiv ist und Lösungen an diese individuellen Voraussetzungen anknüpfen müssen. In der Prävention kann man auf diese Abläufe hinweisen. Die Arbeit mit aktuell meist nicht wahrnehmbaren Ressourcen kann Abhilfe schaffen. Auch an dieser Stelle wird deutlich, wie wichtig die Ressourcenarbeit an Schulen sein kann und sein sollte. Präventiv lassen sich Wege der »Umfokussierung« einüben und erlernen.

1) Welche Reize nehme ich wahr, welche werden ausgeblendet?
2) Welche Wahrnehmungsmuster entstehen dabei auf allen Sinneskanälen (VAKOG) – z. B. auch Körperkoordination, Atemmuster, die Art des Verhaltens, die Art und Inhalte von Kommunikation und von Feedbackregelungen etc.?
3) Welche Unterschiede entstehen dadurch zu den Zeiten, in denen es mir gut ging?
4) Welche Reizaufnahme möchte ich durch welche Handlungen verändern (Umfokussierung): Art der Beschreibung (Reframing), Benennung, Denkabläufe, Handlungen, Ortswechsel?

Das Schaubild (Abb. 26) zeigt, welche Elemente ein sogenanntes »Krisenerleben« beeinflussen und welche man gleichzeitig betrachten und ggf. verändern kann, um einen Unterschied einführen zu können, der Erleichterung und Zuversicht schafft.

Rationale Ratschläge bei Krisen (z. B. SMART[72]-Ziele) empfinden viele als nicht hilfreich, da sie von den mit Emotionen überfluteten Systemen[73] abgeblockt bzw. nicht aufgenommen werden können. Daher haben sich Methoden und Haltungen bewährt, die folgende Themen fördern:

72 Spezifisch, messbar, akzeptiert, realistisch, terminierbar.
73 Notfallprogramme im Reptiliengehirn, die auf einfache, lebenserhaltende Prozesse ausgerichtet sind.

- innere (Gedankentausch, Kompetenzerleben und passende »Sicherheitsgefühle«) und äußere Sicherheit (ein angenehmer Raum) schaffen
- Mut, Kraft, Zuversicht, Selbstwerterhöhung, soziale Bindungen, Sinn-Erleben
- Unterschiedliche Fragen können dies unterstützen:
- Was ist mir wichtig? Welchen Sinn sehe ich worin?
- Wer könnte mich wie unterstützen?
- Was habe ich in anderen schwierigen Situationen getan?
- Ich erwarte jetzt nicht 100 %-Lösungen, sondern kleine Teilschritte.
- Meine Angst und Vorsicht ist in Ordnung. Ich akzeptiere unterschiedliche Gefühle, beides ist okay (Sowohl-als-auch-Haltungen).
- Welche Bedürfnisse stehen gerade im Vordergrund?
- Wohin möchte ich meinen Fokus legen: zu welchen Zeiten und an welchen Orten? Was wäre eine zweitbeste Lösung?

Muster-Elemente

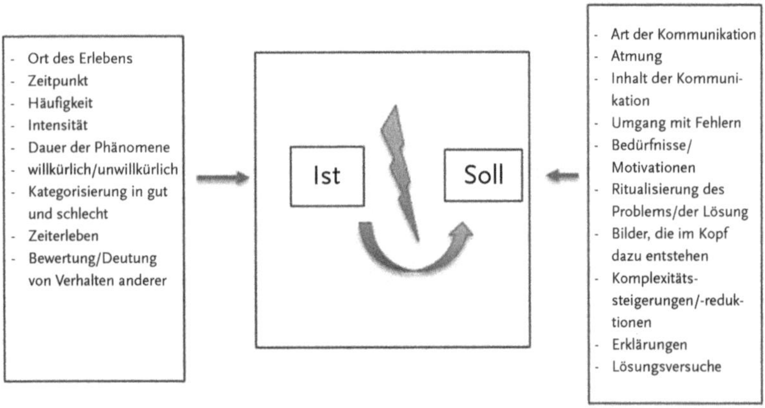

Abb. 26: Ambivalenzen (nach Schmidt 2011, S. 61)

Die Aufzählung oben zeigt, dass systemische Haltungen hier sehr hilfreich sind, indem sie die individuellen Situationen respektieren und Möglichkeitsräume eröffnen, ohne Druck aufzubauen. Ein Umgang mit hilfreichen Fragestellungen kann präventiv helfen, tiefere Krisen zu vermeiden und auch bei »leichten« Themen gute Lösungen zu finden, was gesundheitsstabilisierend wirkt und gleichzeitig andere Wege aufzeigt, als z. B. Alkohol oder Drogen zu konsumieren.

Hilfreiche Kommunikation mit Außenstehenden bzw. zwischen Schülern, Freunden und Lehrern, die dazu dient, Unterschiede im Erleben zu erkennen und nutzbar zu machen, enthält folgende Kriterien:

- Kommunikation in Ich-Botschaften: Ich möchte, ich benötigte, ich fühle …
- eindeutige Aussagen: Wo sind meine Grenzen? Was ist möglich und veränderbar?
- Experimentieren mit Ideen, um neue Perspektiven einnehmen zu können
- unangenehme Gefühle wie Verwirrung, Angst, Wut und Enttäuschung zulassen und dahinterstehende Bedürfnisse würdigen
- kleine nächste Schritte, die immer wieder angepasst werden, planen und visionieren
- Ressourcen aktivieren
- Fokussierung auf aktuelle Tätigkeiten, um negative Gedanken zu verringern.

Erlernen Schüler solche Handlungsalternativen und Möglichkeiten des Umgangs mit krisenhaften Situationen, stärkt das ihre Selbstwahrnehmung und Handlungskompetenzen. In stressigen Situationen hilft es ihnen dabei, ruhig zu bleiben und zieldienliche Entscheidungen zu treffen, ohne bspw. Aggressionen an Gleichaltrigen auszulassen, Alkohol zu konsumieren oder Angstzustände zu bekommen.[74]

Einsamkeit

In Großbritannien gelten 9 Millionen Briten als einsam. Es hat als erstes Land weltweit ein Ministerium für Einsamkeit ins Leben ge-

74 Angelehnt an einen Vortrag von Gunther Schmidt (»Mensch erschöpft. Organisation erschöpft. Führung, was nun?«) über Krisen und unklare Situationen, verfügbar unter: https://www.youtube.com/watch?v=Zbane7sxks8 [21.6.2021].

rufen, um Menschen in Isolation zu helfen, da die Auswirkungen auf die Gesundheit eindeutig negativ sind. Auch in anderen Ländern rückt dieses Thema ins Bewusstsein. Einsamkeit fördert Demenz, Herzerkrankungen und Depressionen. Sind Menschen (zu viel) alleine, schüttet der Körper Stresshormone aus, das Immunsystem wird geschwächt, die Ernährung ist ungesünder und der Schlaf schlechter. In der modernen Welt nimmt die Isolation stetig zu, da Trennungen, Singlehaushalte, Verlust der Großfamilien, Homeworking, Kommunikation über moderne Medien statt persönliche Treffen, Mobilität der Arbeitnehmer und Globalisierung immer mehr Raum einnehmen.

Obwohl der Psychologe René Spitz[75] bereits in den 1940er-Jahren beschrieb, wie Kinder in Waisenhäusern unter mangelnder körperlicher Nähe und sozialer Interaktion litten, mental und körperlich geradezu verkümmerten, liegt in unserer modernen Leistungsgesellschaft der Fokus in Schulen nach wie vor auf Leistung, Noten und möglichst guten Bildungsabschlüssen. Das Lernen über digitale Medien[76] gewinnt immer mehr an Bedeutung. Hinzu kommt, dass Mobbingphänomene sowie Depressionen bei Kinder und Jugendlichen zunehmen (s. Abb. 27). Schüler, die sich einsam zeigen, nennen als Ursachen fehlende Akzeptanz durch Mitschüler, einen Mangel an Freunden und geringe Unterstützung durch das Elternhaus. Emmi Pikler hat vor vielen Jahren ein Konzept[77] entwickelt, um Kindern in Kinderheimen in Ungarn regelmäßig und zuverlässig Nähe, Aufmerksamkeit und Zuneigung zukommen zu lassen. Zu festgelegten Zeitpunkten wurden diese gefüttert, gewickelt, angezogen und gebadet. Dies beruhigte die Kinder, »Kämpfe« um Hierarchien und Stellungen hörten auf, und der Stresspegel sank. Vielleicht kann und muss der Aspekt »Einsamkeit« auf Dauer einen größeren Stellenwert in der Präventionsarbeit erhalten, da die Zahlen auch in Deutschland steigen. Lernen auf gutem oder sogar hohem Niveau ist unter Stress nicht möglich. Dies betrifft auch die Präventionsarbeit,

---

75 Verfügbar unter: https://de.wikipedia.org/wiki/Ren%C3%A9_A._Spitz [21.6.2021].
76 Beim Umgang mit digitalen Medien ist kein menschliches Gegenüber vorhanden, wodurch kein Austausch von Resonanzen wie über die Spiegelneuronen möglich ist. Schüler erfahren dabei kein Feedback über gegenseitige Wahrnehmung durch Bezugspersonen und Klassenkameraden, und es steht kaum Raum für Entwicklungsmöglichkeiten der eigenen Identität und Zugehörigkeitsgefühle zur Verfügung.
77 Koczy-Konzept, Quelle unbekannt.

da sie durch unpassende Anforderungen an Kinder Stress auslösen kann. Ein (subjektiv) als bedrohlich empfundenes Verhalten von Lehrern oder Mitschülern kann Druck, Angst und Anspannung erzeugen. Das autonome Nervensystem reagiert dann auf diese Reize und bereitet sich auf Flucht oder Kampf vor. Aspekte des sozialen Verhaltens spielen dabei keine Rolle, was oftmals aber Thema von Präventionsprogrammen sein sollte.

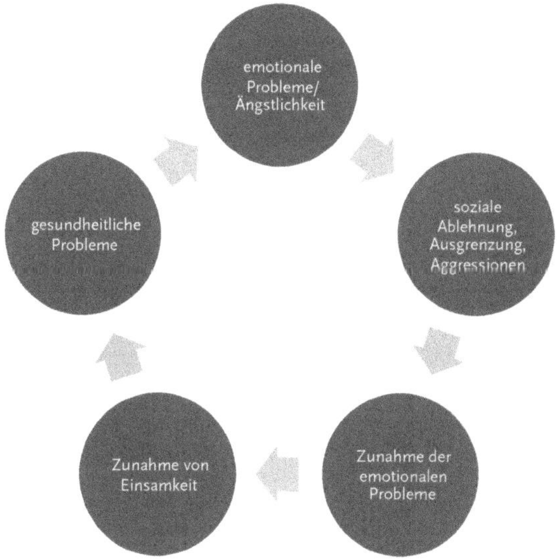

Abb. 27: Kreislauf der Zunahme von Einsamkeit

Wie wichtig Sicherheit und soziale Interaktionen sind, lässt sich in den unteren Schulklassen immer wieder beobachten: Kinder freuen sich über die Aufmerksamkeit von Lehrern und versuchen, möglichst viel davon zu erhalten, indem sie sie umarmen, sie mit Namen rufen oder Geschenke mitbringen. Je älter sie werden, desto weniger Raum bieten die weiterführenden Schulen dafür, da das Hauptgewicht dort auf Leistung, Stillsitzen, Zuhören und fachlichem Arbeiten in großen Klassen liegt. Die soziale Ressource, mit Gewissheit einen festen Platz in der Gemeinschaft einnehmen zu können, wird hier kaum oder nicht beachtet, obwohl bspw. in der Traumatherapie gut erforscht ist, dass dies ein wesentlicher stabilisierender Faktor zur Gesunderhaltung ist (Weinberger 2008, S. 34 ff., und Dana 2018, S. 31 ff.). Die zunehmende Isolation von Menschen in Gesellschaften führt dazu, dass die Selbstregulationsfertigkeiten durch zuverlässige Interaktionspartner abnehmen und sich somit das Wohlbefinden reduziert, das durch die Verbundenheit mit anderen entsteht. Einsamkeitsgefühle und der Verlust von Sicherheitsempfinden verstärken sich und führen dazu, dass die überlebenssichernden Systeme des Nervensystems aktiver arbeiten. Da bei der Kommunikation mit neuen Medien Augen, Stimme und Bewegungen für das Gegenüber weniger oder überhaupt nicht wahrnehmbar sind, geht ein großer Teil der bisherigen (nonverbalen) Kommunikationsaspekte verloren, die auch Signale für Verbundenheit erzeugen. Dadurch verringert sich die Zahl unserer Möglichkeiten, die Schaltkreise für soziale Verbundenheit zu trainieren. Dies zeigten Schüler und Schülerinnen in der Corona-Zeit deutlich, als sie immer wieder mitteilten, wie sehr sie die Schule bzw. ihre Freunde vermissen. Co-Regulation kann nur im Kontakt mit anderen Menschen geschehen, wodurch ein Gefühl der Zugehörigkeit und Geborgenheit in der Welt entsteht, was zugleich den ventralen Vaguszweig des Nervensystems für Sicherheit und soziale Verbundenheit aktiviert (Dana 2018, S. 56 ff.).

Schulung/Prävention

- Herstellung von Kontakten zu Mitschülern und Gleichaltrigen (prosoziales Verhalten)
- Selbstreflexion stärken: Was tue und denke ich? Welche Reaktionen löse ich evtl. aus?
- Selbstaufwertung bzw. -stärkung: Ich bin in Ordnung, wie ich bin.
- Unterstützung durch Eltern – soziale Kontakte herstellen, Hobbys, Einbettung der Familien in soziale Systeme wie Musikvereine, Kirchen usw.
- Erlernen: Umgang mit Konflikten
- Schule: Toleranz, Mitgefühl, Akzeptanz, Kommunikationsformen, Wissen um gruppendynamische Prozesse

3.7 Neue Wege gegen Mobbing[78]

von Beate Lorenz

Stellen Sie sich bitte einmal vor, Sie unterrichten an einer Schule, in der es kein Mobbing gibt. Vielen Lehrkräften fällt diese Vorstellung zunächst nicht schwer, da ihnen Mobbing im Unterricht auf den ersten Blick selten direkt begegnet. Mobbing findet in versteckten Räumen statt – wenn sich die Lehrkraft an die Tafel wendet, in den Umkleidekabinen, in den Pausen und im Klassenchat – und tritt in den wenigsten Fällen als offener Gewaltakt zutage. Wenn Unterrichtende wissen möchten, ob an ihrer Schule und in ihrer Klasse Mobbing stattfindet und was sie dagegen tun können, sind zunächst differenziertere Beobachtungen, ein gemeinsames Verständnis von Mobbing und ein Blick auf die zentralen Ergebnisse der neueren Mobbingforschung notwendig, um anschließend Wege zu gehen, die die Lehrkräfte stärken, den Rahmen für eine unterstützende und lernförderliche Klassengemeinschaft zu gestalten. So soll in diesem Beitrag deutlich werden, dass Mobbingprävention in erster Linie bedeutet, die Handlungskompetenz von Lehrkräften im Bereich der Klassenführung zu erweitern, ihre Rolle als Vorbild in der Klasse zu festigen und Formen der Partizipation, der Beteiligung von Schülerinnen und Schülern, neu zu denken. Damit soll auch ersichtlich werden, wie eine gemeinsame Mobbingprävention dazu führen kann, dass Unterrichtsstörungen abnehmen, die Klassengemeinschaft gefördert und die Leistungen von Schülerinnen und Schülern gesteigert werden.

Eine Annäherung an den Begriff und ableitbare Handlungsstrategien

Im Schnitt gibt es in den Klassen 5 bis 9 zwei bis drei Schülerinnen und Schüler (ca. 10 % einer Klasse), die in den letzten drei Monaten mehrfach schikaniert wurden. Diese Schikane entwickelt schnell eine gewisse Dynamik und Systematik, d. h., die Angriffe nehmen zu, der Kreis der Beteiligten weitet sich aus, und immer gleiche verbale und

78 Die folgenden Ausführungen zum Thema Mobbing wurden von Beate Lorenz, einer Präventionsbeauftragten am ZSL in Karlsruhe, verfasst. Sie zeigen auf, wie hilfreich Konzepte sind, die mit vielen Beteiligten wertschätzend und ressourcenorientiert im Schulsystem arbeiten.

physische Aggressionen führen dazu, dass das Selbstwertgefühl des Betroffenen immer weiter ausgehöhlt wird.

Wenn Sie jetzt einen Blick in Ihre Klasse werfen, stellen Sie sich bitte einmal folgende Fragen:

- Wenn Sie Gruppen bilden lassen: Wer bleibt allein oder wird nur unter negativen Kommentaren aufgenommen?
- Wer wird ausgelacht, wenn er etwas Falsches sagt?
- Wer ist in der Pause allein unterwegs?
- Bei wem haben sich die Leistungen plötzlich verschlechtert?
- Wer wird im Sport nicht gewählt, ausgelacht, geschubst oder drangsaliert?
- Wer kommt oft zu spät oder fehlt häufig?
- Wem wird »das Mäppchen weggenommen, das Buch verkritzelt, der Ranzen versteckt«?
- Wer möchte nicht vor der Klasse reden?
- Wer fällt durch aggressives Verhalten gegenüber seinen Mitschülerinnen und Mitschülern auf?
- Wer nervt auch Sie häufig durch ein Verhalten, das laut, frech und undiszipliniert ist?

Gerade in freieren Unterrichtsformen und in Fächern, die nicht für die Versetzung relevant sind – wie im Kunst- oder Sportunterricht –, lassen sich Formen von Mobbing leichter beobachten, weshalb ein Austausch mit den dort unterrichtenden Lehrkräften relativ gut darüber Auskunft geben kann, wer wo in der Hierarchie der Klasse steht. Die letzten beiden oben gestellten Fragen sollen weniger den Blick auf potenzielle Mobbingakteure lenken als vielmehr auf die Betroffenen. In vielen Unterrichtssituationen fallen sie bei Lehrkräften eher in der negativen Rolle des »Aggressors« auf. Dan Olweus differenziert in einen eher passiven (vgl. Olweus 1995, S. 42) und einen eher provozierenden Opfertyp (vgl. Olweus 1995, S. 64). Erfahrungen in vielen Beratungssituationen mit Betroffenen haben verdeutlicht, dass Letzterer häufig die Öffentlichkeit und die Anwesenheit der Lehrkraft nutzt, um durch sein Verhalten auch implizit auf die verdeckt stattfindende Viktimisierung aufmerksam zu machen.

Bei vielen vordergründigen Aggressionen entlädt sich das systematische Drangsalieren in Reaktionen, die den Lehrkräften unangemessen erscheinen. Wenn dann statt Hilfe oder einem genaueren

Nachfragen nach dem Unterricht die Lehrkraft mit einer Bestrafung oder einem entsprechend negativen oder auch nur witzigen Kommentar ad coram publico reagiert, signalisiert das den Mitschülern, dass die Regeln in der Klasse offenbar so sind, dass man bestimmte Menschen ausgrenzen darf. So können Lehrkräfte mangels Wissen und ohne böse Absicht das Mobbing indirekt fördern. Alle mühsam erarbeiteten Klassenregeln zum Umgang miteinander können mit einer unbedachten Äußerung auf Kosten einzelner ad absurdum geführt werden. Da in einem fordernden und oft auch anstrengenden Beruf die Nerven jenseits aller Professionalität auch einmal blank liegen können, lässt sich die Modellrolle der Lehrkraft auch in diesen Fällen dazu nutzen, Schülerinnen und Schülern ein Vorbild darin zu sein, dass man sich für Fehlverhalten entschuldigt. Der ungeheuren Wirkung, die die Entschuldigung einer Lehrkraft zeigt, darf man sich gewiss sein. Banduras lerntheoretische Erkenntnisse fundieren diese Vorschläge aus wissenschaftlicher Sicht.

Ein weiteres Merkmal, um Mobbing zu identifizieren, besteht darin, dass sich die Betroffenen nicht mehr aus eigener Kraft aus der belastenden Situation befreien können. Es besteht kein Konflikt zweier gleich starker Parteien, sondern ein Ungleichgewicht der Kräfte mit unterschiedlich Agierenden. Dabei lässt sich Mobbing als Gruppenprozess beschreiben. Jenseits einer einfachen Täter-Opfer-Dyade kann man seit der finnischen Forschung von Christina Salmivalli (vgl. Salmivalli et al. 1996) und etwas später durch Schäfer und Korn (2004a, S. 21) den Beteiligten bestimmte Rollen zuweisen – ca. ein Drittel einer Klasse steht auf der Pro-Mobbing-Seite: Dies sind zum einen planvoll handelnde Akteure, dann Assistenten, die unter deren Einfluss stehen und durch schädigende Handlungen an deren Macht partizipieren wollen, oder Verstärker, die durch kleinere Gesten oder Lachen wie Claqueure im Theater das Mobbing salonfähig machen. Ein Drittel befindet sich auf der Anti-Mobbing-Seite: Das sind Verteidigende, die aber eher im Verborgenen agieren und für die Mitschüler meist nicht sichtbar werden. Ein weiteres Drittel sind Außenstehende, die in der älteren Mobbingforschung unter dem Begriff »innocent bystander« subsumiert werden. Diese letztere Gruppe ist allerdings sehr heterogen und steht im Zentrum der aktuellen Forschung um Mechthild Schäfer und ihr Team von der LMU München.

Aus der dreigeteilten Zusammensetzung der Klasse wird deutlich, dass es gelingen sollte, eine Mehrheit gegen Mobbing zu gewinnen, indem man die Außenstehenden aktiviert. Schäfers Forschung zeigt, dass ein Teil der Außenstehenden bei fortlaufendem Mobbing auf die Seite der Pro-Mobbing-Fraktion überwechselt, sodass in der Klasse eine Mehrheit gegen den Betroffenen entsteht (vgl. Schäfer 2017). Nach der sogenannten *Testphase oder Exploration*, in der ein zufälliges Opfer ausgewählt wird, wird es in der *Konsolidierungsphase* immer schwieriger, etwas gegen das Mobbing zu unternehmen, da immer mehr Schülerinnen und Schüler auf die falsche Seite wechseln. In der letzten Phase, der *Manifestationsphase*, steht das Opfer außerhalb des Werterahmens dieser Klasse (vgl. Schäfer u. Korn 2004b, S. 262 ff.). Jede noch so banale und unauffällige wie hilfesuchende oder auffällige Handlung des Opfers dient in dieser Phase dazu, dass die Mitschülerinnen und Mitschüler die Ausgrenzung aus dem Klassenverbund und somit ihr Handeln rechtfertigen. Wenn man in dieser Phase des Mobbings in die Klasse kommt, kann man die Schüler nicht einmal mehr durch klare Konfrontation von ihrem Unrecht überzeugen, da mittlerweile die Betroffenen auch unter der wachsenden Viktimisierung ein Verhalten zeigen, das der Klasse wiederum als Legitimation für die Stigmatisierung dient.

So ist ein wahrer Circulus vitiosus in Gang gekommen, der sich oft nur durch die Priorität des Opferschutzes unterbinden lässt, indem der Betroffene aus der Klasse genommen wird. Nach all dem erlittenen Leid muss ihm diese Aktion als zusätzliche Strafe erscheinen. Die Klasse wiederum erhält das Signal, dass das Recht des Stärkeren zum Erfolg führt. Und es liegt auf der Hand, was passiert, wenn man die Bedürfnisse derer außer Acht lässt, die das Mobbing initiiert haben. Ein neues Opfer ist schnell gefunden. Und das alte Opfer? Wenn der Wechsel in eine neue Klasse oder gar neue Schule nicht durch flankierende Maßnahmen begleitet wird, wenn man mit der neuen Klasse nicht im Vorfeld erarbeitet, wie es gelingen kann, dass der neue Mitschüler, die Mitschülerin gut aufgenommen wird, und was es braucht, dass derjenige sich in der Klasse wohlfühlen kann, bleibt die alte Opferrolle höchstwahrscheinlich konsistent. Gerade deshalb sollte die Herausnahme aus dem Klassenverband nur eine Notlösung sein.

Die Rollenverteilung bei Mobbing und die Entwicklung in der Klasse verdeutlichen aber noch ein anderes Dilemma. Die Bestrafung eines Täters oder seiner Assistenten wird in konsolidierten Mobbingprozessen oft als ungerecht empfunden, weil weitaus mehr Personen beteiligt sind und die Betroffenen durch die permanente Schikane

u. U. Verhaltensweisen entwickelt haben, die a posteriori als Rechtfertigung für die Ausgrenzung dienen. Hinzu kommt, dass in dieser Phase häufig schnell die Eltern der Agierenden vorstellig werden und klarmachen, dass ihre Kinder zum einen nicht alleine dafür verantwortlich sind und der Betroffene durch sein häufig als aggressiv wahrgenommenes Verhalten selbst Schuld trage. Eine Bestrafung wird der Dynamik des Mobbings also schwer gerecht.

Nach diesem Exkurs zu den Themen »Klassen- bzw. Schulwechsel und Bestrafung der Täter« soll der Blick auf lösungsorientierte Ansätze gelenkt werden, die geeignet sind, ein unterstützendes und freundliches Klassenklima zu fördern, indem sie Wertmaßstäbe und Normen transparent machen, Schülerinnen und Schülern in ihrem Verhalten Orientierung geben und Beziehungen gestalten.

Setzung eines normativen Rahmens: Klassenregeln und Guidelines für die Kommunikation in den neuen Medien

Viele nationale und internationale Studien, die sich mit Mobbingprävention beschäftigen, konnten die Etablierung eines Wertesystems innerhalb der Klasse als wirksames Kriterium identifizieren. Somit ist die Einführung von Klassenregeln zum Umgang miteinander ein zentraler Aspekt evidenzbasierten Vorgehens. Dabei ist es wichtig, dass diese Regeln nicht vom Klassenlehrer allein oder gar von externen Unterstützern – wie der Beratungslehrkraft oder der Fachkraft für Schulsozialarbeit – eingeführt werden. Die Lehrkraft sollte keine Führungskompetenz delegieren, wie bereits Mechthild Schäfer in ihrer Qualifizierungsreihe für Präventionsbeauftragte in Baden-Württemberg unterstrich. Ein neuer und vielversprechender Weg könnte es sein, dass alle in der Klasse unterrichtenden Fachlehrer in der ersten Woche nach Schulbeginn gemeinsam mit den Schülerinnen und Schülern die Klassenregeln erarbeiten. Daraus ergeben sich mehrere Vorteile: Zum einen entfallen aufwendige Informationen für Kolleginnen und Kollegen oder lapidare Verweise auf aufgehängte Regeln, die Jahr für Jahr nach Schulbeginn an den Klassenzimmerwänden in schönsten Farben ein wirkungsloses Dasein fristen. Viel wichtiger aber ist, dass durch das gemeinsame Auftreten und das Interesse aller in der Klasse Unterrichtenden auch ein gemeinsamer Führungsanspruch im positiven Sinn vermittelt und gestärkt wird. Dies erleichtert nicht nur das anschließende Durchsetzen der Regeln, sondern verdeutlicht auch, dass es zwischen den Unterrichtenden Absprachen gibt und allen das Wohl der Klasse am Herzen liegt. Zentral ist aber, dass Lehrkräfte durch ihr Vorbildverhalten in dieser einfachen Kooperation eine Norm setzen, die den Schülern als Modell dienen kann, was sich als ein weiterer Gewinn dieser konzertierten Aktion sehen lässt.

Bei der Erarbeitung der Klassenregeln kann durch eine einfache Kartenabfrage mit Moderationskarten in der Kopfstandmethode gesammelt werden, welche Faktoren verhindern, dass Schülerinnen und Schüler gerne in die Schule kommen, wie es Grüner und Hilt (o. J.) in ihrem Konzept *KonfliktKultur* empfehlen. Wenn die Lernenden dabei animiert werden, an das anzuknüpfen, was sie aus ihrer alten Schule kennen, was sie von anderen Klassen gehört und durch Beobachtungen wahrgenommen haben, lässt sich Befangenheit vermeiden und Ehrlichkeit fördern. Die unterschiedlichen Regelverletzungen kann man geclustert zentralen Bereichen zuordnen, aus denen sich die Klassenregeln zum Umgang miteinander ableiten lassen. Ergänzt werden sollten diese Regeln im anschließenden Gespräch durch das, was es noch braucht, damit die Beteiligten erfolgreich und in Ruhe arbeiten können. Unter dieser zu ergänzenden Regel lässt sich all das inhaltlich subsumieren, was notwendig ist, um den Rahmen für lernförderlichen Unterricht zu gestalten: Von den Hausaufgaben als Kontrolle, ob der Stoff verstanden wurde, über die Frage, wie man mit Zuspätkommen und damit Versäumen von wichtigem Stoff zur Erreichung des Klassenziels und des angestrebten Abschlusses umgeht, bis zum Mitbringen wichtiger Unterrichtsmaterialien, um arbeitsfähig zu sein. Vielleicht haben neben den wenigen Regeln auch noch die Schüler und die unterrichtenden Lehrkräfte wichtige Anliegen, die man ergänzen kann. Eine altersentsprechende Visualisierung und Formulierung schließt diesen Teil des Prozesses ab.

Ein zweiter zentraler Aspekt bei der Gestaltung des normativen Werterahmens spielt die Berücksichtigung der neuen Medien. Hierzu gehören in den Unterricht unverzichtbar auch gemeinsam vereinbarte Regeln für den Umgang in der WhatsApp-Klassengruppe, da diese bereits in der Grundschule *die* Mobbingplattform schlechthin darstellt. Viele Lehrkräfte scheuen sich aus mehreren Gründen, dieses Thema anzugehen – oft nennen sie die rechtliche Situation als Argument oder die fehlende Kenntnis im Umgang mit den sich schnell ändernden Plattformen, die das Cybermobbing begünstigen. Deshalb gilt es an dieser Stelle, Optionen zu skizzieren, die uns eine erfolgreiche Erarbeitung von Regeln im medialen Raum, sogenannte Guidelines oder Netiquette, ermöglichen.

Besonders wertvoll ist es, wenn die moderierende Lehrkraft diese Guidelines gerade auch ohne Vorkenntnisse zusammen mit der Klasse erarbeitet. So haben Schüler die Gelegenheit, ihr Spezialwissen zu zeigen, Lernmotivation und Verantwortung wird gefördert, zementierte Rollenbilder brechen auf. Clemens Beisel, Medienpädagoge und -referent, steigt mit der Frage in seine Workshops ein, was für die Klasse »WhatsApp-Stress« bedeutet (vgl. Beisel 2020; clemenshilft.de). Nach der anschließenden Sammelphase leiten die Schülerinnen und Schüler eigene Regeln ab, die in der jeweiligen Klasse für die Kommunikation in den neuen Medien von Bedeutung sind. Diese Guidelines gehen von Anregungen zur Länge einer Nachricht über Inhalte bis zu einem erarbeiteten Modell für den Umgang mit Regelverstößen. Die Lehrkraft hat hier eine moderierende Aufgabe, sie steuert den Prozess durch Fragen sowie die Sicherung der Ergebnisse und hat dabei eventuell noch die Gelegenheit, etwas von ihrer Klasse zu lernen.

Eine zweite Option, die etwas aufwendiger ist, aber Lehrkräfte letztendlich entlastet und ebenfalls die Partizipation fördert, besteht darin, den Themenbereich Cyber-Mobbing (WhatsApp, Instagram, TikTok, Facebook etc.) in die Hand von Schülern zu legen, die als Medienmentoren ausgebildet sind, und mit den neuen Klassen die Guidelines zusammen erarbeiten. Peer-to-peer-Interaktionen können gerade in diesem wichtigen Bereich der neuen Medien sehr erfolgreich sein:

> »Eine große Chance, Medienbildung nachhaltig und stets aktuell an Schulen zu bringen, liegt in der Ausbildung von Medienscouts. Hierunter versteht der Autor Schülerinnen und Schüler höherer Schulklassen (ab Klasse acht), die selbst Workshops rund um neue Medien durchführen. So können beispielsweise Regeln für den WhatsApp-Klassenchat in einer fünften oder sechsten Klasse durch die Medienscouts mit der Klasse erarbeitet werden« (Beisel 2020, S. 207).

Auch Projekte wie »teach the teachers« oder Elternworkshops durch Schülerinnen und Schüler haben es verdient, zur Förderung von Selbstwirksamkeit als eine wichtige Voraussetzung für Lernmotivation mitgedacht zu werden.

Schließlich lässt sich der Bereich *Social Media* auch an Medienreferenten »outsourcen«. Man sollte sich aber dabei die Vielzahl der verpassten Chancen vor Augen führen. Ein sinnvoller Kompromiss könnte sein, dass Medienreferenten im Tandem mit einer zukünftig verantwortlichen Lehrkraft interessierte Medienmentoren für ihre

Aufgaben schulen und sie dabei unterstützen, ein innerschulisches Peer-Netzwerk aufzubauen.

Präventives und reaktives Verhalten im Umgang mit Regelverstößen

Wenn wir von der Grundannahme ausgehen, dass Konflikte Teil des Zusammenlebens sind, muss die Schule einer geregelten Konfliktbewältigung Raum geben. Vor den Verweisen auf geeignete Modelle gilt es zunächst einmal, entwicklungspsychologische Faktoren zu berücksichtigen. Lehrkräfte sollten im Umgang mit Regelverstößen im Blick haben, dass juvenil delinquentes Verhalten oft in der Altersspanne von 12 bis 16 Jahren auftritt – in einer wichtigen Phase auf dem Weg zur Identitätsbildung und -findung, die oft mit der Orientierung an den sozialen Normen kollidiert (vgl. Schäfer 2019). Damit möchten wir Verständnis dafür wecken, wie elementar wichtig es ist, dass »aufsässige« Kinder und Jugendliche nicht durch entsprechende Kommentare der Lehrkraft in der Klasse einen Gesichtsverlust erleiden. Das ist angesichts der Vielzahl an Belastungen in einem sehr fordernden, aber auch sehr schönen Beruf eine echte und täglich neue Herausforderung, die trotz gutem Vorsatz und professioneller Distanz auch scheitern kann. Umso wichtiger, weil modellbildend, ist auch an dieser Stelle wieder die Entschuldigung für die verbale Entgleisung oder Beleidigung. Die Trennung zwischen Person und Verhalten ist ein pädagogischer Grundsatz der Professionalität einer jeden Lehrkraft.

Unterstützung im angemessenen Umgang mit Unterrichtsstörungen bieten die praktischen Bücher von Rudi Rhode und Sylve Meis (2014), deren *Modell der kontinuierlich eskalierenden Beharrlichkeit* von der präventiven Deeskalation über die Konfrontation bis zu Konsequenzen i. S. von Wiedergutmachungen wieder an das Handlungsrepertoire erinnert, was im Berufsalltag untergegangen ist. Dabei sollten sich die in einer Klasse Unterrichtenden idealerweise zusammen mit der Klasse darüber verständigen, welche pädagogischen Maßnahmen im Zusammenhang mit dem Regelverstoß sinnvoll sind. Das heißt nicht, dass die Klasse Maßnahmen »aushandelt«, die Festlegung und Durchsetzung obliegt allein der Lehrkraft. Doch sollte sie eine Verständigung über die Art der Strafe im Sinne einer Wiedergutmachung und den Zusammenhang zum Regelverstoß genauso transparent machen wie die Sensibilisierung für die »rote Linie« – also die nicht zu überschreitende Grenze, auf die sich ein Kollegium verständigt (vgl. Schäfer 2019). Dieser Konsens stiftet Orientierung und unterstützt dabei, einen einheitlichen Werterahmen zu setzen. So sollte in diesem gemeinsamen Auftritt signalisiert werden, dass alle Lehrenden mit Konsequenz und Angemessenheit auf Störungen reagieren. Dies zu betonen ist wichtig, da Inkonsequenz der unterrichtenden Lehrkräfte innerhalb einer Klasse – bei einer Lehrkraft darf z. B. die Mütze aufgelassen werden, bei der anderen nicht – gemäß den Aussagen von Mechthild Schäfer Gewalt fördert. Die fehlende Vereinbarung und Konsequenz bezüglich der Durchsetzung von Regeln ist vergleichbar mit intermittierender oder auch partieller Verstärkung, unter der »man in der Lernpsychologie die nur gelegentliche Verstärkung einer Reaktion« versteht.

> »Eine intermittierende Verstärkung führt zu langsamerem Erlernen einer Reaktion, ist aber deutlich löschungsresistenter als eine durch kontinuierliche Verstärkung erlernte Reaktion« (vgl. Stangl 2021).

Das Festhalten an dem vielbeschworenen pädagogischen Freiraum wäre demnach der Einhaltung von gemeinsam verabschiedeten Regeln nicht dienlich. Gleichwohl ist es durchaus wichtig, den Schülerinnen und Schülern zu kommunizieren, was für die einzelne Lehrkraft persönlich wichtig ist und welche Werte sie in ihrem Handeln leiten. Auch das fördert Akzeptanz und Toleranz von Vielfalt.

Beziehungsgestaltung durch gezieltes Feedback

In der letzten Stunde vor den Weihnachtsferien findet im Französischunterricht meiner Klasse ein obligatorisches Crêpe-Essen statt. Vor Jahren vergaß ich das Crêpe-Eisen im Auto und drückte einer Schülerin, die sich in meiner Nähe befand, den Autoschlüssel in die Hand – mit der Bitte, in die Tiefgarage zu gehen, das Eisen aus meinem Auto zu holen und wieder gut abzuschließen, weil sich die Deutschklausuren meines Kurses darin befänden. Diese Schülerin machte es mir im Unterricht nicht leicht, sie fand Französisch blöd und interessierte sich mehr für ihre Sitznachbarinnen als für den Unterschied zwischen Imparfait und Passé composé. Sie teilte gut aus und musste von mir auch einiges einstecken. Als ich nach den Ferien beladen mit Tasche und Kassettenrekorder die Treppen nach oben kam, stand sie im Gang und fragte mich, ob sie mir etwas abnehmen könnte. Im Unterricht störte sie weniger, ihre Mitarbeit und ihre Französischnoten verbesserten sich. Die *Motivationstheorie* von Grawe (2004) oder Deci und Ryan (2008) betont die Wichtigkeit der Beziehungsgestaltung, die im obigen Beispiel ein Zufallsprodukt war, was mich heute noch beschämt, was aber auch verdeutlicht, welche Möglichkeiten wir Unterrichtende haben: von einem beiläufigen Kompliment über die neue Brille, die neue Frisur oder den neuen Pulli über die Frage nach der Ursache des Verbandes oder Gipsarmes bis zu einem gezielten Feedback.

Dieses gezielte Feedback sollten wir als professionelles Handwerkzeug gerade für die Schüler einsetzen, die es benötigen und wie ein Schwamm aufsaugen. Also nicht für die, die im Normalfall für ihren Fleiß, ihre Sorgfalt und Freundlichkeit von uns gelobt werden, sondern für all die »bad guys and girls«, die in häufigen Duellen mit uns gegen ihren Gesichtsverlust vor der Klasse kämpfen müssen. Diese können wir für ihre Ehrlichkeit loben, wir können würdigen, dass man weiß, was sie denken, dass sie den Mut haben, offen ihre Meinung zu sagen, und nicht aus Angst vor schlechten Noten kuschen, auch wenn sie an der Art und Weise der Formulierung noch arbeiten können. Oft fällt es Lehrkräften schwer, störenden oder kritischen Schülern ein positives Feedback zu geben. Hilfreich sind hierbei zum einen Lobprotokolle, auf denen die Lehrkraft eine Woche lang regelmäßig die positiven Aspekte notiert, die ihr aufgefallen sind, um anschließend ein detailliertes Feedback geben zu können. Der Rückgriff auf die positiven Beobachtungen weiterer Fachlehrkräfte verstärkt die Wirkung. Eine positive Rückmeldung gegenüber Eltern von eher »schwierigen« Schülerinnen und Schülern kann auch unglaubliche Effekte auf das Verhalten unserer »Problemkinder« haben und sollte in eine gezielte Feedback-Kultur miteinfließen.

Abschließend möchte ich noch auf eine weitere Form der ressourcenorientierten Rückmeldung verweisen, die Sue Young in ihrem lesenswerten Buch *Lösungsfokussierte Schule: Jenseits von Anti-Mobbing* beschrieben hat: In »schwierigen« Klassen wird angekündigt, dass in der nächsten Stunde eine Fachlehrkraft dabei ist und alles mitschreibt, was der Klasse im Unterricht gut gelingt. Anschließend werden die Ergebnisse vorgelesen, und in Arbeitsgruppen wird besprochen, wie die positiven Ergebnisse weiterentwickelt werden können – gemäß dem lösungsfokussierten Motto »mehr von dem tun, was gut läuft« (Young 2015, S. 81 f.).

Förderung des Klassenklimas durch Partizipation des Unterstützungsteams

Der Klassenrat, Arbeitsgemeinschaften, Peer-Projekte und andere Möglichkeiten der Beteiligung von Schülerinnen und Schülern sind geeignete Maßnahmen der Gewaltprävention. Schulen, die eine solche Partizipation fördern, sind gewaltärmer, wie die Edelstein-Studie bereits 2001 aufgezeigt hat (vgl. Edelstein u. Fauser 2001). Ein hervorragendes Instrument, Partizipation zu fördern, bietet der »No Blame Approach« – eine Methode der Mobbingintervention, die Christopher Szaday im deutschsprachigen Raum verbreitet hat und die Blum und Beck in Fortbildungen und ihrem sehr guten Gesprächsleitfaden seit Jahren erfolgreich multiplizieren (vgl. Blum u. Beck 2008). Dieser lösungsorientierte Ansatz ohne Schuldzuweisung lässt sich neu gedacht auch dazu nutzen, das Klassenklima ohne die Fokussierung auf das »Mobbingopfer« zu verbessern. Hierbei bildet die Klassenlehrkraft ein Unterstützungsteam zur Verbesserung der Klassengemeinschaft, das aus 3 Schülerinnen und Schülern besteht, die eher dadurch auffallen, dass sie das Klassenklima stören, sowie aus drei prosozialen Unterstützern. Diese 6 Personen werden nach dem Unterricht von der Lehrkraft angesprochen. Dabei ist es wichtig, die Ressourcen eines jeden Einzelnen zu würdigen. Bei den prosozialen Schülern ist dies z. B. ihr Mut, die eigene Meinung zu vertreten, ihr Gerechtigkeitssinn, ihre Zivilcourage oder Ehrlichkeit. Für diejenigen, die eher dazu beitragen, das Wertesystem der Klasse zum Negativen zu verschieben, ist diese Würdigung besonders wichtig. Sie können z. B. deshalb im Unterstützerteam sein, »weil die Klasse auf ihn oder sie hört«. Andere hilfreiche Würdigungen wären: »Du bist im Unterstützerteam, weil du einen wichtigen Einfluss auf deine Mitschülerinnen und Mitschüler hast.« Oder: »Ich brauche dich, weil ich weiß, dass du das Klassenklima zum Guten wenden kannst.«

Bei dieser Wertschätzung sollten wir die Bedürfnisse der Agierenden im Blick haben. Macht- und Dominanzbedürfnisse entspringen oft dem »Bedürfnis nach Gemeinschaft«. Joachim Bauer (2012) hat darauf aufmerksam gemacht, dass beim Mobbing aus diesem Bedürfnis heraus mittels Ausgrenzung eine neue Peergroup innerhalb der Klasse gebildet wird. In zahlreichen Interventionen ist es hervorragend gelungen, dieses »Bedürfnis nach Gemeinschaft« in andere Wege zu leiten. Dazu gehört sicherlich nicht nur die Wertschätzung durch Auswahl, persönliche Würdigung und unvoreingenommenes Interesse an den Vorschlägen zur Verbesserung des Klassenklimas, die das Unterstützerteam im Anschluss unterbreitet. Dazu gehört implizit auch das Menschenbild, dass wir alle Fehler machen, diese aber auch wiedergutmachen können. In den Nachgesprächen mit den einzelnen Mitgliedern des Unterstützerteams kann die Lehrkraft erfolgreiche Maßnahmen loben und das Verhalten bestärken. Insofern bietet der Ansatz vielfältige Möglichkeiten, Verantwortung an Schüler zu delegieren, ohne die Zügel aus der Hand zu geben. Er ist ein hervorragendes Instrument der Klassenführung, das eine jede Klassenlehrkraft beherrschen sollte. Kostenlose Fortbildungen für Lehrkräfte werden in regelmäßigen Abständen in fast allen Kultusministerien der Bundesländer angeboten.

Stellen Sie sich bitte einmal vor, Sie unterrichten an einer Schule, in der

- ... Sie in Ihrer Klasse gemeinsam einen normativen Rahmen setzen, der vor Ausgrenzung schützt, indem er Verantwortungsübernahme und Zivilcourage fördert
- ... Ihre Handlungsfähigkeit bei Unterrichtsstörungen durch Rollenklarheit und angemessene Modelle der Konfliktbewältigung erweitert ist
- ... das Klassenklima durch gezielte lernförderliche Maßnahmen wie Feedback gestärkt ist und Partizipation gelebt wird.

So birgt die Mobbingprävention die Möglichkeit, dass Schülerinnen und Schüler im geschützten Rahmen in Ruhe arbeiten können und dabei gleichzeitig ihre Lernmotivation zunimmt und die Leistungen insgesamt besser werden.

3.8 Kommunikation in Präventionteams

»Die Welt wird nicht gefunden, sondern erfunden.«
Heinz von Foerster

Ein Team wird als soziales System betrachtet, dessen Mitglieder autonom sind und das aus deren Interaktionen und Wechselwirkungen besteht.[79] Somit entwickelt ein Team Interaktionsmuster, die sich

79 Im Weiteren sprechen wir von Teams, wenn folgende Kriterien erfüllt sind: Gruppe von Individuen, die in direkter Interaktion stehen; der Kontakt ist relativ überdauernd; es existiert eine gewisse Struktur, d. h., es gibt differenzierte Rollen, gemeinsame Regeln bzw. Normen, ein »Wir-Gefühl«, ein gemeinsames Ziel oder Thema; die Teammitglieder sind wechselseitig voneinander abhängig, gemeinsam verantwortlich für das Erreichen spezifischer Ziele für ihre Organisation (Schule); sie besitzen spezifische Fähigkeiten; Synergie-Effekte aus der Kombination der Einzelleistungen sind ersichtlich (bzw. sollten es sein).

aus (subjektiven) Beobachtungen, Verhaltensweisen, Bedeutungsgebungen, Bewertungen, Lösungsversuchen und erneuten Reaktionen aufrechterhalten bzw. »nähren«. Dadurch wird eine gemeinsame Wirklichkeit kreiert, die die Mitglieder für die Realität halten[80] und an der sich das Verhalten im Team orientiert. Dies ist auch ein Grund, wieso wir oft davon sprechen, dass die Wirklichkeit bzw. eine Lösung »kreiert« wird, da sie sich erst betrachten lässt, wenn sie konstruiert wurde. Dies erfordert Beobachtungen, die wiederum nur Beobachter leisten können – ganz nach dem Motto »Ohne Beobachter keine Beobachtung«. Die Mitglieder eines Teams machen also Beobachtungen, bewerten diese, tauschen sich über ihre Haltungen, Bewertungen und Erwartungen aus und legen Normen sowie Regeln fest, nach denen sie kommunizieren möchten. Sie erzeugen und erhalten dadurch eine Differenz zur Umwelt, die sie überhaupt erst von dieser unterscheidbar macht. Einflüsse von außen, wie z. B. ein Gastvortrag an der Schule zum Thema Prävention, haben keinen direkten Einfluss auf dieses System (z. B. auf das Präventionsteam). Dieses entscheidet nämlich selbst, durch welche Reize von außen es sich wie »anregen« lassen möchte. Dies bezeichnet man oft mit dem Begriff »Perturbation«. Die Art und Weise, wie der Austausch mit der Umwelt des »Systems« erfolgt, nennen wir »strukturelle Kopplung«. Kommunikation verwirklicht sich hier über die Ebenen: Information, Mitteilung und Verstehen. Dies soll an einem Beispiel deutlich gemacht werden, das an Luhmann[81] anlehnt, der die »systemische Welt« in den letzten 30 Jahren stark beeinflusst hat.

Lieschen Müller sagt zu Hugo Meier: »Heute ist es kalt.«

Für Luhmann ist das erste »Heute ist es kalt« keine Information an sich, sondern ein Geräusch. Hugo kann dieses Geräusch irgendwie verarbeiten. Er kann »Heute ist es kalt« als Information verstehen (dass es eben kalt ist und nicht, dass jemand angerufen hat). Möglicherweise wollte Lieschen mit dem Geräusch, das Hugo als Information verarbeitet hat, eine Mitteilung machen – etwa: »Zieh dich warm an.« Es kann sein, dass Hugo das versteht und seinen dicken Mantel aus dem Schrank holt. Es kann auch sein, dass er es nicht versteht

80 Vgl. hierzu die Ausführungen zum Thema »Ressourcenorientierung und Konstruktivismus« in Kap. 2.4.

81 Niklas Luhmann (1927–1998) war ein deutscher Soziologe und Gesellschaftstheoretiker.

und meint, Lieschen wollte einfach bloß sagen, dass es kalt ist, weil sie einfach nur etwas sagen wollte. Es kann aber auch sein, dass Lieschen tatsächlich nur einfach irgendetwas sagen wollte, um eine Gesprächspause zu überbrücken. Und trotzdem holt Hugo vielleicht seinen Mantel, weil er glaubt, dass Lieschen gemeint hat: »Zieh dich warm an.« Lieschen schenkt dem vielleicht keine Bedeutung. Weil sie keine Mitteilung machen wollte, sieht sie keinen Zusammenhang zwischen ihrer Aussage »Heute ist es kalt« und dem Anziehen des Mantels.

Verstehen bedeutet nicht, dass beide verstehen, was der oder die andere »wirklich« meint. Das kann man nie wirklich wissen. Verstehen bedeutet in diesem Zusammenhang, dass man Information und Mitteilung voneinander unterscheiden kann.[82] Dieses Beispiel kann helfen zu verstehen, wieso es auch zu Missverständnissen und Konflikten innerhalb von Teams kommen kann, obwohl die Beteiligten »keine bösen Absichten« hegen. Bewertungen von Aussagen basieren auf eigenen subjektiven Werten und Erfahrungen, wodurch Kommunikation immer ergebnisoffen bleibt.

Da jedes Teammitglied somit auch eigene Wünsche und Ziele mit in ein Team einbringt, sollte man dies kommunizieren, um Sicherheit innerhalb eines Teams schaffen zu können, da Reize von »außen«[83] das Team sowieso immer wieder irritieren können und hierfür auch »Kraft« benötigt wird.[84]

Folgende Fragen können dabei hilfreich sein:

- Wer beschreibt das Team wie?
- Woran erkennen Sie oder würden Sie erkennen, dass Sie ein Team sind?
- Welchen Sinn wurde dem Team bisher gegeben?
- Wie gestaltet sich die Feedback- und Konfliktkultur in diesem Team?
- Welche Anreize gibt es, das zu tun, was zu tun ist?

82 Auszüge aus dem Vortrag von Dieter Salomon 2010 »Systemtheorie light«, Systemisches Institut Karlsruhe.
83 Bspw. neue Vorgaben vom Kultusministerium zum Thema Prävention oder neue Teammitglieder.
84 Vgl. dazu auch das anschließende Kap. 3.10 zur Arbeit in den Schulen.

Wenn ein Team gebildet wird, so ist es noch längst nicht klar, nach welchen Regeln die Ziele und Aufgaben definiert, Tätigkeiten verteilt und Entscheidungsabläufe festgelegt werden. Verschiedene Teilnehmer bringen meist unterschiedliche Einschätzungen dazu mit, die zu besprechen und zu klären sind.

Hierfür kann man die Erwartungen und Hoffnungen der Teilnehmer sammeln und bspw. auf Moderationskärtchen für alle sichtbar auslegen. Danach sollte geklärt werden, welche »Spielregeln« in Zukunft gelten sollen. Oftmals glauben Leitung und Teammitglieder (wie übrigens auch Lehrer und Schüler bei der Sammlung von Klassenregeln), dass damit klar sei, wie die Zusammenarbeit bzw. das Zusammenleben funktionieren solle. Wäre dem so, würden kaum noch Konflikte auftreten bzw. diese ließen sich schnell durch eine sachliche Mediation[85] beilegen. Im Folgenden möchten wir auf diesen Aspekt noch näher eingehen, da es kreative und vielfältige Wege gibt, Kooperationen zu sabotieren, wenn die Beteiligten gute Gründe haben, sich anders zu verhalten.

3.9 Verantwortung

Teamarbeitet bedeutet, dass Menschen ihre unterschiedlichen Fähigkeiten in einer gemeinsamen Aufgabe (Prävention) zusammenführen. Dies bewirkt, systemisch betrachtet, Synergien, wonach »das Ganze mehr ist als die Summe seiner Einzelteile« (Emergenz). Aus der Verschiedenheit der Beteiligten können nur dann (hilfreiche) Synergien entstehen, wenn Rollen und Tätigkeitsbereiche geklärt sind.

- Wer hat die Teamleitung, ist dies hier (auch) die Schulleitung?
- Die Schulsozialarbeit ist Lehrern gegenüber nicht weisungsbefugt. Was bedeutet dies für die Zusammenarbeit im Team, mit Klassen, mit Eltern und mit außerschulischen Partnern? Wer trägt für welche Entscheidungen die Verantwortung?
- Welche Informationen müssen außerschulische Partner (Anbieter von Präventionsprogrammen) wem und wann vorlegen?
- Bevorzugen wir evaluierte Programme für unsere Schule – und wenn »nein«: Warum nicht, und wer trägt die Verantwortung?

85 Zum Beispiel nach der Harvard-Methode (s. S. 110 f.).

- Wo gibt es Schnittstellen, und wer übernimmt welchen Tätigkeitsbereich?
- Wie erfolgt die Kommunikation mit Lehrern, Schülern und Eltern der Schule?
- Was tun wir, wenn Probleme auftreten? Wer übernimmt welche Verantwortung, und welche Schritte erfolgen wann? Welchen Stellenwert nimmt eine mögliche »Schuldfrage« dabei ein?
- In welchen Rollen begegnen sich die Teammitglieder in anderen Kontexten? Wie gehen sie damit um?

Nutzung von Problemkonstruktionen[86]

In der systemisch-lösungsorientierten Beratung, die auch in Fortbildungen für Lehrer, Präventionsbeauftragte, Schulsozialarbeiter usw. angeboten wird, wird traditionell die Beschäftigung mit Problemen von Klienten als nicht hilfreich angesehen und daher eher vermieden – ganz nach dem Motto: »Der Lösung ist es egal, wie das Problem sich darstellt.«[87] Dies wiederum steht oft im Gegensatz zu dem, was Lehrer in Gesprächen, in denen es eben auch um Probleme und schwierige Situationen geht, ansprechen: »Was ist das Problem?« Sie haben das Verständnis, dass »Besserung« nur möglich ist, wenn man ausreichend über Probleme und deren Ursachen spricht, was dann selbstverständlich auch im Rahmen der Präventions- und Gesundheitsarbeit an Schulen erfolgt, die wiederum auch aus schwierigen Situationen wie Alkoholkonsum[88], Gewalt oder Stressauswirkungen entstanden ist und somit einen problembeladenen Fokus innehat. Hieraus kann sich insofern ein Dilemma ergeben, als sich in der Präventionsarbeit selbst dann zwei Parteien gegenüberstehen, die einerseits eine lösungsorientierte Haltung einnehmen und andererseits den Wunsch haben, erst einmal die Probleme intensiv zu besprechen. Dies kann zu Störungen in der Zusammenarbeit sprich Kommunikation führen.

Ein Umgang damit könnte in der Gesundheits- und Präventionsarbeit darin bestehen, dass man eine Fokussierung auf Problemmuster in die lösungsorientierte Arbeit einbezieht. Hierbei wird das systemische Konzept, dass es Probleme an sich nicht gibt, sondern

86 Gunther Schmidt beschreibt dieses Vorgehen in den Werken *Liebesaffären zwischen Problem und Lösung* (2012) und *Einführung in die hypnosystemische Therapie und Beratung* (2011).
87 Vgl. hierzu das Kapitel »Problem- und Lösungssprache« (in Kap. 3.4).
88 »Wenn Alkohol Probleme macht, ist Alkohol das Problem!«

diese von den Beteiligten eines Systems konstruiert werden, hinzugezogen (»Wer tut dabei was und wie?«). Dadurch erleben sich die Beteiligten als aktive Teilnehmer, die ein Problem kreieren und es aber auch wieder dekonstruieren können. Sie haben somit Einfluss auf Probleme und können diese auch erfolgreich auflösen. Gelingt es somit, den Fokus bei Problembeschreibungen auf das eigene Tun zu lenken, so werden Probleme nicht mehr als unüberwindbare Hindernisse wahrgenommen und verlieren ihren demotivierenden Charakter, der auch Teamsitzungen unproduktiv beeinflussen kann. Man muss dann auch nicht darüber streiten, ob eine Sitzung lösungsorientiert bzw. produktiv verläuft oder nicht.

Ein »Problem-Talk« lässt sich nutzen, indem man auf die üblichen Pacing-Leading-Strategien verzichtet und transparent kommuniziert, welche Schritte gegangen werden sollen und welche Überlegungen dem zugrunde liegen. Hierzu ist es zieldienlich, die Kompetenzen der Beteiligten zu würdigen, sie zu nutzen und dies transparent zu kommunizieren. Anderenfalls kann es zu Eskalationen kommen, da beide Seiten auf ihren »Kommunikationsformen« bestehen, ein Kampf um Autorität entsteht und die andere Partei abgewertet wird.

Folgende Schritte können dazu hilfreich sein:

1) Information über lösungsorientierte Arbeitsweise
2) Raum für die Würdigung von Problemen
3) Austausch über Erwartungen der Teilnehmer an die Zusammenarbeit (Erwartungsklärung) bzw. ihr Interesse an Gesprächen über die Probleme
4) gemeinsame Prüfung, welche Formen der Kooperation möglich und sinnvoll sind (Anteil der Gespräche über Lösungen und Probleme)
5) Welche Ziele und dazugehörigen Schritte kann es dabei geben?

Falls die Mehrheit auf eine verstärkte Betrachtung von Problemen besteht, kann auch dieser Weg ein hilfreicher sein. Oftmals stellen sich hierbei Bedürfnisse und Sorgen der Teilnehmer heraus, die wiederum besprochen und betrachtet werden können und somit dann doch zu einer »Lösung« führen. Das Vertrauen in die Kompetenzen der Anwesenden lässt sich somit würdigen und stärken, es kann zu einer vertieften Zusammenarbeit führen, wohingegen ein Bestehen auf nur lösungsorientierte Gespräche in eine »Oberlehrerrolle« führen kann.

Bei der Betrachtung von Problemmustern (beispielsweise die Frage der Präventionslehrkräfte, wieso Projekte so schwer an der Schule anlaufen) können folgende Fragen hilfreich sein:

- Wie könnte man das Problem bzw. seine Abläufe detailliert beschreiben?
- Wer hat welche Erklärungen für das Problem?
- Gibt es Zeiten, in denen eine kleine Veränderung beobachtbar ist? Wie kommt es dazu?
- Welche Kräfte/Potenziale sind aus dem Problemmuster abgespalten worden? Was ließe sich evtl. hilfreich und stärkend hinzufügen?
- Was könnte man aus dem Muster entfernen/löschen/zerlegen, um es funktionsfähiger zu machen? Welche Teilsequenzen ergäben sich dabei? Wie sähe dann die Wirkkraft aus?
- Besitzt das Problemmuster eine hohe Komplexität? Wie ist das beobachtbar? Wie könnte eine Reduktion erfolgen, durch welche Schritte? Wer täte dann was? Wer würde was beobachten?
- Welches Verhalten von wem würde das Problem verstärken?
- Wer könnte welches Verhalten wie verändern, damit sich das Problem anders beschreiben ließe?
- Könnte eine Neubewertung der bisherigen Ziele erfolgen (in der Prävention oder in Bezug auf das Präventionsprojekt)?
- »So tun, als ob«: Angenommen, die Teammitglieder der Präventionsarbeit würden so tun, als ob alle oder die meisten Projekte zufriedenstellend verliefen, was wäre dann? Was wäre bei wem und wie beobachtbar? Was würde dies wiederum bewirken?

Mithilfe der gewonnenen Aussagen lassen sich Unterschiede zu den bisherigen Beobachtungen und Deutungen erkennen, was zu einer möglichen Neubetrachtung des Problems führt und somit zu neuen Lösungsideen.

Musteraufstellung

Im Sinne der »Nutzung von Problemkonstruktionen« kann eine *Musteraufstellung* helfen, eine Irritation im System anzuregen, sodass danach Änderungen möglich werden. Dabei werden Verhaltensweisen, die bei Menschen immer wieder auftreten und somit Muster[89] darstellen, z. B. mit Figuren bzw. Symbolen aufgestellt. Ein Nutzen liegt darin, dass sich auf diese Weise die Muster aus der Beobachterperspektive betrachten lassen und sich durch diese Perspektivenwechsel neue Ideen und Eindrücke bezüglich der Situationen und Abläufe ergeben. Diese kann man nutzen, um damit einen zieldienlichen Umgang zu kreieren.

Es gibt eine Art »Spielchen«, um z. B. den Ablauf von Streits in einem Team anzusehen. Musteraufstellungen dienen dabei als Standbilder, die Reflexe und unwillkürliches Verhalten einfrieren und damit willkürlich machen. Flüchtige Ereignisse (z. B. ein abwertendes Lächeln oder ein garstiges Wort in einer Teamsitzung) werden anschaulich und verfügbar gemacht. Es erfolgt eine Transformation von Unwillkürlichem ins Willkürliche (z. B. zunächst für diagnostische Zwecke) und damit prospektiv die Beeinflussbarkeit von einem Verhalten, das als zunächst unbeeinflussbar beobachtet wird (die Streitereien laufen immer wieder so ab). Voraussetzung ist eine gute Beobachtungsgabe von Details bzw. bei einer Arbeit mit Teams auch ein Vertrauensverhältnis.

Die Aufstellung geht einer genauen Beschreibung von beobachtbaren Details voraus, die die »Mitglieder« eines Systems bzw. Teams benennen. Das Thema, z. B. Streitigkeiten in einem Team und das Verhalten einzelner Mitglieder dabei, wird »aufgestellt«:

- Wie ist in diesem Moment der Gesichtsausdruck, wie die Körperhaltung?
- Wie ist die Stimme?
- Wie ist die Atmung, der Herzschlag usw.
- Wie kann die Empfindung anhand der Mimik beschrieben werden (z. B.: »Sie sieht wütend aus«)?
- Wer sitzt bzw. steht wo im Raum bei diesen Vorgängen? Hierzu werden die Stellvertreter in Form von Symbolen/Notizen in einem begrenzten Raum angeordnet, und der Name der Person wird genannt: »Frau XY sieht wütend aus.«

Bei künftigen Auseinandersetzungen kann jeder im Team nun diese Aufstellung einfordern (dies wird mit dem Team achtsam besprochen),

89 Vgl. Kap. 2.2 (»Exkurs: Muster«).

indem er an diese Beobachtungen erinnert oder sogar (wenn das Vertrauen vorhanden ist) die realen Teilnehmer anstatt der Symbole/Notizen die entsprechende Haltung einnehmen. Aufgrund dieser »Neuerung« (womit die klaren Zuschreibungen/Beobachtungen gemeint sind) wird eine Unterscheidung zu vorher ins System eingebracht. Oftmals verändern sich nun die Verhaltensweisen, weil bewusst eine Aktion eingefordert wird (sich so und so zu verhalten), was zuvor noch unbewusst ablief. Dies könnte bedeuten, dass Streitigkeiten anders ablaufen oder sogar viel seltener auftreten. Da Präventionsbeauftragte zur Beratung in Präventionsangelegenheiten eingeladen werden und nicht etwa zur Klärung von Teamkonflikten, könnte diese »Musteraufstellung« für die Präventionsbeauftragten selbst oder für jemand anderen aus dem Präventionsteam insofern hilfreich sein, als die Abläufe im Team, die als unproduktiv beschrieben werden, durch diese Aufstellung (sie kann auch mit Symbolen/Aufstellungsfiguren ohne die realen Personen erfolgen) erst einmal beschrieben und beobachtet werden. Dies alleine kann schon helfen, um sich Muster bewusst zu machen und eine emotionale Distanz zu schaffen.

In einem möglichen zweiten Schritt könnten einzelne Personen oder auch mehrere überlegen, ob sie ihr bisheriges Verhalten ändern oder beibehalten möchten.[90] Verhaltensänderungen (verbal und nonverbal) einzelner Personen in Teams können aufgrund wechselseitiger Beeinflussungen auch Änderungen bei anderen Teammitgliedern bewirken, sodass sich verfestigte Kommunikationsstrukturen wandeln können.

3.10 Zusammenarbeit in Präventionsteams

Präventionsbeauftragte arbeiten meistens mit Teams in Schulen zusammen, um Präventionsangebote sinnvoll in die jeweilige Schule zu integrieren (dies wird meistens als Ziel mehr oder weniger deutlich formuliert). Hierbei sind Kenntnisse über die Entwicklung von Gruppen/Teams und mögliche Unterstützungen sinnvoll, um diese in eine zieldienliche Richtung »lenken« zu können. Durch solche Kenntnisse ist es auch möglich, Enttäuschungen vorzubeugen, da Gruppen/Teams eben nicht immer bzw. von Beginn an ein faires Miteinander sowie einen gerechten und rücksichtsvollen Umgang miteinander

90 Vgl. hierzu die Ideen zur Selbstreflexion (in Kap. 3.3).

zeigen. Auch das erhoffte »Wir-Gefühl« entwickelt sich manchmal nicht von alleine bzw. wird nur von einigen Teilnehmern erhofft oder gar erwartet. Wenn stattdessen Machtkämpfe und die Konkurrenz untereinander Entwicklungen und die Zusammenarbeit behindern, kann die Enttäuschung groß sein. Aus diesen Gründen stellen wir im Folgenden mögliche Entwicklungsphasen, problematische Situationen und den Umgang damit dar, um hilfreiche Ideen aufzuzeigen, wenn sich die Präventions- und Gesundheitsförderung an einer Schule (zunächst) nicht auf »geradem« Weg entwickeln lässt.

Hierbei können verschiedene Fragestellungen und Probleme auftreten, die unterschiedliche Interventionen fordern, die sich immer wieder weiterentwickeln, da Systeme (Mitglieder der Gruppe) nicht statisch »sind«. Die Phasen, die solche Gruppen durchlaufen, werden von verschiedenen Autoren unterschiedlich benannt, und man kann hierbei von vier oder fünf Phasen sprechen. Im Rahmen dieser Darstellungen und zur Vereinfachung werden nun vier Phasen beschrieben, die nicht statisch nacheinander ablaufen, sondern auch übersprungen oder wiederholt werden können (Tschira 2005, S. 196 ff.).

Entwicklungsphasen

1) Orientierungsphase
2) Konfliktphase
3) Arbeitsphase
4) Abschlussphase

1) Orientierungsphase

Diese Phase markiert den Anfang, ihr kommt eine große Bedeutung zu, da man hier erste Regeln, Werte und Ziele definieren kann, um einen Prozess zu beginnen, der dadurch seine ersten Kriterien erhält und das Wesen einer Gruppe bestimmt. Auch wenn sich die Lehrer einer Schule oft bereits seit Jahren kennen, entsteht eine neue Situation, eine neue Gruppenstruktur, wenn bspw. eine Präventionsbeauftragte »von außen« hinzukommt.

Zunächst beginnt die Kontaktaufnahme – ein Kennenlernen und »Abtasten« –, in der eine erste Orientierung erfolgt. Man möchte erfahren, wer welche Interessen, Wünsche und Ziele einbringt, welche Werte und Verhaltensweisen welches Gruppenmitglied zeigt und welche Sympathien oder Antipathien auftreten (werden). Dadurch entsteht meistens eine erste Sicherheit im Umgang miteinander sowie in der Einschätzung, welche Rolle und Funktion man selbst einnehmen wird und kann. Um schnellstmöglichst gemeinsames Handeln zu aktivieren, ist diese Sicherheit wichtig, da man Einschätzungen treffen kann, wer das Gegenüber ist und welche Erwartungen von wem eingebracht werden (Transparenz). Oft besteht die Erwartung an den »Leiter« (dies könnte der Präventionsbeauftragte sein, wenn dieser sich vorab seiner Rolle und Funktion klar ist), dass Unsicherheiten zu beseitigen sind, indem er getestet (in Bezug auf seine Kompetenzen) und befragt wird. Fragen zu inhaltlichen, räumlichen, zeitlichen und sozialen Ebenen sollte man klären, um Sicherheit zu erzeugen.

2) Konfliktphase

Sind erste Unsicherheiten beseitigt, beginnt die zweite Phase, in der erste Differenzierungsbestrebungen und Machtkämpfe auftreten können. Die Teilnehmer möchten ihren Platz in der Gruppe finden. Auch wenn sich die meisten Teilnehmer (Lehrer einer Schule) möglicherweise bereits seit Jahren kennen, entsteht hier eine neue Gruppe, da es ein neues Ziel mit dem Thema »Präventions- und Gesundheitsförderung« gibt und die Zusammensetzung durch Teilnehmer außerhalb dieses Schulsystems verändert ist. Die Leitung kann nun auch kritisiert werden, Koalitionen können entstehen und Verhaltens- und Interaktionsnormen vertiefen sich. Auch hier nimmt das Thema »Sicherheit« einen großen Stellenwert ein, da die Teilnehmer die eigene und die Position der anderen erkennen möchten und verlässliche Strukturen Orientierung bieten. Da ein Präventionsbeauftragter meistens als Leitung bzw. Ideengeber in eine Schule eingeladen wurde, kann er nun getestet werden, ob er diese Kompetenz auch mitbringt. Eine sachliche Klärung, wozu er da ist und welche Möglichkeiten er sieht, seine Aufgaben einzubringen, helfen, um diese Leitungsfunktion nicht zu verlieren. Geschieht dies nicht, so schwindet sein Einfluss auf sinnvolle Interventionen, sprich Einbettung von Präventionsprogrammen, in die jeweilige Schule, und die Gruppe kann sich in eine ungewollte Richtung entwickeln, in der Machtkämpfe und Ziele außerhalb von Präventions- und Gesundheitskonzepten die Oberhand gewinnen.

3) Arbeitsphase

Hat jeder Teilnehmer einen für ihn selbst »sinnvollen« Platz gefunden und auch eingenommen, so entsteht eine gewisse Vertrautheit, die Sicherheit gibt und in der es Raum für Produktivität und Spaß gibt. Eine stabile Struktur mit verlässlichen Normen und Regeln unterstützt dies, und das System wird dadurch nach außen hin abgegrenzt. In einem konstruktiven vorausgegangenen Prozess sind nun auch Differenzen zwischen den Teilnehmern akzeptabel und werden als spannend erlebt. Dies könnte in einer Schule so aussehen, dass Präventionslehrkräfte sich über bestimmte Präventionsprogramme informieren, und die Schulsozialarbeit prüft, wie viel Geld dafür zur Verfügung steht. Die Schulleitung koordiniert die Zusammenarbeit dann insofern, als sie mit den einzelnen Mitgliedern Kontakt hält, um die Entwicklung dieser Arbeiten zu beobachten und ggf. Meetings einzuberufen. Sie kann die Präventionsbeauftragte zieldienlich hinzubitten. In diesem Stadium soll die Leitung (meistens die Präventionsbeauftragten) beobachten, welche Teilnehmer in welchem Tempo arbeiten können und wer noch etwas Zeit benötigt, um das Vertrauen in die Gruppe weiter zu vertiefen. Durch diese Voraussetzungen steigt die Motivation der Teilnehmer, ihre Aufgaben zu erledigen, da sie eigene Kompetenzen einbringen können und somit Selbstwirksamkeit und eigene Stärken wahrnehmen.[91] Die Leitung sollte zu dieser Zeit die Ziele im Blick behalten und moderieren, da die Teilnehmer ihre Aufgaben selbstständig erfüllen.

4) Abschlussphase

In einer Gruppe bzw. einem Team, das bspw. mit einem Präventionsbeauftragten nur für gewisse Zeit oder immer mal wieder zusammenarbeitet, bedeutet das (vorläufige) Ende dieser Arbeitsphase auch eine Veränderung der Gruppe, da ein Teilnehmer ausscheidet. Bei Gruppen, die sehr gut und produktiv zusammengearbeitet haben, kann dies Ängste und Abwehrmechanismen hervorrufen, da Beziehungen gelöst werden müssen, die Gruppe sich danach wieder neu bzw. anders finden muss und somit der Prozess von Neuem beginnt, bei dem niemand voraussagen kann, ob die Zusammenarbeit weiterhin so gut gelingen wird. Auseinandersetzungen der Anfangszeit und damit ver-

91 Vgl. hierzu die Erklärungen zum Thema »Orientierung und Kontrolle« in *Mentale Stärke entwickeln* von Wolfgang Knörzer (2011, S. 24 ff.).

bundene Ängste können wieder auftreten (»Werde ich gehört, werden meine Ideen angenommen?«), die jedoch auch einen Abschied leichter machen können, da dadurch (wieder) eine Distanz entsteht.

Bei Veranstaltungen, die nicht erfolgreich waren und die die Beteiligten gerne schnell beenden wollen, wird evtl. die Chance vertan, den Prozess nochmals zu betrachten, um ggf. für die verbleibenden Teilnehmer hilfreiche Informationen daraus zu ziehen, die beim nächsten Prozess für nützliche Veränderungen eingebracht werden könnten.

Hilfreiche Fragen sind hier:

- Wie verlief der Prozess?
- Welche Ziele hatten wir und welche wurden wie erreicht?
- Was wollen wir wie beibehalten, was wie und wozu verändern?
- Welche zukünftigen Ziele haben wir, die wir nun bereits ansprechen sollten?

Aus all diesen Gründen kann es sinnvoll sein, das Ende einer Zusammenarbeit zu gestalten, um emotionale und sachliche Themen abschließen bzw. für weitere Entwicklungen nutzen zu können. Die Leitung sollte hier klar und sachlich diesen Prozess steuern, damit negative Einflüsse nicht überwiegen. Abhängig davon, welche Emotionen gehäuft auftreten, sind zielorientierte Aktivitäten nicht immer erfolgreich, da die Aufmerksamkeit bereits in der Zukunft und/oder außerhalb von den Zielen der Gruppe liegen kann (»Wie wird es nun für mich weitergehen?«, »Was wird im kommenden Schuljahr sein?«).

Daher gilt es, diese Abschlussphase früh genug zu planen und inhaltliche Arbeiten rechtzeitig abzuschließen (am Ende der Arbeitsphase). Auch Kritik oder Feedback an der Zusammenarbeit muss rechtzeitig eingeplant werden, damit ganz am Schluss genügend Raum bleibt, um sich würdevoll voneinander zu verabschieden.

Konflikte

Konflikte können sowohl zwischen den Teilnehmern eines Teams (Präventionsteam in der Schule) auftreten wie auch im Beratungssystem (zwischen dem Präventionsteam der Schule und den Präventionsbeauftragten). Dies bedeutet, es gibt gegensätzliche Positionen, die zumindest eine Person als unvereinbar erlebt. Hierfür sind Betrachtungen von Mustern und Details hilfreich, um zu erkennen, wie das jeweilige Problem »konstruiert« wird:

- Wer tut was wann und wie und wer macht welche Beobachtungen dazu?

Die Beteiligten werden durch die Betrachtung von Abläufen (»Wie funktioniert das Spiel?«) dabei unterstützt, Abstand zu den Vorgängen zu gewinnen und eine sogenannte »Beobachterposition« einzunehmen.

Hilfreiche Fragen sind hier:

- Wie würden Sie mir das wahrgenommene Problem beschreiben?
- Was ist der Konflikt?
- Wie funktioniert der Konflikt? Welche Handlungen und Aussagen folgen nacheinander?
- Für wen ist das (k)ein Problem?
- Wenn das Problem für den einen Kollegen kein Problem wäre, wäre es dann trotzdem eins für Kollege XY? Und was bedeutet dies für die weitere Zusammenarbeit? Dürfen z. B. verschiedene Beobachtungen nebeneinander »stehen bleiben«, und wie geht man damit um?

Eine systemische Grundhaltung ist dabei erkennbar: Die Annahme lautet nicht, dass es »ein Problem an sich gibt«, sondern dass die Problemsicht sich unterschiedlich gestalten kann und das Erleben dieses Problems eine aktive Bewertung dessen voraussetzt. Folglich kann es sein, dass einige Mitglieder gar kein Problem »erkennen«, andere hingegen große Probleme wahrnehmen. Hierzu sei auf die einleitenden Ausführungen zum Thema »Ressourcenorientierung und Konstruktivismus« (Kap. 2.4) verwiesen.

Ein Problem wird somit konstruiert, indem ein Istzustand als negativ bewertet wird und der als positiv bewertete Sollzustand (noch) nicht eingetreten ist. Diese Bewertungen sind immer subjektiv und setzen Fokussierungsprozesse voraus, die eine bestimmte Wahrnehmung erzeugen. Daher kann eine zentrale Frage lauten, wer welche Ist-Soll-Diskrepanzen wahrnimmt und welche Lösungen diese Personen mitkreieren möchten. Bei möglichen Lösungsversuchen ist unbedingt darauf zu achten, dass nicht eine Abwertung der Handlungen oder sogar der Personen erfolgt, die die als »problematisch« beschriebenen Aktionen durchführen. Es gilt, alle Positionen möglichst als gleichrangig zu betrachten. Problembeschreibende Bewertungen lassen sich als Hinweise auf verborgene Wünsche und Bedürfnisse »reframen«. Manchmal können Gruppenprozesse die Aufgaben- und Zielstellung aus dem Blick verlieren, weil unausgesproche Ziele Einzelner – wie Bedürfnisse nach Anerkennung oder die Verbesserung der hierarchischen Situation – mehr Einfluss erhalten. Weiterhin können Gruppenmitglieder auch Ängste haben, das Falsche zu sagen oder sich zu blamieren, weil systemimmanente Regeln die Kommunikation bestimmen, die dem Berater bisher nicht bekannt sind. Daher sollte man auch darüber nachdenken, anonyme Befragungen durchzuführen. An dieser Stelle können Fragen zur Auswertung des Prozesses helfen:

- Empfinden Sie den Prozess im Moment als hilfreich?
- Welche Entwicklungen gab es in den letzten beiden Sitzungen im Hinblick auf die vereinbarten Ziele in der Präventionsarbeit?

Heiße und kalte Konflikte

Heiße Konflikte sind dadurch gekennzeichnet, dass sie offen ersichtlich ausgetragen werden. Die beteiligten Parteien sind von ihren Standpunkten in der Regel überzeugt und versuchen, die andere Partei zu überzeugen. Klassische Du-Botschaften nehmen zu, es kommt zu Schuldzuweisungen, und Perspektivenwechsel werden kaum angesprochen.

Diese Konflikte haben den Vorteil, dass sie erkennbar und damit auch oft leichter zu lösen sind. Typisch sind ein hohes emotionales Engagement der beteiligten Parteien und die daraus häufig resultierende »Blindheit« für Unzulänglichkeiten der eigenen Standpunkte und Argumentationen. Die eigene Wahrnehmung wird kaum mehr überprüft, da die persönliche Bedürfnislage im Vordergrund steht.

Kalte Konflikte sind durch eher subtiles Vorgehen geprägt, vor allem dadurch, dass Menschen sabotieren, blockieren, verzögern und »verschleppen«. An der Oberfläche geht man freundlich miteinander um. Doch der »Gegner« soll und wird geschädigt, eine konstruktive Lösungsarbeit ist kaum möglich. Dementsprechend sind die beteiligten Parteien oft frustriert und desillusioniert. Um solche Konflikte zu lösen, kann es hilfreich sein, sie sichtbar zu machen, sie also anzusprechen. Manchmal ist dabei erkennbar, dass diesem kalten Konflikt nicht oder unbefriedigend gelöste ehemalige heiße Konflikte vorausgegangen sind.

Bei zu starker emotionaler Erregung ist eine konstruktive Zusammenarbeit kaum möglich, da das physiologische Erregungsniveau gesteigert ist und sich die kognitive Leistungsfähigkeit zugleich nur eingeschränkt und wenig kreativ nutzen lässt. Stresshormone wie Adrenalin und Kortisol werden durch evolutionäre Stressverarbeitungsprogramme ausgeschüttet und behindern Lösungsmöglichkeiten, da ein sogenannter »Tunnelblick« die Wahrnehmung einschränkt.

Ein hilfreicher Schritt, um ein weiteres Vorgehen planen zu können, kann die »Analyse« der »Konflikttemperatur« sein (s. Tab. 4).[92]

	Kalter Konflikt	**Heißer Konflikt**
Verhalten	Wunsch nach unpersönlichen, angeblich sachlichen Regelungen, um direkte Kontakte zu vermeiden; persönlicher Austausch wird minimiert, Zynismus und Kälte entwickeln sich	Es wird engagiert um »richtige« Vorgehensweisen gestritten, andere sollen überzeugt werden; Allianzen entstehen, Aggressionen und Ablehnungen werden offen gezeigt und Verletzungen häufen sich bis zum Rückzug oder zur Erschöpfung
Ziele	Verhinderungsziele: Rückzugstendenzen mit Distanz zu sozialen Beziehungen	Erreichungsziele: andere überzeugen, eigene Meinung in der Gruppe durchsetzen
Gefühle	Angst, Einsamkeit, Resignation, Ohnmacht, Unsicherheit	Euphorie, Kampfwille, Wut, Aggression
Bedürfnisse	Schutz, Ruhe, Distanz	Beziehung, Solidarität, Nähe
Interventionen	Herstellung einer schützenden Atmosphäre, in der das Selbstbewusstsein aufgebaut werden kann; Emotionen können angesprochen und »hervorgeholt« werden, was durch eine konstruktive /gewaltfreie Kommunikation unterstützt wird.	Steuerung der starken Emotionen, Perspektivenwechsel einleiten, um Distanz zum Erlebten herstellen zu können; Darstellungen von Verletzungen auf der Gegenseite annehmen können

Tab. 4: Konflikttemperatur

92 Auch hier möchten wir darauf hinweisen, dass eine »Analyse« immer beobachterabhängig, also subjektiv ist und ebenso andere Eindrücke möglich sind.

Emotions-Skala (s. Tab. 5): Mit welcher Region des Gehirns werden die Entscheidungen und Handlungen gerade gesteuert?

<table>
<tr><td>10</td><td rowspan="3">sachliches Arbeiten möglich, Großhirn arbeitet</td></tr>
<tr><td>9</td></tr>
<tr><td>8</td></tr>
<tr><td>7</td><td rowspan="2">Großhirn und limbisches System haben Einfluss – wird auf andere emotionale Beiträge reagiert und wie?</td></tr>
<tr><td>6</td></tr>
<tr><td>5</td><td rowspan="2">Limbisches System setzt kindliche d. h. alte Empfindungen frei</td></tr>
<tr><td>4</td></tr>
<tr><td>3</td><td rowspan="3">Reptiliengehirn steuert Notfallprogramme wie Flucht, Erstarrung, Angriff</td></tr>
<tr><td>2</td></tr>
<tr><td>1</td></tr>
</table>

Tab. 5: Emotionsskala

Wenn die Emotionen einen Wert im unteren Bereich der Skala einnehmen, so ist ein sachliches Gespräch derzeit nicht möglich. Dann geht es erst einmal darum, die Gefühlsregungen aufzufangen und Ruhe einkehren zu lassen.

Selbstreflexion

Wenn sich in einem Team die Streitigkeiten und Unstimmigkeiten wiederholen oder es keine Fortschritte gibt, kann es hilfreich sein, eine individuelle »Selbstanalyse« vorzunehmen, um (eigene) Kommunikationsmuster zu erkennen und diese ggf. zu verändern. Diese »Überprüfung« kann in jeder Zusammenarbeit nützlich sein – egal, ob sie in einem Zweier-Team oder mit mehreren stattfindet. Diese Idee beruht auf der Tatsache, dass Menschen nicht direkt beeinflussbar sind und Schuldzuweisungen (»Wenn XY nur eine andere Meinung hätte, dann könnten wir schneller Ergebnisse erzielen«) meistens keine zieldienlichen Lösungen darstellen. Daher kann jeder Einzelne nur sein eigenes Verhalten beeinflussen.

Das Modell der *Okay-Positionen*[93] vom dänischen Jesper Juul kann helfen, eigene Positionen zu überdenken, die wir in Gesprächen bewusst oder unbewusst einnehmen. Juul geht davon aus, dass gleichwürdige Beziehungen wichtig für das Gelingen von Gesprächen bzw. Beratungen sind und Wünsche, Anschauungen und Bedürfnisse aller Teilnehmer gleich ernst zu nehmen sind. Er unterscheidet folgende Beziehungsmuster:

- überlegen/unterlegen: Ich werte mich auf und dich ab.
- unterlegen/überlegen: Ich werte mich ab und dich auf.
- beide defizitär: Ich werte sowohl mich als auch dich ab.
- gleichwürdig: Ich schaue auf mich und dich gleichermaßen achtungsvoll.

Bereits vor der ersten persönlichen Begegnung antizipieren die einzelnen Personen unwillkürlich das Verhältnis zwischen sich und den anderen – z. B. in Form von Gedanken nach einem ersten telefonischen Gespräch. Sie schaffen damit eine »erste Realität« im Gehirn. Diese Vorstellungen prägen im Folgenden die Stimmung und somit auch die Zusammenarbeit.

Um die eigene Haltung und die folgende Beratung (sprachlich) vorzubereiten, bietet sich ein Kommunikationsquadrat[94] an (s. Abb. 28).

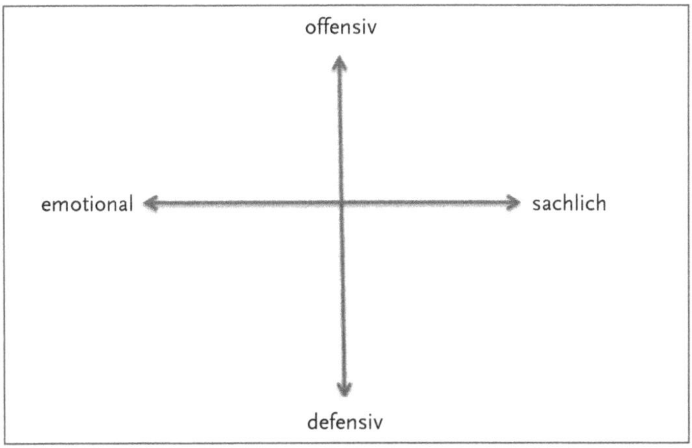

Abb. 28: Kommunikationsquadrat

93 Verfügbar unter: https://www.reinhold-coaching.de/grundpositionen-der-transaktionsanalyse/ [7.7.2021].
94 Aus einer Fortbildung am Systemischen Institut in Karlsruhe.

Zur Klärung dienen folgende Fragen:

- Wie möchte ich kommunizieren? Welche Haltung nehme ich dazu ein?
- Welche Wortwahl, Körperhaltung und Stimmlage hat das zur Folge?
- Wie gehe ich mit den auftretenden möglichen Situationen um?
- Wie will ich mich verhalten?
- Welche Auswirkungen hat das möglicherweise auf die anderen Anwesenden und die Ziele der Präventionsarbeit?

Das Bewusstheitsrad

»Wir sehen die Dinge nicht so, wie sie sind.
Wir sehen sie so, wie wir sind.«
Anais Nin

Eine weitere Methode zur Selbstreflexion bietet das Modell *Bewusstheitsrad* an (s. Abb. 29), das auch auf Virginia Satir zurückgeht.[95] Hiermit kann man sich selbst oder besser noch im Austausch mit anderen dem Gegenüber ein Feedback geben, um das eigene Verhalten und Selbstbild besser zu verstehen und einen anderen Blick auf die Situationen und Abläufe zu gewinnen. Es wird hierbei noch klarer, dass innere, unsichtbare Wahrnehmungen und Interpretationen unsere Wirklichkeit bestimmen. Selbstverständlich gilt dies für viele Situationen im schulischen Alltag – wie Abläufe im Klassenzimmer, Gesamtlehrerkonferenzen, Elternabende und weitere Gruppenveranstaltungen.

Es geht vor allem um folgende Aspekte:

- Was nehmen unsere Sinne wahr: Was sehe, höre, rieche, schmecke und spüre ich?
- Wie interpretieren wir die Daten, die unsere Sinne liefern: Was habe ich dabei gedacht?
- Welche Gefühle (auch körperliche) werden dabei in uns ausgelöst: Was habe ich in dem Moment gefühlt?
- Welche Absichten, Wünsche oder Ziele haben wir an uns selbst oder an andere?

95 Verfügbar unter: https://de.wikipedia.org/wiki/Virginia_Satir [21.6.2021].

- Welche vergangenen oder aktuellen Handlungen gingen daraus hervor (Was habe ich tatsächlich getan?) und welche zukünftigen Handlungen sollten wir in Angriff nehmen?

Bei dieser Selbstreflexion geht es also vor allem um vergangene und zukünftige Aspekte und Situationen.

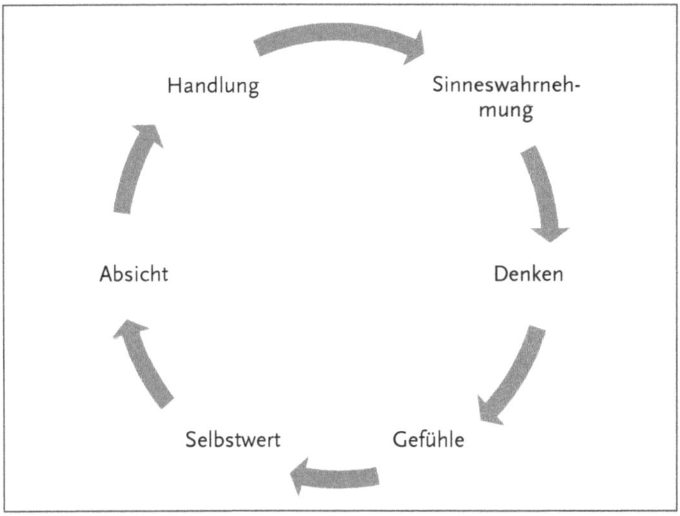

Abb. 29: Das Bewusstheitsrad

Vorgehensweise

Die im Schaubild aufgeführten Positionen (Wahrnehmung, Gedanken, Gefühle, Selbstwert, Absichten, Handlungen) können Sie auf einzelne Blätter notieren und auf den Boden oder sechs Stühle legen. Die Reihenfolge entspricht der Abbildung.

1. Stellen oder setzen Sie sich auf die Position »Wahrnehmung«: Beschreiben Sie die Situation, die Sie thematisieren.
   - Wer kommt darin vor?
   - Was genau nehmen Sie wahr?
   - Was hören und sehen Sie?
   - Welche Sinne sind sonst noch irgendwie beteiligt?
   - Wie lassen sich die unterschiedlichen Sinne zur Beschreibung nutzen?

2. »Gedanken«:
   - Was ist Ihr erster Gedanke?
   - Wie interpretieren Sie die Wahrnehmung der Situation?
   - Welche Assoziationen haben Sie?
   - Welche Denkvorgänge können Sie sich bewusst machen?
3. »Gefühle«:
   - Wenn Sie sich die Situation und Ihre Gedanken vorstellen: Was fühlen Sie in diesem Moment?
   - Wo in Ihrem Körper »befindet« sich dieses Gefühl (zeigen Sie spontan mit einer Hand dorthin)?
   - Welche Bedeutung geben Sie diesem Körpergefühl?
   - Beschreiben Sie dieses Gefühl als eher negativ oder positiv?
4. »Selbstwert«:
   - Wie hoch schätzen Sie ihren Selbstwert auf einer Skala von 1–10 ein (10 = sehr hoch)?
   - Was macht Ihre Einschätzung mit Ihnen?
   - Kennen Sie diese Einschätzung aus früheren Erfahrungen?
5. »Absichten«:
   - Welche Handlungsimpulse haben Sie in dieser Situation?
   - Was würden Sie in dieser Situation am liebsten tun?
   - Auf welche Handlungsideen richtet sich Ihre Aufmerksamkeit?
6. »Handlungen«:
   - Inwiefern haben Sie sich korrekt verhalten und wie werden Sie das in Zukunft tun?
   - Gibt es einen Unterschied zwischen Absichten und dem tatsächlichen Tun?
   - Inwiefern?
   - Wenn es mehrere Handlungsideen gibt: Für welche habe Sie sich entschieden?
   - Ist Ihnen dieses Muster aus anderen Situationen bekannt?

Unsere Handlungen und Gefühle werden durch unsere individuellen Deutungen einer Situation bestimmt. Dies kann sich verändern, wenn man sich die oben angeführten einzelnen Positionen bewusst macht und danach einen zweiten Durchlauf mit bspw. einem anderen Gedanken oder einer anderen Handlung angeht.

Beispiel:

Ich sehe, dass mein Gegenüber lächelt →

a) Er lacht mich aus.
b) Er denkt an den Feierabend.
c) Ich weiß nicht, warum er lächelt.

Perspektivenwechsel

Wir möchten nun verschiedene Methoden bzw. Ideen erläutern, die sich anbieten, um bei Streitigkeiten und Meinungsverschiedenheiten auch andere Sichtweisen einnehmen zu können. Diese sollen Ihnen ermöglichen, dass Sie die Haltungen und Gefühle des Gegenübers nachvollziehen und/oder akzeptieren können. Eine veränderte Sichtweise auf Abläufe und Ereignisse bedingt dann auch oft eine mögliche Klärung von Konflikten und/oder eine Änderung des eigenen Verhaltens, was wiederum zu Änderungen im Konfliktsystem führen kann.[96]

a) **Die Wunderfrage:** Wenn ich über Nacht, wie durch ein Wunder, das, worum es mir geht, schon gefunden hätte – was wäre dann alles anders? Was täte ich dann, was ich jetzt noch nicht tue (in Bezug auf Handlungen, Gedanken, Aussagen)? Was würde meine nun veränderte Haltung mit meinen Teamkollegen machen? Was könnte ich bei ihren Haltungen und Aussagen beobachten?
b) **Stühlearbeit:** Notieren Sie alle Perspektiven/Meinungen, die derzeit zu einem Thema vorliegen, auf verschiedene DIN-A4-Blätter. Legen Sie diese auf eine entsprechende Anzahl von Stühlen. Setzen Sie sich nun in einer beliebigen Reihenfolge auf die einzelnen Stühle. Spüren Sie nach: Wie fühle ich mich auf diesem Stuhl? Inwiefern kann ich diese Haltung nachvollziehen? Was müsste ich tun, damit ich diese Haltung überhaupt nicht nachvollziehen könnte, und was, um zumindest 10 % davon annehmen zu können? Was würde eine Erstarrung in dieser Haltung fördern? Was davon ist verhandelbar? Welche Bedürfnisse stecken hinter dieser Haltung?
c) **Das innere Kino:** Stellen Sie sich vor, Sie könnten eine oder mehrere Teamsitzungen auf einer Kinoleinwand ablaufen lassen. Was würden Sie dort sehen? Wer würde was tun und was sagen? Welche Gefühlszustände würden Sie wem zuschreiben? Was würde ein anderer

96 Matthias Varga von Kibéd und Insa Sparrer (2016) geben hierzu in ihrem Werk *Ganz im Gegenteil* Hinweise zum »Querdenken«.

Lehrer aus dem Team erzählen, der neben Ihnen sitzen würde und diesen Film sähe? Welchen Titel würden Sie dem Film geben? Wer spielt darin die Hauptrolle? Wer führt Krieg, wer stellt eine Liebesszene dar? Welche sich wiederholenden Aussagen und Handlungen könnten Sie beobachten?

d) **Hindernisse beleuchten:** Welche Hindernisse stehen im Weg, damit eine hilfreiche Kommunikation zustande kommt? Notieren Sie drei Stück. In welcher Hinsicht haben diese Hindernisse auch eine Schutzfunktion. Womit müsste ich fertigwerden, wenn diese Hindernisse verschwunden wären? Welche Form der Zusammenarbeit habe ich bisher unzureichend genutzt? Womit müsste ich fertigwerden, wenn das Problem gelöst wäre? Wofür ist das Problem in meiner jetzigen Situation nützlich? Was wäre dann nach der Lösung des Problems dran? Womit müsste ich fertigwerden, wenn ich schon Erfolg gehabt hätte? Angenommen, die anderen Mitglieder Ihres Teams würden diese Fragen beantworten und eine Kamera würde das aufzeichnen: Was würde die Kamera aufnehmen?

Ziele[97]

Wenn die Ziele eines Teams/einer Gruppe nicht klar und gemeinsam formuliert wurden, kann eine Konfusion über den Sinn des Teams entstehen und bei den Beteiligten Orientierungslosigkeit hervorrufen.

Bei der Suche nach neuer Orientierung (Lösungsversuche) können massive Teamkonflikte entstehen, Überlastungsreaktionen auftreten und die Klagen über mangelnde Kompetenzen von Mitgliedern und Führung zunehmen. Dies wird oft fälschlicherweise nur als »Ursache« von Teamproblemen interpretiert, was jedoch wie bereits erläutert als Reaktion auf einen Mangel an klarer Zielformulierung und geregelten Aufgaben der einzelnen Mitglieder weist. In diesen Situationen sucht man oft nach Gründen für Streitigkeiten, was wiederum den Blick für Lösungen bzw. Ziele verdeckt und daher oft nicht hilfreich ist. Eine klare Zielformulierung lässt sich als Basis für gemeinsames, fokussierendes Arbeiten verstehen. Dies bewirkt zudem, dass Konfliktpotenziale reduziert werden und einen geringeren Stellenwert erhalten. Bereits bei der »Suche« nach gemeinsamen Zielen können die Mitglieder ihre Potenziale und Kräfte einbringen, was wiederum

97 Vgl. hierzu den Abschnitt »Zwickmühlen« (S. 169).

zu einer größeren Zufriedenheit führt, weil Grundbedürfnisse wie Kontrolle, Selbstwertgefühl oder Orientierung genährt werden (vgl. Grawe 2004, S. 183).

Damit Zielbeschreibungen gelingen, müssen bestimmte Kriterien befolgt werden:

- Die Zielbeschreibungen sollten von den Beteiligten selbst formuliert sein (Zielvereinbarungen statt Vorgaben).
- Sie sollten in kurz-, mittel- und langfristige Ziele eingeteilt werden.
- Sie sollten erreichbar sein.

Als zieldienliche Schritte sind folgende Fragen zu betrachten: Wer tut was? Wann geschieht was?

Macht

In pädagogischen »Einrichtungen«, was Schulen ja sind, möchte man gerne an das Idealbild glauben, dass dort gut ausgebildete Lehrkräfte arbeiten, die einem übergeordneten Erziehungsideal folgen. Lehrer sind jedoch auch »nur« Menschen, die eigenen Werten, Bedürfnissen und Gefühlen folgen, die bewusst oder meistens eher unbewusst ihre Handlungen steuern. Macht kann ein Ziel bzw. Werkzeug dieser Handlungen sein, und daher scheint es uns wichtig, einen systemischen Blick auf dieses Thema zu werfen, da auch Macht die Zusammenarbeit in der Prävention entscheidend beeinflussen kann.

Zuallererst sei nochmals darauf hingewiesen, dass »Schule« eine Organisation ist, in der Führung, Verteilung von Aufgaben (z. B. Vertretungsstunden), Festlegung von Zielen und Terminen (wann findet welche Arbeitsgruppe statt) ohne die »Macht« bestimmter Personen bzw. Amtsinhaber nicht möglich wäre. Auch hierbei können sich Koalitionen bilden, die eigene »Spielregeln« inoffiziell festgelegt haben, um persönliche Ziele zu erreichen. Mögliche Taktiken hierbei wären:

- fordern, drohen
- blockieren
- das Gegenüber in positive Stimmung versetzen (bzw. dies unterstützen)

- flehen, erbitten
- Gruppendruck aufbauen
- Zuständige übergehen
- Ausflüchte suchen
- Regeln »dehnen«
- falsche Informationen übermitteln
- etc.

Falls die Präventionsarbeit innerhalb einer Schule (zu) langsam oder gar nicht vorankommt und sich die oben aufgelisteten »Taktiken« vermuten oder beobachten lassen, könnte man hypothetisieren, ob eins der folgenden »Spielchen« läuft:

a) Protégé-Spiel:
Ein Mitglied des Schulleitungsteams, der auch Teilnehmer der Präventionsgruppe ist, hat Einfluss auf die Beförderung und Stundenpläne der anderen. Dafür erwartet er von ihnen im Rahmen der Präventionsarbeit Loyalität, was offiziell natürlich nicht ausgesprochen wird. Jedoch ist z. B. bei Planungen in Bezug auf Präventionsprogramme ersichtlich, dass die »Untergebenen« meistens für seine Pläne stimmen, auch wenn bspw. die Ideen der Präventionsbeauftragten sachlich-objektiv sinnvoller wären.

b) Rivalen-Bekämpfung:
Hierbei entwickeln sich rivalisierende Lager, die manchmal auch räumlich im Lehrerzimmer erkennbar sind, weil sie (eher) in bestimmten Ecken zusammensitzen – es könnte sich beispielsweise um das Französisch- und das Sportteam handeln, oder ältere gegen jüngere Kollegen, Kollegen mit oder ohne Kinder usw. Bei vermeintlich sachlich zu treffenden Entscheidungen herrscht dann keine Rollenklarheit vor, und sie werden auf emotionaler Ebene aufgrund der Zugehörigkeit zu den aufgeführten Gruppen getroffen. Dies kann wiederum zum Widerstand bei der Umsetzung der anderen Gruppen führen.

c) Dichthalte-Effekt:
Probleme werden (vermeintlich) höher gestellten Personen nicht gerne übermittelt, weil in manchen Organisationen »Bestrafungen« folgen könnten (Entzug von Wertschätzung, Abwertungen: »Da über-

treiben Sie aber mit Ihren Ansichten«). Daher kann es sein, dass z. B. eine Gruppe oder ein Teil davon offensichtliche Probleme nicht gerne ansprechen möchte, die sich bei der Präventionsarbeit herauskristallisieren (Robertson 2012, S. 117).

Wirkung von Macht

»Gewinnen« (hier in Bezug auf Entscheidungen und Führungsmöglichkeiten bezogen) bewirkt Testosteronschübe und eine Vermehrung der Andockstationen für dieses Hormon im Gehirn. Das führt zu aggressivem Verhalten, erhöht die Motivation und senkt die Empathiefähigkeit herab (ebd., S. 77). Führungskräfte, die sich dessen bewusst sind, könnten in Supervisionsgruppen, Coachings usw. dazu eine Selbstreflexion durchführen, um eventuelle Entwicklungsprozesse in diese Richtung zu beobachten und möglicherweise eine eigene Haltung dazu einzunehmen.

Umgang mit »Machtspielchen«

Da »Machtspiele« oftmals unausgesprochen und subtil ablaufen, sind sie zunächst nur vermutbar und lassen sich auch bei Klärungsversuchen nicht »beweisen«. Daher ist es sinnvoll, eigene (systemische) Ideen dazu zu entwickeln, um besser damit umgehen zu können. Anregungen hierzu wurden bereits in den Abschnitten »Selbstreflexion« sowie »Heiße und kalte Konflikte« (Kap. 3.10) erläutert. Grundlage für diese Überlegungen ist immer die Annahme, dass Menschen nicht direktiv beeinflussbar sind und gute Gründe für ihr Verhalten haben, so auch bei der Teilnahme oder Verweigerung von »Machtspielen«. Somit kann bei Beratungen diese Haltung, dass Teams möglicherweise auch nur eine begrenzte sachliche Rationalität bei ihrer Zusammenarbeit zeigen werden, allzu hohen Erwartungen vorbeugen. Weiterhin können Beratende die eigene Haltung zum Thema »Macht« hinterfragen und sich bewusst machen, dass auch eigene Beobachtungen im »Kundensystem« subjektive Wahrnehmungen sind.

Folgende Fragen könnten hilfreich sein:

- Wie stehe ich persönlich zum Thema Macht?
- Was bedeutet das für meine Beratungsarbeit?
- Welche alternativen Deutungen für die Phänomene, die ich beobachte, kommen noch infrage?

- Welche Beratungsaufgaben erfülle ich bzw. welche Grenzen überschreite ich, falls ich das Thema »Macht« anspreche?
- Wie ist dann mein eigener Umgang mit der getroffenen Entscheidung, sodass ich meine Aufgaben z. B. als Präventionslehrkraft, Schulsozialarbeiterin oder Präventionsbeauftragte etc. weiterhin erfüllen kann?
- Wie ist mein »inneres Team« im Hinblick auf diese Fragen aufgestellt?[98]

Umgang mit Blockierern

Die Auseinandersetzung mit Blockierern sollte im System der Schule (»Kundensystem«) erfolgen. Hilfreich könnte es sein, dass man dazu ermutigt, die Sachebene zu verlassen, um über aktuelle Gedanken und Emotionen zu sprechen. Anschließend können Wünsche formuliert oder eine Pause eingefügt werden. Meistens arbeiten diese Personen nicht an weiteren Schritten mit, weil ihre Bedürfnisse nicht gewürdigt bzw. nicht im Prozess beachtet wurden.

Ansätze für den Umgang damit sind:

- Wertschätzung für die andere Position
- Hypothetische Fragen: »Angenommen, wir arbeiten so weiter, was hätten wir in einer Woche erreicht?«
- inhaltliche Diskussionen, die aussichtslos erscheinen, beenden.

Chancen für die Schulleitung

Wenn der Berater sich nicht ausreichend unterstützt fühlt, um seine Aufgaben bzw. Präventionstätigkeiten ausführen zu können, so wäre eine höfliche und sachliche Rückmeldung an die Ansprechpartner in der jeweiligen Schulleitung sinnvoll. Eine Darstellung seiner Wahrnehmungen und die Darlegung zieldienlicher Unterstützungsschritte für eine gemeinsame Weiterarbeit bringen oft Klarheit und erleichtern es damit, die vereinbarten Ziele zu erreichen. Auch über eine Rückgabe des Auftrags ließe sich nachdenken, wenn sich keine Änderungen einstellen und somit in absehbarer Zeit keine konstruktive Zusammenarbeit zu erwarten ist.

98 Zur Arbeit mit dem inneren Team sei auf die Werke von Schulz von Thun *Miteinander reden* (1998) und Kai Fritzsche *Praxis der Ego-State-Therapie* (2014) verwiesen.

Dadurch, dass bereits über eine mögliche Beendigung der Zusammenarbeit nachgedacht wird, können sich neue Möglichkeitsräume der Kooperation ergeben, weil die Präventionsbeauftragten aufgrund ihrer veränderten Gedanken (»Eventuell funktioniert so eine Zusammenarbeit nicht«) und die daraus resultierende veränderte Körperhaltung einen Raum für Änderungen kreieren. Es kann auch sein, dass diese veränderte Körperhaltung weniger Druck vermittelt und die Schulleitung somit mehr Raum für ihre Interessen erhält, was die Arbeitsprozesse verändern kann.

Die Präventionsbeauftragten selbst können diese Veränderungen ihrer Gedanken und daraus resultierende unterschiedliche Körperhaltungen vorab erproben (»Angenommen, ich würde mit anderen oder keinen Erwartungen und Absichten in ein Gespräch gehen: Wie würde ich sitzen, welche Muskelspannung hätte ich, wohin würde ich blicken, wie wären meine Gesichtszüge etc.?). Dafür eignet sich beispielsweise die folgende Übung.

Übung mit zwei bzw. drei Stühlen

Auf einem sitzt in der Vorstellung die Schulleitung bzw. deren Vertreter, und für den Präventionsbeauftragten stellt man zwei Stühle hin, auf denen jeweils die unterschiedlichen Haltungen eingenommen werden.

Beispiel:

Stuhl A: »Ich möchte unbedingt, dass wir in der Prävention zusammenarbeiten und folgende Schritte gehen.«

Stuhl B: »Ich ziehe es auch in Erwägung, dass keine Kooperation zustande kommt, bleibe höflich und gelassen und warte ab, ob die Schulleitung selbst Vorstellungen einbringt, und lasse diese erst einmal unbewertet ›stehen‹«.

Im nächsten Schritt kann ich dazu meine Gedanken, Aussagen und Gefühle notieren (Flipchart) und diese auf einer Skala von 1–10 bewerten, wobei 1 für einen hohen Wert der Gefühle wie (Wut, Angst, Trauer usw.) steht. Geht ein Wert unter 5, so zeigt dieser, dass starke Emotionen vorhanden sind und der Präventionsbeauftragte erst einmal selbst Regulierungsübungen[99] vornehmen sollte, bevor er in ein »echtes«, sachliches Gespräch mit der Schulleitung geht.

Eine Skizze auf einer Flipchart könnte so aussehen (Abb. 30):

99 Atemübungen, Muskelentspannung, Bewegung, andere Bilder im Kopf.

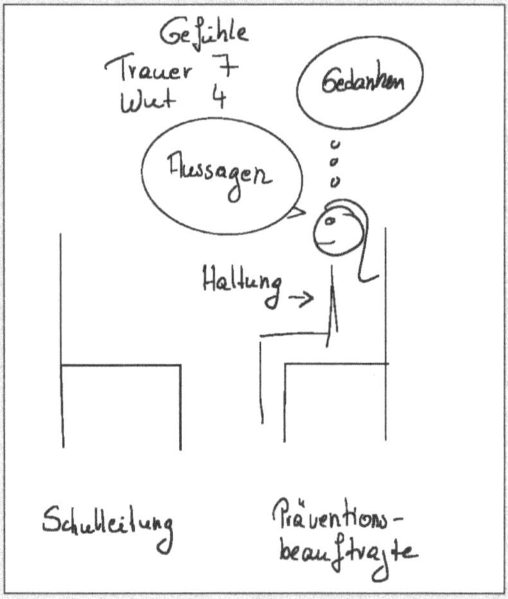

Abb. 30: Die innere Haltung

Vor einem Gespräch könnten die Präventionsbeauftragten selbst auswählen, mit welcher inneren Haltung sie in das Gespräch mit der Schulleitung gehen, und dies über eigene

- Gedanken
- Körperhaltungen
- Aussagen

steuern.

An dieser Stelle möchten wir nochmals die Schulleitungsfunktion und ihre Wichtigkeit hervorheben. Sie bestimmt maßgeblich, welchen Stellenwert die Präventionsarbeit an einer Schule erhält, welche Schulkultur somit entstehen kann und wer welche Aufgaben bekommt und wer nicht. Davon ist es letztendlich auch abhängig, welche Lehrer in der jeweiligen Schule als »Experten« fungieren, ob diese angemessen ausgebildet sind und ob systemisches Denken somit honoriert wird oder nicht. Sitzen in Präventionsteams vor allem Lehrer, die auf der Beziehungsebene eng mit einer Leitung vertraut sind, jedoch keine oder kaum Fortbildungen zu Präventionsthemen und systemischen Haltungen und Methoden erfahren haben, so orientiert sich daran auch das Handeln der meisten anderen Lehrer des Kollegiums, das vermutlich nicht systemisch orientiert sein wird. Rollenklarheit und die damit verbundenen Aufgaben obliegen somit dem Schulleiter. Aus der systemischen Familientherapie ist bekannt, dass Konflikte in Systemen auch darauf beruhen, dass Aufgaben und Rollen nicht klar definiert und eingehalten werden. Eine klare Abgrenzung von Leitungsebenen zu anderen Mitgliedern in Schulgemeinschaften ist daher notwendig, auch wenn dies manchmal einsam macht. Das Gebot der Neutralität – was auch besagt, dass Nähe und Distanz zu Mitgliedern eines Schulsystems kritisch zu betrachten sind – unterstützt die Autorität der Schulleitung, damit Gesamtinteressen gewahrt werden können.

Die Aufgaben der Schulleitung in Bezug auf Präventionsarbeit lassen sich durch folgende Fragen betrachten:

- Welche zentralen Werte, subjektiven Deutungen und zentralen Regeln habe ich?
- Welche biografischen Hintergründe habe ich? Welchen Stellenwert nehmen Respekt, Wertschätzung Toleranz dabei ein?
- Welche Kultur lebe ich selbst vor? Was tue ich im Schulsystem konkret und wie gehe ich mit Vertrauen und Vereinbarungen um?
- Wie wähle ich meine Mitarbeiter im Hinblick auf die Kultur in meiner Schule aus? Welche Prozesse fördere ich, welche Visionen bilde ich mit meinen Abteilungsleitern?

Diese Fragen zeigen, dass eine Schulleitung sich dauerhaft zwischen zwei Aufgaben bewegt: mit seinen Mitgliedern in Resonanz zu gehen und gleichzeitig wie von außen auf das System zu blicken (Beobachterposition). Persönliche Bedürfnisse (Anerkennung, Geliebtwerden) sollten auf Dauer nicht im Vordergrund stehen, da eine Organisation, was eine Schule ja ist, sonst nicht mehr ein bestimmtes Ziel (konstruktive Präventionsarbeit) verfolgen kann.

Auch hier ist der systemische Grundgedanke zentral, dass Wechselbeziehungen bzw. Regelkreisläufe die Schulkultur entscheidend beeinflussen. Das Miteinander aller Beteiligten an einer Schule bildet ein komplexes Gewebe aus Fühl-Denk-Verhaltensmustern, was vor allem unbewusst abläuft. Im Vordergrund der Präventionsarbeit stehen hierbei Fokussierungsstrategien, um zieldienliche Kompetenzen zu aktivieren und eine Schulkultur zu prägen, die diese Arbeit unterstützt.

Vorbehalte von Teilnehmern

Damit Beratungen nicht zu »Pseudoveranstaltungen« werden, kann man die Vorbehalte der Teilnehmer ansprechen und würdigen. So könnten durch Skalierungen die Haltungen zu Veränderungsprozessen (0 = sinnlos, 10 = sinnvoll), Verschlimmerungen (»Was müsste hier passieren, damit Sie sagen würden, dass es sich überhaupt nicht gelohnt hat?«) oder lohnende Perspektiven (»Welche kleinen Schritte und Ergebnisse empfänden Sie als erfreulich?«) erfragen.

Team und Leitung

In einer Gruppe entwickelt sich auf Dauer immer eine Art Leitung, die informell aus der Gruppe gewählt wird, wenn es keine formelle Führungsrolle gibt. In der Gesundheits- und Präventionsarbeit kann die Leitung durch den Präventionsbeauftragen im Beratungssystem vorgegeben sein, und innerhalb einer Schule sollte dies die Schulleitung im Rahmen der Prävention darstellen – unterstützt durch die Präventionslehrkräfte, die wiederum mit einem schulinternen Präventionsteam (Schulsozialarbeit, Beratungslehrer) kooperieren. Da es verschiedene Möglichkeiten dazu gibt, sollen im Folgenden allgemeine Aspekte zur Sprache kommen, die sich dann auf die individuelle Situation an einer Schule übertragen lassen.

> Ein Präventionsbeauftragter berichtete: »Wir haben uns wieder einmal ziemlich im Kreis gedreht. Es sind doch meistens nur Kleinigkeiten, um die es sich immer wieder dreht. Die Diskussionen dazu hören ja dann gar nicht mehr auf, und ich muss unterbrechen und zum nächsten Punkt überleiten. Wichtige Themen muss ich dadurch manchmal auf die nächste Sitzung verschieben, was Zeit und Kraft kostet. Es müsste doch möglich sein, lösungsorientierter und effizienter zu arbeiten! Dazu hatte ich Vorgaben gemacht.«

Als Schulleiter stößt man in komplexen Organisationen, was Schulen auch sind, an Grenzen. Eingespielte Muster, sprich Abläufe in Sitzungen, führen nicht zu den gewünschten Ergebnissen, und die Dynamik entwickelt sich wie von selbst. Dies zeigt sich im Klassenverband ebenso wie auch in den Arbeitsteams.

Die Eigenkomplexität, die diese Gruppe augenscheinlich entwickelt hat, zeigt die innere Dynamik in Gruppen, die nicht direktiv und durch hierarchische Anweisungen linear in eine gewisse Richtung lenkbar ist. Es sei an dieser Stelle unter dem bereits angesprochenen Begriff *Gruppendynamik* (das Ringen jedes Einzelnen um einen angemessenen Platz im Team, die Bedeutung von persönlichen Beziehungen und Außenseiterkonstellationen, Autoritätskonflikte etc., siehe auch »Gruppendynamik«, S. 88) zusammengefasst, was das Nichtsichtbare in Gruppen bedeutet, das unter der Oberfläche abläuft. Bei den oft im Vordergrund stehenden sachlichen Aufgaben werden soziale Beziehungsdynamiken (beim Eisbergmodell betrifft dies den unter der Wasseroberfläche größeren Anteil) oft außer Acht gelassen, obwohl die Verbindungen zwischen den beteiligten Personen (zu denen auch Nichtanwesende gehören) über die Qualität der Ergebnisse entscheiden, da sie die Art und Weise der Zusammenarbeit bestimmen. Ungelöste Konflikte und Spannungen stören die sachlichen Entscheidungen und Handlungen meistens wesentlich, wenn auch nicht klar erkennbar.

Wenn Sitzungen kaum noch Ertrag bringen, gibt es häufig Aufrufe, die eigenen Bedürfnisse denen der Organisation, sprich Schule, unterzuordnen und diszipliniert-sachlich zu arbeiten. Diese Aufrufe dürfen kritisch erörtert werden, da der tieferliegende Teil des Eisbergs auch starke Schiffe auf Dauer zum Kentern bringt. Soziale Konstruktionen in Gruppen sind meistens komplex und lassen sich mit Verweisen auf rationale Anteile vermutlich nicht lösen bzw. zieldienlich verbessern. Schulleiter und Präventionsbeauftragte sind nicht oder nur unzureichend darin ausgebildet, außerdem ist es nicht ihre Aufgabe, solche Dynamiken bei immer wieder auftretenden schwerwiegenden Störungen zu lösen. Ansprechpartner sind in solchen Fällen schulpsychologische Beratungsstellen und Regierungspräsidien, die psychologisch geschulte Mitarbeiter dafür bereitstellen.

Dennoch können folgende Tipps sinnvoll sein, einen tragfähigen Untergrund für ein hilfreiches, zieldienliches Arbeiten zu bieten:

Von Anfang an Klarheit schaffen

Arbeiten Menschen zusammen, so ist es wichtig, dass zuerst sorgfältig geklärt wird, welche *Anliegen* vorliegen. Dies kann durch folgende Fragen geschehen:

- Was möchte wer?
- Was soll heute hier geschehen?
- Was haben Sie bisher getan?
- Was sollte passieren?
- Was führt uns heute hierher?
- Wieso wurde ich gerade jetzt eingeladen (Präventionsbeauftragter)?
- Warum wünschen Sie sich jetzt Beratung?

Im nächsten Schritt kann man *Aufträge* benennen und *Vereinbarungen* (Kontrakte) treffen, welche Themen bzw. Projekte bearbeitet werden sollen und was evtl. in diesen Settings nicht möglich ist. Dies kann durch folgende Fragen erfolgen:

- Was wollen Sie von mir (Präventionsbeauftragter)?
- Wie gehen wir mit unterschiedlichen Vorstellungen um?
- Wie kann eine gemeinsame Zielsetzung lauten?
- Was kann ich erfüllen/einbringen, was nicht?
- Was soll auf keinen Fall geschehen?

Diese Klärungen sind immens wichtig, damit z. B. Präventionsbeauftragte nicht bereits mit bestimmten Vorstellungen zu einer Schule anreisen und dort versuchen, Konzepte und Programme in die Präventions- und Gesundheitsarbeit zu installieren, die jedoch nicht zu den Vorstellungen der dortigen Lehrer passen. Im ungünstigsten Fall kann es dann sein, dass sich der Präventionsbeauftragte mit seinen Ideen durchsetzt, weil eine konkrete Anliegen- und Auftragsklärung erfolgt ist, die nicht nach den Bedürfnissen und Fähigkeiten des zu beratenden Systems ausgerichtet ist. Dies lässt sich u. a. daran erkennen, dass Präventionsprogramme zögerlich durchgeführt werden und/oder Mitglieder des Präventionssystems der Schule ihre Aufgaben kaum erledigen, weil ihre Anliegen vom Präventionsbeauftragten nicht ausreichend »gehört« wurden. Weiterhin sind mögliche »verdeckte« Aufträge bzw. Probleme[100] zu beachten, die manchmal durch ein »gutes Bauchgefühl« und aktives Zuhören wahrnehmbar sind.

Trotz möglichst professionell gestalteter Kommunikation ist zu beachten, dass Menschen in Systemen zusammenarbeiten, in denen

100 Vgl. hierzu die Ausführungen zum Thema »Macht« (ab S. 159).

niemals eine vollständige Rationalität erreichbar ist. Daher werden Werte, Gefühle und Haltungen der Beteiligten immer einen Einfluss auf die Abläufe haben.

Grundhaltung

Um Arbeitsfähigkeit in Teams zu unterstützen, gibt es bestimmte förderliche Kriterien, die wir hier als Haltung bezeichnen. Damit sind Sicht- und Denkweisen gemeint, die eine Ressourcen- und Lösungsorientierung ermöglichen:

- Vertrauen in das Können der Gruppe
- Unterstützung der Entfaltungsmöglichkeiten der Gruppe und Einzelner darin
- echtes Interesse an Bedürfnissen und Ideen
- eine Gruppe als selbstständiges Organ betrachten, das nach eigenen Prinzipien handelt
- Souveränität und Fachkompetenz der Leitung
- Wissen um Zirkularität der Kommunikation (z. B. »Nur eine Lösung ist richtig« und die Frage nach Schuld) und die Akzeptanz unterschiedlicher Perspektiven auf Präventionsarbeit.

Zwickmühlen

Zwickmühlen in der Schulberatung entstehen dann, wenn dabei ein Bezugsrahmen aufgebaut wurde, der bestimmte Situationen als unlösbar erscheinen lässt. Diesen Bezugsrahmen können wir als Glaubenssystem konzeptualisieren, das zwar falsch ist, aber von den Beratenden nicht infrage gestellt wird. Das Klientensystem probiert nur Lösungen aus, die sich innerhalb des Zwickmühlen-Bezugsrahmens befinden, anstatt Abstand zu nehmen und sich zu vergegenwärtigen, dass der Bezugsrahmen selbst die Zwickmühlen-Wirklichkeit determiniert.

Folgendes Beispiel beschreibt Zwickmühlen, in denen sich Berater befinden können:

> Sie werden zur Beratung einer Schule hinzugezogen, um diese in einer schwierigen und komplexen Problemlage zu unterstützen. Ein Präventionsberater äußert Folgendes:
>
> »Nur wenn wir es hinbekommen, dass der Konflikt in der Schule gelöst wird, werden wir als Beratungssystem akzeptiert. Wir möchten aber auch dann akzeptiert werden, wenn es uns nicht gelingt, dass der

Konflikt in der Schule gelöst wird. Wenn wir unsere Kompetenz in der Beratung zeigen können, wissen wir immer noch nicht, ob diese ausreicht, dass der Konflikt in dieser Schule gelöst werden kann und dies dann nach außen sichtbar wird. Wenn er trotzdem nicht lösbar ist, wird dies auf unser gesamtes Unterstützungssystem Auswirkungen hinsichtlich der Akzeptanz haben und darauf, wie kompetent wir wahrgenommen werden.«

Eine solche oder so ähnliche Situation stellt für das Beratungssystem eine Zwickmühle dar oder wird objektiv zur Zwickmühle für die Berater.

Weitere Stolpersteine ergeben sich im Zuge von Umstrukturierungen, Zunahme an sozial auffälligen Schülern und wachsender Digitalisierung, wodurch die Belastungen im Lehrerkollegium steigen. Teilweise führt dies auch zu Arbeitsverdichtungen, steigendem Verwaltungsaufwand und erhöhten Ansprüchen von Eltern und Vorgesetzten. Auch Präventionsteams können davon betroffen sein, da sie ihre Sitzungen und Präventionsmaßnahmen in den dichten Stundenplan »einfügen« müssen. Gelegentlich wechseln auch die Teilnehmer der Präventionsteams, was zusätzliche Probleme bereiten kann. Daher können die dargestellten Situationen als negativ erlebt werden und in den Präventionsteams regelmäßiger zur Sprache kommen. Immer wieder wird über gescheiterte Versuche geredet, Änderungen herbeizuführen. Ein Gefühl von Ohnmacht und Handlungsunfähigkeit schleicht sich in die Gruppe, und das »Jammern« etabliert sich. Die kommunikativen Muster schränken das Handeln und Erleben des Präventionsteams ein, und die eigentliche Präventionsarbeit kommt kaum voran. An dieser Stelle ist es wichtig, den Auftrag nochmals (unter den gegebenen Bedingungen) zu klären. Dabei ergeben sich oft folgende Möglichkeiten (in Abhängigkeit von der jeweiligen schulischen Situation):

- eine gemeinsame Auftragsklärung mit dem Team und der Leitung
- Zunächst wird der Auftrag mit der Leitung geklärt und danach mit dem Präventionsteam.

Die bereits angesprochene Metakommunikation über das »Jammern« kann helfen, dieses Muster zu unterbrechen, also die Art und Weise der Kommunikation im Team zu besprechen und auf Nützlichkeit zu »prüfen«. Zeigt es sich, dass die Mitglieder an Situationen und Abläufen Kritik üben, sich daran jedoch nichts ändern lässt, so kann ein Gespräch über den Umgang mit Restriktionen helfen. Gunther Schmidt schlägt ein Vorgehen vor, das auch in anderen »Krisenzeiten« hilfreich sein kann (Schmidt 2010, S. 77 ff.):

1) Würdigung dieser Bedürfnisse und »Sehnsuchtsziele«
2) Würdigung von Frustration und Misstrauen gegenüber Alternativen
3) Prüfung bisheriger Lösungsversuche und ihrer Auswirkungen
4) Metakommunikation über Lösungen und Auswirkungen
5) zweitbeste Ziele »suchen«
6) Muster suchen, die die Wahrscheinlichkeit erhöhen, das Gewünschte zu erreichen
7) Würdigung der Sehnsucht nach den »erstbesten Zielen«
8) Einführung von Stoppsignalen bei den ersten Anzeichen von »Jammern« (immer in wertschätzender Absprache mit der Gruppe) (Neumann-Wirsig 2013, S. 94 ff.).

Eine andere schwierige Situation kann sich dadurch ergeben, dass Schulsozialarbeiter oder Präventionsbeauftragte die Schulen mit eigenen klaren Zielen (SMART)[101] beraten, die Präventionsteams an Schulen aber dadurch in Drucksituationen geraten. Denn die dafür benötigten Kompetenzen und Ressourcen sind möglicherweise nicht verfügbar, und die Ziele werden auf unbewusster Ebene als unstimmig erlebt oder im System »umkämpft«, d. h., eine klare Zielklärung im System selbst ist noch nicht erfolgt. Vertraute Prozesse von Planung, Verhalten und Denken werden als unterbrochen oder sogar hinfällig empfunden und wichtige Normen und Planvorstellungen als bedroht erlebt, wobei die von »außen« kommende Person als Verursacherin eine schwierige Rolle einnimmt. Das führt dazu, dass die Teilnehmer des Präventionsteams dies einerseits als schwierig erleben und »blockieren«, aber andererseits die Vorgaben des Kultusministeriums umzusetzen haben. Dies hat unlösbare Situationen zur Folge, die Verzagtheit, Inkompetenz-Erleben und Streit fördern. Die bereits als unangenehm oder sogar »bedrohlich« erlebte Situ-

101 Spezifisch, messbar, akzeptiert, realistisch, terminierbar.

ation wird durch eventuellen Handlungsdruck noch verstärkt, und es kann sich eine zirkuläre Eskalation aufbauen (s. Abb. 31). Kampf, Vermeidung und »Starre« sind mögliche Lösungsversuche gegenüber Menschen und/oder Situationen, wobei unwillkürliche und sehr emotionale Situationen typisch sind und die kognitive Steuerungsfähigkeit behindert ist.[102]

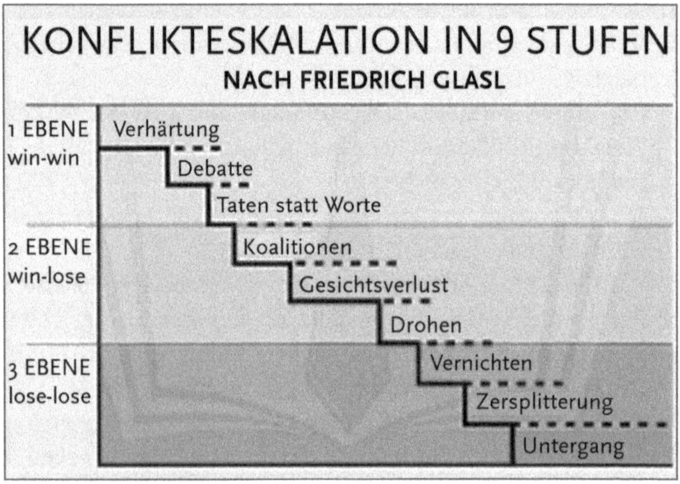

Abb. 31: Konflikteskalation in 9 Stufen[103]

Eine zentrale Aufgabe kann es sein, rechtzeitig die Kompetenzen der Teilnehmer zu aktivieren, den Fokus auf eigene Gestaltungsbereiche zu lenken und bisherige Lösungsmuster zu betrachten.

Hilfreiche Fragen hierzu lauten:

- Welche Werte sind uns wichtig?
- Was können wir?
- Wen kennen wir? Welche Unterstützungsnetzwerke nutzen wir?
- Wie steht es mit den Gewinnen im Vergleich zu den Verlusten?
- Was halten wir an unserer Schule für erreichbar?
- Welche kleinen Schritte gehen wir als Nächstes?

102 Vgl. hierfür die Ausführungen zu heißen und kalten Konflikten (in Kap. 3.10).
103 Verfügbar unter: https://karrierebibel.de/konflikteskalation/ [27.3.2021].

- Wofür planen wir die Präventionsarbeit bzw. die kommenden Projekte?
- Für welche gewünschte Entwicklung wollen wir das System wie organisieren?
- Angenommen, das erstbeste Ziel ist derzeit nicht erreichbar, gibt es ein zweitbestes?
- Welche Muster gab es bisher schon im System, die zieldienlich gewirkt haben und die wir wieder nutzen könnten?
- Wie ließe sich das Problem noch benennen (etwas positiver, angenehmer)?
- Ist ein Reframing des gezeigten Verhaltens möglich?

Der »Berater« kann seinen Fokus auf die optimale Berater-Bewusstseinslage[104] wie Neugierde, Wertschätzung und Ergebnisoffenheit im Rahmen des Systems und Ressourcenorientierung legen, um diese Prozesse zu begleiten und dadurch wieder mehr Vertrauen in seine Person erlangen.

Tetralemma

Das Tetralemma ist eine Struktur aus der traditionellen indischen Logik.[105] Sie wurde im Rechtswesen zur Kategorisierung der möglichen Standpunkte und Haltungen verwendet, die ein Richter zu einem Streitfall zwischen zwei Parteien einnehmen kann. In der Präventionsarbeit kann man hiermit neue Ideen zu zwei möglichen derzeitigen Überlegungen »erzeugen« (Welches Präventionsprogramm soll an unserer Schule eingesetzt werden? Welche Kommunikationswege möchten wir einrichten? Wie oft treffen wir uns zur Zusammenarbeit? etc.).

Angenommen, Sie als Präventionsbeauftragte nehmen einen Standpunkt zu einem bestimmten Thema ein. Das wäre *»das Eine«*, und der Gegenpol dazu, der angeführt wird, den Sie aber nicht vertreten, wäre *»das Andere«* (s. Abb. 32). Häufig werden in Diskussionen nur diese beiden Gegenpole vertreten und »heiß« umkämpft (Wer hat recht, welche Sichtweise ist die richtige?). Andere mögliche Positionen werden übersehen, nämlich folgende:

---

104 Dieser Begriff stammt von Gunther Schmidt.

105 Im Folgenden beruhen die Ausführungen auf den Erklärungen von Matthias Varga von Kibéd und Insa Sparrer (2016).

Die dritte Position des Tetralemmas wird *»Beides«* genannt. Durch diese lässt sich eine Vereinbarkeit der Positionen »des Einen« und »des Anderen« erkennen. Folgende Fragen und Überlegungen können hierzu neue, positive Aspekte dieser Position verdeutlichen:

- Welche Gemeinsamkeiten und Unterschiede lassen sich wahrnehmen?
- Wie kann aus einem »Entweder-oder« ein »Sowohl-als-auch« werden?
- Was von beiden Positionen ist ein bisschen »richtig«?
- In welchem Zusammenhang ist das Eine richtig, wann das Andere?
- Wie können die Vorteile des Einen in das Andere einfließen?
- Wie können wir die Art und Weise, etwas zu tun, verändern? Welche Ideen liefert uns die zuvor als »falsch« angesehene Alternative?

Die vierte Position ist *»Keines von Beiden«*. Dieser bisherige Konflikt lässt sich nun von außen mit ruhiger Distanz betrachten. Die Beteiligten bzw. die Präventionsbeauftragte sind nicht mehr darin verwickelt. Bei dieser Position können folgende Fragen hilfreich sein:

- In welcher Zeit entstand der Gegensatz von richtig und falsch?
- Wodurch wurde diese Frage für Sie zu einer wichtigen Frage?
- An wen oder was erinnern Sie die Positionen richtig und falsch?
- Welche Assoziationen fallen Ihnen zu Ihren Positionen richtig und falsch ein?
- In welchen Situationen taucht dieser Gegensatz für Sie auf, und in welchen Situationen spielt er für Sie keine Rolle?
- Was ist nach der Lösung des Dilemmas von richtig und falsch dran?

Durch diese Fragen kann der Kontext (gegenwärtiger und vergangener) in den Fokus gelangen.

Die fünfte Position wird durch die Negation des Tetralemmas erreicht: *»All dies nicht – und selbst das nicht!«* Hier steht der Aufforderungscharakter im Vordergrund, Muster immer wieder zu unterbrechen und selbst diese fünfte Position nicht als endgültige Lösung anzusehen. Hier ist Kreativität wichtig sowie die Offenheit, dauerhafte Entwicklungsprozesse zuzulassen.

Folgende Fragen können dabei helfen:

- Sind Sie der Meinung, dass die ersten vier Standpunkte noch nicht das Ganze Ihrer möglichen lebendigen Erfahrungen erfassen?
- Welche Bedingungen helfen Ihnen, immer wieder zu neuen Standpunkten zu gelangen?
- Wie finden Sie immer wieder zu neuen Handlungen zurück?
- Welche Impulse nehmen Sie bei sich wahr?
- Inwiefern könnten Ihnen Humor und ein Perspektivenwechsel dabei helfen?
- Angenommen, diese Position hätte eine Schutzfunktion, wäre eine weise Leitung und stellte eine höhere, spirituelle Ebene dar, die ein Wunder geschehen lasse: Was könnte dieses Wunder sein?

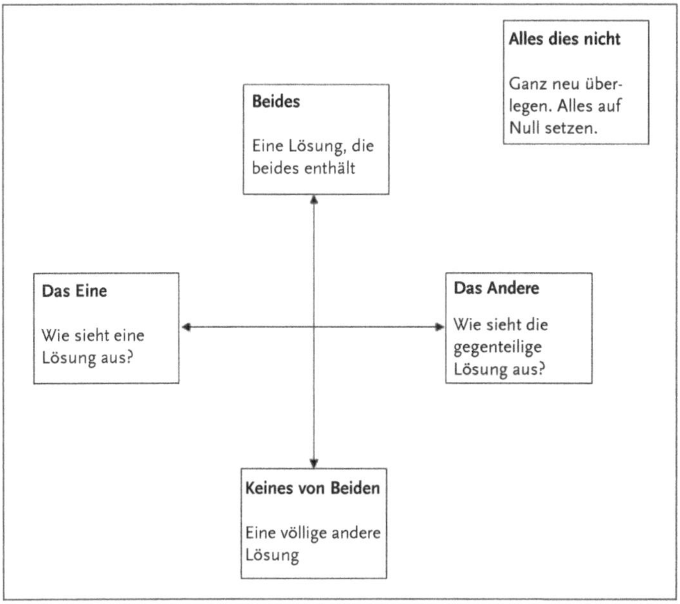

Abb. 32: Das Tetralemma und seine Negation

Dazu passt die Geschichte von Mullah Nasreddin:

Du hast recht

Eines Tages wurde Mullah Nasreddin von seinem Sohn belauscht, wie er Einzelgespräche mit zwei streitenden Partnern führte. Der Sohn kam empört hinter dem Vorhang hervor und sagte: »Papa, erst hörst du dem einen zu und gibst ihm recht. Dann hörst du der anderen zu und gibst ihr recht. Das kannst Du doch nicht machen. Sie haben doch beide Unrecht getan.« Worauf Nasreddin erwiderte: »Du hast recht.«[106]

Ressourcen

»Menschen verfügen bereits über die Ressourcen, ihre Probleme zu lösen – sie müssen sie nur noch aktivieren.«[107]

Der Begriff Ressourcen wird inzwischen in der Medizin, der Wirtschaft sowie im sozialen (schulischen) Bereich verwendet. Im Folgenden meinen wir damit Kraft- und Energiequellen, Hilfsmittel, Kompetenzen und Kenntnisse sowie Personen und Orte.[108]

Somit kann alles zur Ressource werden, was jemand als hilfreich wahrnimmt. Die Fokussierung auf eine ressourcenunterstützende Haltung fördert das Gefühl von Selbstkontrolle, Selbstwirksamkeit, Selbstberuhigung und Selbstmitgefühl, was sich positiv auf die Zusammenarbeit der Teilnehmer auswirkt und ein Sicherheitserleben unterstützt. Ressourcenorientiertes Arbeiten kann zu sehr unterschiedlichen Ergebnissen der einzelnen Teilnehmer führen, da die Bedeutungsgebung darüber, was als Ressource eingeschätzt wird, beim einzelnen Teilnehmer liegt. So kann das eigene Haustier als Ressource aufgeführt werden, wohingegen eine andere Person Haustiere als problematisch ansieht, weil bspw. Allergien hervorgerufen werden.

Daher ist es bei der Arbeit mit und in Präventionsteams wichtig, einen gemeinsamen Konsens darüber zu finden, was bei allen als hilfreich gilt und wie sich diese Ressourcen einsetzen lassen, damit man positiv erlebte »Ressourcenzustände« für alle aktivieren kann. Dies fördert wiederum die Bahnung der zugrunde liegenden Erregungsmuster.

---

106 Aus einem Workshop von Matthias Varga von Kibéd.
107 Von Schlippe u. Schweizer (2007, S. 124).
108 Vgl. hierzu das Kap. 2.4 (»Ressourcenorientierung und Konstruktivismus«).

Dies bedeutet für die Kommunikation der Beteiligten in der Präventions- und Gesundheitsarbeit, dass es hilfreich ist, die Aufmerksamkeit der Beteiligten (z. B. des zu beratenden Präventionsteams) auf Lösungs- und Kompetenzerfahrungen in der Vergangenheit, Gegenwart und Zukunft zu richten und ihnen damit den Zugang zu »verborgenen« Ressourcen zu ermöglichen. Das Problem oder die Probleme müssen hierzu oft nicht in all ihren Details verstanden werden (Problemfokussierung/Problemtrance), da man Lösungen und Ideen unabhängig von den bestehenden Schwierigkeiten entwerfen kann (Lösungssprache schafft Lösungsraum).

Fragen zur Erfassung der Ressourcen von Systemen sind wichtig, da z. B. Präventionsbeauftragte Teams beraten sollen, die über längere Zeit ihre Probleme nicht hilfreich bearbeiten konnten (Sozialcurriculum erstellen, geeignete Präventionsprogramme finden, die Leitung unterstützt das Team kaum oder in nicht zieldienlicher Weise, die Forderungen der Schulleitung an das Team sind nicht realistisch) und ein Selbstabwertungsprozess stattgefunden hat. Der Problemdruck kann groß sein, und daher ist der Wunsch, das Problem möglichst schnell zu lösen, sehr verständlich. Die positiven Dinge werden nicht mehr bemerkt, das eigene Team bzw. dessen Zugehörigkeit mindert auch das eigene Selbstwertgefühl, und auf dieser Grundlage kann es zu Fehlentscheidungen kommen.

Mögliche Fragestellungen sind hier:

- Wie wurden ähnliche Probleme in der Vergangenheit bewältigt? Wer und was war daran beteiligt, und was davon tat gut?
- Welche Schritte wurden hierfür bereits unternommen? Bitte erklären Sie das im Einzelnen. Nennen Sie bitte Beispiele.
- Was bringt das Beratungssystem mit, um dieses Ziel zu erreichen?
- Was würde die Situation verschlimmern? Was würde sie positiv beeinflussen? Wie könnten Sie mehr von den positiven Dingen herbeiführen? Was täten Sie dann?
- Welche Ressourcen sind an dieser Schule dazu vorhanden? Welche lassen sich noch hinzunehmen? Wie könnte man das erreichen?
- Auf einer Skala von 1 bis 10: Welche Ressourcen sind wie verfügbar, und durch welche Handlungen könnte der Faktor erhöht werden?

Allerdings führen solche Perspektivenwechsel nicht immer zu freudigen Reaktionen in Teams bzw. Systemen. Der eventuell hohe vorhandene Druck verstärkt den Wunsch, über die dringenden Probleme intensiv zu reden – in der Annahme, dass sich die Dinge dadurch verbessern. Auch in sog. inneren Dialogen (Selbstgesprächen) sind Menschen es gewohnt, immer neue Problemtrancen zu kreieren, indem sie immer wieder dieselben Gedanken zu einem Problem »wälzen«. Dies fällt mit der Zeit zunehmend leichter, und es entstehen bestimmte Denkmuster.[109] Fragen nach Ressourcen können diese Dialoge »stören«, da sie auch einen Perspektivenwechsel anregen. Vor allem für Frauen ist es immer noch oft ein Tabu, eigene Fähigkeiten und Erfolge zu benennen – bewusst oder unbewusst besteht der Anspruch auf Anstand und Bescheidenheit. Hilfreich ist es dann oft, den Widerstand eines Teams gegen ressourcenorientierte Fragen zunächst auszuhalten bzw. zu akzeptieren – in der Annahme, dass es einen guten Grund für diese problemorientierte Haltung gibt. Im Laufe von Gesprächen kann man dann ggf. wieder auf Stärken hinweisen, wenn z. B. welche genannt und nicht bewusst registriert werden oder wenn ein Reframing helfen kann (Schwing u. Fryszer 2007, S. 229):

- Was hat bisher dabei geholfen, trotz der Probleme zurechtzukommen?
- Was sollte unbedingt so bleiben und nicht verändert werden?
- Wer beobachtet das Problem als extrem komplex und wer »nur« als komplex? Wie kommt es zu diesen unterschiedlichen Wahrnehmungen? Welche Fähigkeiten helfen, um diese Unterschiede wahrzunehmen? Wie machen Sie das?

Um Vergangenes wie Probleme bei der Präventionsarbeit ansprechen und gleichzeitig auch an Ressourcen eines Präventionsteams anknüp-

109 Diese neuronalen Verschaltungen, die Denkmuster darstellen, fokussieren auf Reize, die diese Denkmuster unterstützen. Das bedeutet, dass Reize, die andere Informationen liefern (würden), erst gar nicht wahrgenommen werden. Die Orientierung des Systems nimmt also vor allem Reize auf, die eigene Überzeugungen und Haltungen verstärken. Suchmaschinen wie Google nutzen dies bspw., um Menschen im Internet die Informationen einzublenden, die sie in der Vergangenheit mehrmals angeklickt haben. Somit werden immer wieder ähnliche Reize gesendet und aufgenommen, was zu einer eigenen digitalen Welt im Internet führt. Die Orientierung eines Menschen (im Schulsystem) verhält sich auch so, dass Haltungen und Einstellungen durch das Aufnehmen entsprechender Reize verstärkt werden.

fen zu können, bietet es sich an, zwei unterschiedliche Diagramme zu entwerfen, die sich im Team wie aus einer »Vogelperspektive« betrachten lassen. Dies bietet eine gute Möglichkeit, nicht »krampfhaft« an dem Konzept der »Lösungsorientierung« festhalten zu müssen und gleichzeitig den Blick auf Ressourcen und Stärken zuzulassen. Die Gruppenteilnehmer können zwischen den »Zuständen« hin und her pendeln, was einer Sowohl-als-auch-Haltung entspricht und einen Vergleich der inneren Empfindungen ermöglicht. Hierdurch kann man Unterschiede in der Wahrnehmung benennen und utilisieren, um Problemen mit Respekt begegnen[110] und auch kleine Veränderungen in der Präventionsarbeit wahrnehmen zu können. So lässt sich das Wohltuende in einer ressourcenorientierten Haltung entdecken.

Ablauf der Erstellung eines Ressourcendiagramms

Auf einem Blatt wird links oben der Arbeitsbeginn des Präventionsteams eingetragen (wann wurde die Präventionsarbeit an dieser Schule begonnen?). Danach tragen Sie alle Ressourcen bis zum heutigen Zeitpunkt ein, die diese Gruppe für die Arbeit hat: gute Begegnungen, Zeit, Fähigkeiten, Kenntnisse, Erfolge in der Arbeit.

Ablauf der Erstellung eines Belastungsdiagramms

Auf diesem Blatt werden problematische Ereignisse in der Arbeit des Präventionsteams eingetragen. Der Vorteil an der U-Form (s. Abb. 33) ist, dass eine Aufwärtsbewegung bereits eingeleitet wird und die Zeichnung den Blick auf die vergangenen Ereignisse aus einer gewissen Distanz ermöglicht. Es könnte deutlich werden, dass

- Probleme nicht mehr vorhanden sind oder sich verändert haben
- ein Aufschwung im Bereich des Möglichen liegt oder bereits stattgefunden hat
- sich Fähigkeiten, die im Team durch Belastungen gebildet wurden, benennen lassen.

110 Problematische Erfahrungen sind mit einem inneren Erleben verbunden. Durch die Beachtung dieser Zeiten werden auch »innere Anteile« geachtet, die damit verbunden sind, wodurch im weiteren Verlauf eine friedlichere Zusammenarbeit im Präventionsteam ermöglicht wird, da diese Seite Gehör fand.

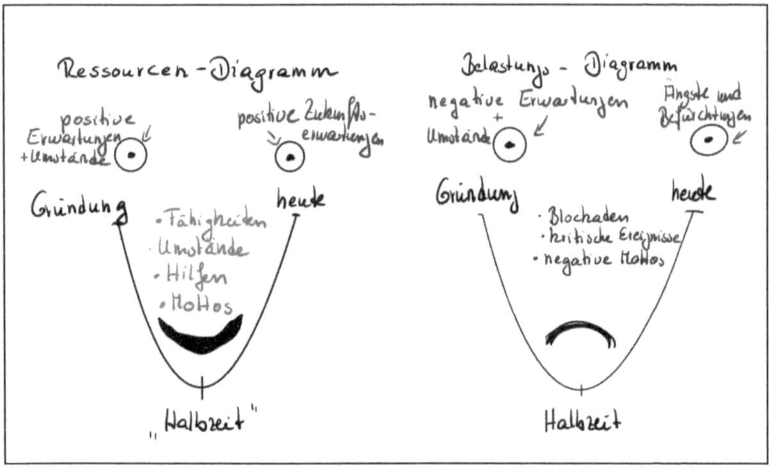

Abb. 33: Ressourcen- und Belastungsdiagramm

3.11 Zusammenarbeit wertschätzen und verstärken

Im Schulsystem, besonders in der Beratung, arbeiten wir auch mit Verstärkerplänen, um erwünschtes Verhalten (bei Schülern) zu fördern. Wenn die Kinder und Jugendlichen Vereinbarungen erfolgreich erfüllt haben, erhalten sie Sticker oder Stempel, die mit einer Belohnung gleichzusetzen sind. Auch bei Erwachsenen (in der Präventionsarbeit) greifen diese »Belohnungssysteme«, daher können wir in der Zusammenarbeit vorab Erfolgskriterien festlegen, um diese dann feiern zu können:

- Anhand welcher Kriterien erkennen wir, dass wir unsere Ziele erreicht haben?
- Wann und wie prüfen wir das?
- Wie feiern wir dies? Welchen Stellenwert haben Dank und Ausdruck von Wertschätzung dabei?

Das Aussprechen von ernst gemeintem (!) Dank und Wertschätzung gegenüber Arbeitskollegen und -kolleginnen kann dazu führen, dass sich die Zusammenarbeit vertieft, der Fokus auf die positiven Abläufe gelenkt wird und die Vernetzung stärker wird.[111]

111 Vgl. hierzu das lösungsorientierte Arbeits- und Lernprogramm von Ben Furman und Tapani Ahola (2016).

Weiterhin bekommt das Thema »Kommunikation« im Kollegium einen größeren Stellenwert – es kann und soll auch seinen Beitrag in der Präventionsarbeit leisten. Durch die Fokussierung auf gelingende Dinge steigt auch das Selbstbewusstsein der Betroffenen, und ihr Einsatz wird gewürdigt, was die Bereitschaft erhöht, sich (weiterhin) aktiv zu zeigen, da auf diese Weise psychische Grundbedürfnisse befriedigt werden:

- Kontrollmöglichkeit bezüglich wichtiger Zielsetzungen
- Bedürfnis nach Bindung, was durch Nähe und soziale Kontakte erfüllt wird
- Bedürfnis nach Selbstwerterhöhung, was durch positive Rückmeldungen gestärkt wird
- Bedürfnis nach Lustgewinn, was durch Wertschätzung und Dank erhöht wird.[112]

Werden diese Grundbedürfnisse beachtet, schult das die sozialen Fähigkeiten. Wenn wir unsere Dankbarkeit ausdrücken, können wir auch von anderen in Zukunft eher Hilfe und Unterstützung erwarten. Dies erhöht die Chancen auf Erfolg, wodurch wohltuende, sich selbst verstärkende Muster entstehen, die einen positiven Einfluss auf die Gesunderhaltung der Beteiligten haben.

3.12 System »Lehrer«

Wieso wählen Lehrer diesen Beruf? Welche Vorstellungen verbinden sie damit? Ein traditionelles Bild ist sicherlich, dass man als Lehrer vor Schülern steht und mit diesen Bildungsinhalte erarbeitet. Im Studium, in Praktika und vor allem auch im Referendariat werden Methoden vermittelt, wie Lehrer diese Bildungsinhalte am besten aufarbeiten und für Schüler interessant darbieten bzw. vermitteln, sodass diese interessiert zuhören und die Inhalte möglichst schnell lernen. Im beruflichen Alltag erfolgt häufig die Ernüchterung, dass dies so nicht immer umsetzbar ist und viele andere Dinge wie Einfluss und Verhalten der Eltern, Kollegen, Schulleitung, Stundenpläne, Schülerschaft usw. eine Rolle spielen.

112 Wolfgang Knörzer und Wolfgang Amler haben diese Grundbedürfnisse verständlich in ihrem Buch *Mentale Stärke entwickeln* dargelegt, das für die schulische Praxis entwickelt wurde. Grundlage hierfür ist die von Klaus Grawe formulierte *Konsistenztheorie* (vgl. Klaus Grawe *Neuropsychotherapie*, 2004, S. 189).

Die oftmals immer noch vermittelten kausal-linearen Betrachtungsweisen (»motivierender Einstieg – und alle hören zu«) helfen nur bedingt. An Schüler und Eltern gerichtete Ratschläge – auch zum Umgang mit der eigenen Gesundheit – werden selten 1:1 übernommen, was frustrierend sein kann. Daher wäre es auch aus den genannten Gründen wichtig, andere Denkweisen zu erfahren, damit ein anderer Umgang mit Themen möglich wird.

Systemische Betrachtungen können helfen, die Wechselbeziehungen zwischen den Systemen Eltern, Schüler, Lehrer und auch anderen Beteiligten wie Schulpsychologen, Schulsozialarbeitern und Lernbegleitern betrachten und dabei dynamische Einflüsse dieser Gruppen (an-)erkennen zu können. Das Verhalten dieser Gruppen im Schulsystem spielt in der Präventionsarbeit auch eine große Rolle, da sie die Kommunikation im System beeinflussen und auch aufrechterhalten. Dies fließt noch viel zu wenig in die Präventionsarbeit ein. Meistens geht es bei den Präventionsprojekten darum, die Schüler »zu informieren« und ihr Verhalten zu beeinflussen. Lehrer bekommen gelegentlich am pädagogischen Tag einen Vortrag oder Workshop zu einem bestimmten Thema wie bspw. *Resilienz* »dazu«. Ob und wie diese kurzen Einheiten Einfluss auf deren Verhalten haben, wird nicht evaluiert, und es ist anzuzweifeln, welche Erfolge sich dadurch präventiv erreichen lassen, da die bisher eingeübten Muster schwer veränderbar sind. Es fehlen Zielsetzungen, Auftragsklärungen, Ist-Soll-Vergleiche etc., die für eine prozesshafte und erfolgreiche Präventionsarbeit wichtig wären.

Dies bedeutet aber auch, dass die am Schulleben beteiligten Systeme unterschiedlich im Fokus der Prävention stehen und die Folgen bisher kaum erforscht wurden. Es könnte daher hilfreich sein, das Deputat der Lehrer zu reduzieren, damit diese regelmäßig an Supervisionsgruppen, Fortbildungen zu systemischer Pädagogik und anderen die Prävention stützenden Maßnahmen teilnehmen können. Es scheint hierbei wichtig, die Beobachtung und Thematisierung des eigenen (professionellen) Verhaltens zu reflektieren, um mögliche Wechselwirkungen mit anderen am Schulleben Beteiligten, wie sie in diesem Buch zahlreich beschrieben wurden, besser beobachten zu können. Bisher werden im Referendariat diejenigen mit den besten Noten für den Schuldienst ausgewählt. Verhalten, das nicht messbar ist – wie bspw. die Beziehungsarbeit zu Schülern, Eltern und Kollegen –, lässt sich kaum objektiv erfassen, da die Referendare genau wissen, welcher Einsatz gewünscht ist, und sich daher natürlich von ihrer »Schokoladenseite« zeigen: Sie nehmen an Schulausflügen, Musikveranstaltungen etc. höflich und engagiert teil. Was sie davon nach ihrer Einstellung beibehalten, bleibt offen, die linear-kausalen Denkmuster werden in der Regel beibehalten, da sie lange eingeübt und auch selten umgelernt werden.

In Kollegien selbst werden Wechselwirkungen, Mobbing, Ausgrenzung, Cliquenbildung, Emotionen, Alkoholkonsum, Gesprächsführung, Macht u. a. nicht thematisiert, es wird aber vom System »Schüler und Eltern« erwartet, dass diese sich in die dazu angebotenen Präventionsprojekte einbringen und entsprechend den Erwartungen verhalten bzw. dazulernen. Somit entsteht ein starkes Ungleichgewicht in der Präventionsarbeit, was das Gesamtschulsystem beeinflusst (s. Abb. 34). Dies findet in der Forschung bisher kaum Beachtung.

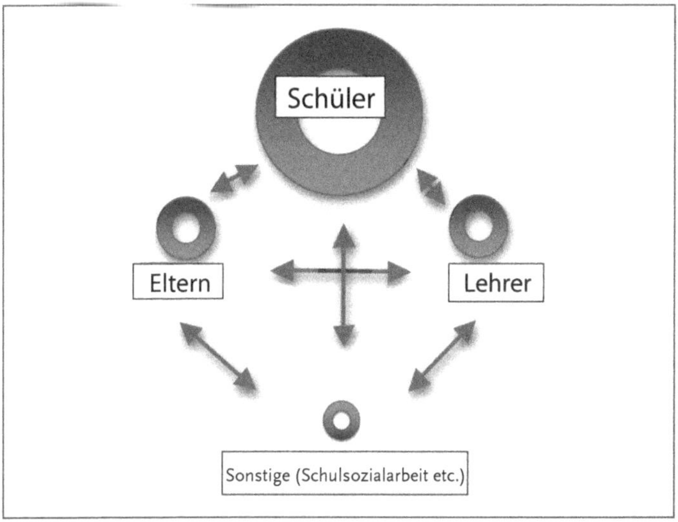

Abb. 34: Anteil der verschiedenen Systeme an der Präventionsarbeit

Das Wissen um die gegenseitige Beeinflussung der verschiedenen Systeme würde eine Art »Systemkompetenz« und Schulkultur erzeugen, wodurch sich das eigene Handeln zu den jeweils anderen Beteiligten in Bezug setzen ließe. Vor allem das relevante System der Kinder und Jugendlichen wäre anders in die Denk- und Vorgehensweisen einbezogen, was vermutlich ein anderes Denken und Verhalten der Lehrer sich selbst und den Kollegen gegenüber zur Folge hätte. Unerwünschtes oder in Zukunft nicht erwünschtes Verhalten (wie Magersucht, Alkoholkonsum) bei den Minderjährigen wäre nicht mehr nur als störend, falsch und behandlungsbedürftig angesehen – was sogenanntes »Schubladendenken« stützt und durch gezielte Präventionsprojekte vermieden werden sollte –, sondern als etwas, das im Zusammenhang mit allen anderen Beteiligten steht, wodurch die eigenen Anteile und Auswirkungen auf die Präventionsarbeit vermehrt thematisiert werden müssten. Um Präventionsarbeit effektiver gestalten zu können, müssten auch die Wünsche, Bedürfnisse und mögliche gesundheitsschädigende Folgen in der Lehrerschaft mehr thematisiert werden. Ein wichtiger Schritt wäre außerdem, die Motivation und Ziele der Betroffenen hierbei zu erforschen und zu beachten, was gleichzeitig auch das Einbeziehen der Schüler bzw. deren Motive und Bedürfnisse stärker in den Vordergrund rücken würde, da die Einbettung in Systemumwelten stärker im Fokus stünde. Dadurch würde sich der »Kreislauf« schließen und eine ganzheitliche, zirkuläre Betrachtungsweise, die systemische Aspekte einbezieht und lebt, einen größeren Anteil im Schulgeschehen einnehmen (s. Abb. 35).

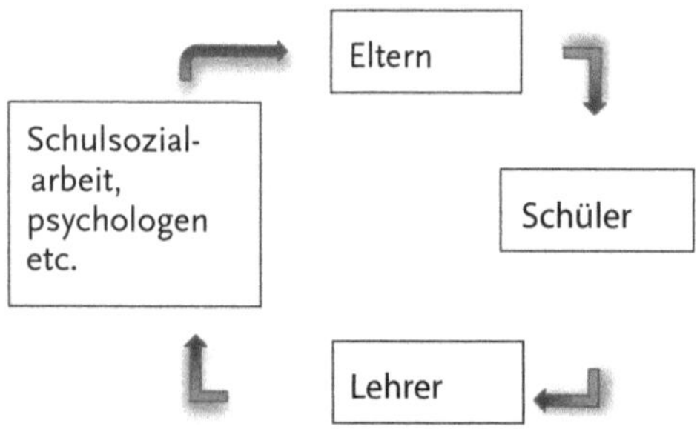

Abb. 35: Zirkulärer Präventionskreislauf

Auf Grundlage der Ausführungen in diesem Buch hat sich eine Ordnung entwickelt, die zeigt, dass für eine effektive Präventionsarbeit sichere, wertschätzende und ressourcenorientierte Bindungen und Beziehungen zwischen allen Beteiligten die Basis bilden, um darauf weiter aufbauen zu können. Ein Blick auf ein sogenanntes »Präventionshaus« kann dies verdeutlichen (s. Abb. 36).

Abb. 36: Präventionsarbeit an Schulen

Nachklang

Nach all diesen Ausführungen bzw. unseren Beobachtungen sei noch darauf hingewiesen, dass man zur Umsetzung einer zieldienlichen Präventionsarbeit auch der Stellenwert von Prävention in Schulen und damit verbundenen Organisationen – wie Regierungspräsidien und Kultusministerium – weiter anheben sollte, indem Personen, die an der Präventionsarbeit beteiligt sind, ausreichend Stunden zur Verfügung bekommen und es auch Beförderungsmöglichkeiten gibt. Derzeit gibt es vor allem Stellenausschreibungen für Lehrer, die in den Naturwissenschaften und Informatik zu Hause sind oder eine Schulleitungsstelle anstreben. Pädagogisch-präventive Arbeit erfährt nicht diese Form von Wertschätzung, was sich wiederum auf die Anerkennung ihrer Arbeit an den Schulen auswirkt und somit auch auf die Zusammenarbeit mit den Kindern und Jugendlichen Einfluss nimmt, um die es ja eigentlich geht (gehen sollte).

Hierbei möchten wir die Hypothese aufstellen, dass das Thema »Macht« auch eine Rolle spielt. Abhängig davon, welche »Personen« in den aufgezeigten Systemen mit welcher Macht ausgestattet sind, kommt es zu Entscheidungen, die auch von persönlichen Präferenzen, Vernetzungen zu unterschiedlichen Geldgebern und beruflichen Aus- und Fortbildungen geprägt sind. Dies setzt sich bis in die einzelnen Schulen fort. Dort wird die Präventionsarbeit (der Präventionslehrkräfte) auch vom »Durchsetzungsvermögen« einzelner Teilnehmer bis hin zu emotional getroffenen Entscheidungen auf der Personalebene von Schulleitungen beeinflusst. Ein Nachdenken über die in diesem Buch dargestellten möglichen Einflüsse kann neue Türen zu neuen Perspektiven eröffnen und die Präventionsarbeit voranbringen, sodass die Beteiligten mit ihren Ressourcen gemeinsam eine erfüllende Zusammenarbeit gestalten, die eine Sowohl-als-auch-Grundhaltung nährt.

Dies kann bereits bei Lehramtsstudenten beginnen, denen man im Studium Grundlagen systemischen Denkens vermitteln könnte, um hier Samenkörner zu pflanzen, was eine Zusammenarbeit im System »Schule« mit »systemischer Brille« in der Präventionsarbeit unterstützen würde.

Die Corona-Krise hat aufgezeigt, wie wichtig das Schulleben für Familien sein kann. Einerseits dient es zur Entlastung der arbeitenden

Eltern, und andererseits kann Schule ein sicherer Ort sein oder werden, an dem Schüler Geborgenheit und Verständnis erfahren können, die sie woanders evtl. nicht erhalten. Es zeigte sich ganz klar, dass die Digitalisierung in Schulen weiter vorangetrieben werden muss, diese jedoch auch Schwächen hat, da persönliche Kontakte in einer digitalisierten Welt verloren gehen, die Einsamkeit (»social distancing«) in einer zunehmend fragmentierten Gesellschaft zunimmt und wir daher gleichzeitig eine neue pädagogische Haltung als »Gegengewicht« schaffen sollten. Die Präventionsarbeit trägt dazu einen Teil bei, daher sollte sie auch ihren angemessenen und professionalisierten Platz in Schulen finden.

> »Nur die Schule schenkte ihnen diese Freuden. Und was sie so leidenschaftlich an ihr liebten, war das, was sie zu Hause nicht fanden, wo Armut und Ungewissheit das Leben noch härter, trüber machten (...). Die Schule bot ihnen eine Ausflucht aus dem Familienleben. Er fand in seiner Klasse einen Hunger, der für jedes Kind noch wesentlicher war als für den Mann, den Hunger nach Entdeckungen. In anderen Klassen lehrte man sie wahrscheinlich vieles, aber ein wenig so, wie man Gänse mästete. Man setzte ihnen fix und fertige Nahrung vor und bat sie, sie gefälligst zu schlucken. In seiner Klasse jedoch, fühlten sie zum ersten Mal, dass sie existierten und Gegenstand höchster Achtung waren: Man hielt sie für würdig, die Welt zu entdecken« (nach Camus 1997).

Auflösung von S. 9

Für die Lösung müssen Sie einen implizit gegebenen einschränkenden Rahmen überschreiten:

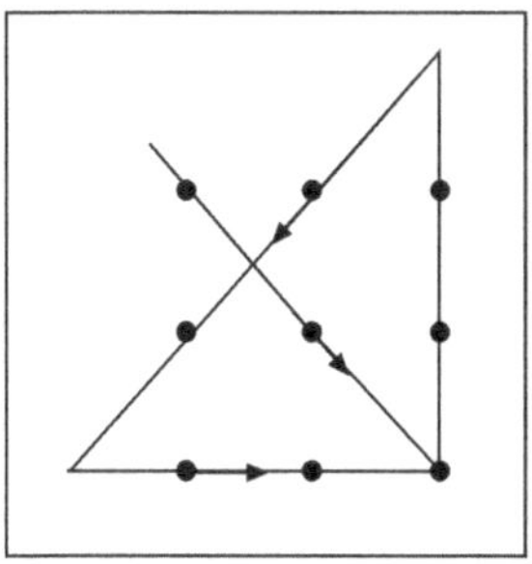

Literatur

Ameln, F. von u. P. Heintel (2016): Macht in Organisationen. Stuttgart (Schäffer-Poeschel).

Arnold, R. (2007): Ich lerne, also bin ich. Heidelberg (Carl-Auer).

Asch, S. E. (1951): Effects of group pressure upon the modification and distortion of judgment. In: H. Guetzkow (ed.): Groups, leadership and men. Pittsburgh/PA (Carnegie Press).

Badura, B. (2004): Auf dem Weg zu gesunden Schulen: Was Schulen dabei von Unternehmen lernen können. Unveröffentl. Gutachten für die Landesregierung NRW.

Badura, B. u. A. Hehlmann (2004): Betriebliche Gesundheitspolitik. Berlin (Springer).

Bamberger, G. (2010): Lösungsorientierte Beratung. Weinheim (Beltz), S. 167 f.

Bauer, J. (2006): Prinzip Menschlichkeit. Heidelberg (Carl-Auer).

Bauer, J. (2009): Lob der Schule. München (Heyne).

Bauer, J. (2011): Das Gedächtnis des Körpers. Wie Beziehungen und Lebensstile unsere Gene steuern. München (Heyne).

Bauer, J. (2012): Wissenschaftliche Erklärung der Entstehung von Gewalt [DVD]. In: Stiftung gegen Gewalt an Schulen (Hrsg.): Wenn der Spaß aufhört. Manual zu Mobbing, Prävention, Zivilcourage. Winnenden (Stiftung gegen Gewalt an Schulen).

Beisel, C. (o. J.): clemenshilft.de. (Workshops und Vorträge für Ausbilder, Lehrer, Eltern, Sozialpädagogen sowie für Schüler und Auszubildende selbst).

Beisel, C. (2020): Medienprojekte in der Schulsozialarbeit – Erfahrungen aus schulbezogenen Projekten. In: E. Hollenstein u. F. Nieslony (Hrsg.): Schulsozialarbeit in mediatisierten Lebenswelten. Weinheim (Beltz Juventa), S. 200-209.

Bertalanffy, L. von (1965): General system theory: foundations, development, applications. New York (Braziller).

Blum, H. u. D. Beck (2008): No Blame Approach. Mobbingintervention in der Schule. Praxishandbuch, Köln (Fairaend), 6. akt. Aufl.

Bodenmann, G. (1997): Streß und Coping als Prozeß. In: C. Tesch-Römer, C. Salewski u. G. Schwarz (Hrsg.): Psychologie der Bewältigung. Weinheim (Beltz).

Camus, A. (1997): Der erste Mensch. Reinbek (Rowohlt).

Charf, D. (2020): Die 3 Quellen echten Lebensglücks: Was wirklich wichtig ist für ein erfülltes Leben. München (Gräfe & Unzer).

Conen, M.-L. u. G. Cecchin (2007): Wie kann ich Ihnen helfen, mich wieder loszuwerden? Heidelberg (Carl-Auer).

Dana, D. (2018): Die Polyvagal-Theorie in der Therapie. Lichtenau (Probst).

Deci, E. L. a. R. M. Ryan (2008): Self-determination theory: A macrotheory of human motivation, development, and health. *Canadian Psychology* 49: 182–185.

de Shazer, S. (2010): Worte waren ursprünglich Zauber. Von der Problemsprache zur Lösungssprache. Heidelberg (Carl-Auer).

Deutscher Bildungsrat (Hrsg.) (1970): Strukturplan für das Bildungswesen. Bad Godesberg (Dt. Bildungsrat).

Ducki, A. u. B. Greiner (1992). Gesundheit als Entwicklung von Handlungsfähigkeit – Ein arbeitspsychologischer Baustein zu einem allgemeinen Gesundheitsmodell. *Zeitschrift für Arbeits- und Organisationspsychologie* 36 (N.F. 10), 4: 184-189.

Edelstein, W. u. P. Fauser (2001): Demokratie lernen und leben. (Gutachten für ein Modellversuchsprogramm der Bund-Länder-Kommission, Heft 96). Bonn (Bund-Länder-Kommission für Bildungsplanung und zur Forschungsförderung), S. 34 ff.

Foerster, H. von u. E. von Glasersfeld (2010): Wie wir uns erfinden: Eine Autobiographie des radikalen Konstruktivismus. Heidelberg (Carl-Auer).

French, W. L. u. C. H. Bell (1994): Organisationsentwicklung. Sozialwissenschaftliche Strategien zur Organisationsveränderung. Stuttgart (Haupt), 4. Aufl.
Fritzsche, K. (2014): Praxis der Ego-State-Therapie. Heidelberg (Carl-Auer).
Fröhlich-Gildhoff, K., J. Becker u. S. Fischer (Hrsg.) (2012): Gestärkt von Anfang an – Resilienzförderung in der Kindheit. Weinheim (Beltz).
Furman, B. (2008): Ich schaffs! Heidelberg (Carl-Auer).
Furman, B. u. T. Ahola (2016): Es ist nie zu spät, erfolgreich zu sein. Heidelberg (Carl-Auer).
Gebauer, T. (2020): Resilient sollst du sein! *Psychologie heute, compact* 62: 57–62.
Goleman, D. (2001): Emotionale Intelligenz. München (dtv).
Grawe, K. (2004): Neuropsychotherapie. Göttingen (Hogrefe).
Grote, G. (1997): Autonomie und Kontrolle. Zur Gestaltung automatisierter und risikoreicher Systeme. Zürich (Hochschulverlag AG).
Grüner, T. u. F. Hilt (o. J.): Freiburger Sozialtraining und systemische Mobbingprävention. (10-tägige Fortbildung, AGJ-Fachverband für Prävention und Rehabilitation in der Erzdiözese Freiburg e. V.).
Gulowsen, J. (1972): A measure of work-group autonomy. In: L. E. Davis a. J. C. Taylor (eds.): Design of jobs. Harmondsworth (Penguin), pp. 374–390.
Hanswille, R. u. A. Kissenbeck (2014): Systemische Traumatherapie. Konzepte und Methoden für die Praxis. Heidelberg (Carl-Auer).
Hartke, B. (2005): Schulische Prävention – welche Maßnahmen haben sich bewährt? *Zeitschrift für Heilpädagogik* 56 (12): 470–481.
Hartke, B. u. K. Diehl (2013): Schulische Prävention im Bereich Lernen. Stuttgart (Kohlhammer).
Hennig, C. u. U. Knödler (2010): Schulprobleme lösen. Ein Handbuch für die systemische Beratung. Weinheim (Beltz).
Huber, M. (2010): Der innere Garten. Ein achtsamer Weg zur persönlichen Veränderung. Paderborn (Junfermann).
Huber, M. (2015): Der geborgene Ort. Sicherheit und Beruhigung bei chronischem Stress. Paderborn (Junfermann).
Hüther, G. (2011): Biologie der Angst. Wie aus Streß Gefühle werden. Göttingen (Vandenhoeck & Ruprecht).
Jäger, K. (1986): Zwickmühlen. Oder: Wege aus dem Dilemma-Zirkel. *Zeitschrift für Transaktionsanalyse* 3 (l): 5–16.
Klees, K. (2018): Traumasensible Paartherapie. Paderborn (Junfermann).
Knörzer W. (1994): Ganzheitliche Gesundheitsbildung in Theorie und Praxis. Stuttgart (Haug).
Knörzer, W. et al. (2011): Mentale Stärke entwickeln. Das Heidelberger Kompetenztraining in der schulischen Praxis. Weinheim (Beltz).
König, E. u. G. Volmer (2008): Handbuch Systemische Organisationsberatung. Weinheim (Beltz).
Kuhn Shimu, S. T. (2018): Erleuchtung zum Frühstück. Darmstadt (Schirner).
Kultusministerkonferenz (KMK) (1981): Zur Stellung des Schülers in der Schule. (Beschluss vom 25.5.1973), S. 824. Verfügbar unter: https://www.kmk.org/fileadmin/Dateien/veroeffentlichungen_beschluesse/1973/1973_05_25_Stellung_Schueler.pdf [21.6.2021].
Leeb, W. et al. (2011): Der Realtitätenkellner. Heidelberg (Carl-Auer).
Levine P. (2013): Sprache ohne Worte. München (Kösel).
Lewin, K. (1947): Feldtheorie in den Sozialwissenschaften. Ausgewählte theoretische Schriften. Bern (Hans Huber). [Neuaufl. (1963), S. 223–270.]
Lieb, H. (2009): So hab ich das noch nie gesehen. Systemische Therapie für Verhaltenstherapeuten. Heidelberg (Carl-Auer).
Lindemann, H. (2008): Systemisch beobachten – lösungsorientiert handeln. Aachen (Ökotopia).

Linz, L. (2009): Erfolgreiches Teamcoaching. Aachen (Meyer & Meyer).
Luhmann, N. (2002): Einführung in die Systemtheorie. Heidelberg (Carl-Auer).
Luhmann, N. (2005): Einführung in die Theorie der Gesellschaft. Heidelberg (Carl Auer).
Mandl, C. (1999): Innovationsfähiger werden. *Management-Zeitschrift* 5: 52–57.
Mehrabian, A. (1971): Nonverbale Communication. Abingdon (Routlege).
Milgram, S. (1997): Das Milgram-Experiment. Zur Gehorsamsbereitschaft gegenüber Autorität. Reinbek (Rowohlt), 14. Aufl.
Ministerium für Kultus, Jugend und Sport Baden-Württemberg (2013): Stark.stärker.Wir. Prävention an Schulen in Baden-Württemberg. Eine Handreichung für Schulen. Stuttgart (Ministerium für Kultus, Jugend und Sport), 2. überarb. Aufl.
Ministerium für Kultus, Jugend und Sport Baden-Württemberg (2015): Leitfaden zur lösungsorientierten Schulentwicklung – Steuerungsinstrumente und Modelle zur Schulentwicklung an allgemein bildenden Schulen in Baden-Württemberg. Stuttgart (Ministerium für Kultus, Jugend und Sport), 1. Aufl.
Ministerium für Kultus, Jugend und Sport Baden-Württemberg (2016): Bildungspläne 2016. Leitperspektiven und Leitfaden Demokratiebildung, Leitperspektive Prävention und Gesundheitsförderung (PG). Verfügbar unter: http://www.bildungsplaene-bw.de/,Lde/LS/BP2016BW/ALLG/LP/PG [20.9.2021].
Molter, H. u. K. Nöcker (2015): Systemisch Schule machen. Toolbox für Lehrer. Heidelberg (Carl-Auer).
Mücke, K. (2003): Probleme sind Lösungen: Systemische Beratung und Psychotherapie – ein pragmatischer Ansatz. Lehr- und Lernbuch. Berlin (Öko-Systeme).
Neumann-Wirsig, H. (2013): Jedes Mal anders. Heidelberg (Carl-Auer).
Nicolaisen, T. (2019): Emotionen in Coaching und Organisationsberatung. Heidelberg (Carl-Auer).
Olweus, D. (1995): Gewalt in der Schule: Was Lehrer und Eltern wissen sollten – und tun können. Bern (Huber).
Palmowski, W. (1995): Der Anstoß des Steins. Dortmund (Borgmann).
Palmowski, W. (2002): Einige Bemerkungen zum Sach- und Beziehungsaspekt in der Lehrer-Schüler-Kommunikation. *System Schule, Systematische Pädagogik in der Schulpraxis* 6 (4): 118–121.
Perry, B. D. u. M. Szalavitz (2013): Der Junge, der wie ein Hund gehalten wurde. Was traumatisierte Kinder uns über Leid, Liebe und Heilung lehren können. München (Kösel).
Pietruschka, S. (2003). Führung selbstregulierter Arbeitsgruppen. München (Hampp).
Probst, G. J. B. (1987): Selbst-Organisation: Ordnungsprozesse in sozialen Systemen aus ganzheitlicher Sicht. Berlin (Parey).
Radatz, S. (2009): Beratung ohne Ratschlag. Wien (Verlag systemisches Management).
Rahm, S. (2006): Einführung in die Theorie der Schulentwicklung. Weinheim/Basel (Beltz).
Renoldner, C. (2007): Einfach systemisch! Aachen (Ökotopia).
Rhode, R. u. M.-S. Meis (2014): Regelverstöße – Stopp! Wege zum sicheren Umgang – Sekundarstufe I und II. Berlin (Cornelsen), 3. Aufl.
Robertson, I. (2012): Macht. Wie Erfolge uns verändern. München (dtv).
Rolff, H. G. (2007): Studien zu einer Theorie der Schulentwicklung. Weinheim (Beltz).
Schäfer, M. (2017): Impulsreferat zum Stadtratshearing zum Thema »Mobbing an Schulen«: Mobbing – der richtige Blick in die falsche Richtung, Blatt 1 u. 2. Verfügbar unter: https://www.pi-muenchen.de/wp-content/uploads/2019/05/Mobbing_an_Schulen_Ergebnisdokumentation-1.pdf [1.7.2021].
Schäfer, M. (2019): Erlasslehrgang für die Präventionsbeauftragten des Landes Baden-Württemberg »Mobbingprävention – vom Projekt zur Prozessgestaltung«.
Schäfer, M. u. S. Korn (2004a): Bullying als Gruppenphänomen. *Zeitschrift für Entwicklungspsychologie und Pädagogische Psychologie* 36: 21.

Schäfer, M. u. S. Korn (2004b): Mobbing in der Schule. In: Deutsches Kinderhilfswerk e. V. (Hrsg.): Kinderreport Deutschland 2004. München (Kopaed), S. 262 ff.
Schäfer-Koch, K. (1992): Psychosoziale Einzelfallhilfe in der Schule. Bad Heilbrunn (Klinkhardt).
Schiepek, G. u. H. Haken (2010): Synergetik in der Psychologie. Selbstorganisation verstehen und gestalten. Göttingen (Hogrefe), 2. Aufl.
Schlippe, A. von u. J. Schweitzer (2007): Lehrbuch der systemischen Therapie und Beratung. Göttingen (Vandenhoeck & Ruprecht).
Schmidt, G. (2010): Interventionen gegen Krisenerleben. In: G. Schmidt, A. Bollinger, B. Müller-Kalthoff (Hrsg.): Gut beraten in der Krise. Konzepte und Werkzeuge für ganz alltägliche Ausnahmesituationen. Bonn (ManagerSeminare), S. 77 ff.
Schmidt, G. (2011): Einführung in die hypnosystemische Therapie und Beratung. Heidelberg (Carl-Auer).
Schmidt G. (2012): Liebesaffären zwischen Problem und Lösung. Hypnosystemisches Arbeiten in schwierigen Kontexten. Heidelberg (Carl-Auer).
Schwing, R. u. A. Fryszer (2007): Systemisches Handwerk. Werkzeuge für die Praxis. Göttingen (Vandenhoeck & Ruprecht).
Schulz von Thun, F. (1998): Miteinander reden. Reinbek (Rowohlt).
Simon, F. B. (2015): Einführung in die systemische Organisationstheorie. Heidelberg (Carl-Auer).
Spitzer, M. (1996): Geist im Netz. Heidelberg (Spektrum).
Stangl, W. (2021): Online Lexikon für Psychologie und Pädagogik. Verfügbar unter: https://lexikon.stangl.eu/22582/intermittierende-verstaerkung [1.7.2021].
Storch, M. et al. (2010): Emodiment. Bern (Huber).
Susman, G. I. (1976): Autonomy at work. A sociotechnical analysis of participative management. New York (Praeger).
Szaday, C. (2003): Der »No Blame« Support Group Approach to Bullying. In: T. Hascher, K. Hersberger u. S. Valkanover (Hrsg.): Reagieren, aber wie? Professioneller Umgang mit Aggression und Gewalt in der Schule. Bern (Haupt), S. 118–128.
Theuretzbacher, K. u. P. Nemetschek (2009): Coaching und Systemische Supervision mit Herz, Hand und Verstand. Stuttgart (Klett-Cotta).
Trenkle, B. (2012): Dazu fällt mir eine Geschichte ein. Direkt-indirekte Botschaften für Therapie, Beratung und über den Gartenzaun. Heidelberg (Carl-Auer).
Tschira, A. (2005): Wie Kinder lernen – und warum sie es manchmal nicht tun. Über die Spielregeln zwischen Mensch und Umwelt im Lernprozess. Heidelberg (Carl-Auer), 2. Aufl.
Varga von Kibéd, M. u. I. Sparrer (2016): Ganz im Gegenteil. Tetralemmaarbeit und andere Grundformen systemischer Strukturaufstellungen – für Querdenker und solche, die es werden wollen. Heidelberg (Carl-Auer).
Verwaltungsvorschrift (VwV) (2014): Prävention und Gesundheitsförderung in der Schule. Verwaltungsvorschrift vom 10.12.2014. Verfügbar unter: http://praevention-in-der-schule-bw.de/site/pbs-bw-km-root/get/documents_E-750714913/KULTUS.Dachmandant/KULTUS/Dienststellen/praevention-in-der-schule-bw/pdf/20141210_VwV%20Pr%C3%A4vention%20und%20Gesundheitsf%C3%B6rderung%20in%20der%20Schule.pdf [8.7.2021].
Voß, R. (2006) (Hrsg.): LernLust und EigenSinn. Systemisch-konstruktivistische Lernwelten. Heidelberg (Carl-Auer).
Watzlawick, P. (2016): Man kann nicht nicht kommunizieren. Bern (Hogrefe).
Weinberger, S. (2008): Klientenzentrierte Gesprächsführung. Lern- und Praxisanleitung für psychosoziale Berufe. Weinheim (Juventa).
Welter-Enderlin, R. u. B. Hildenbrand (Hrsg.) (2012): Resilienz – Gedeihen trotz widriger Umstände. Heidelberg (Carl-Auer).
Young, S (2015): Lösungsfokussierte Schule: Jenseits von Anti-Mobbing. Aus dem Englischen von Jutta Bleuel und Kirsten Dierolf. Bad Homburg (Solutions Academy).

Über die Autorinnen

Katja Baumer, Pädagogin, Beraterin, Supervisorin; berufsbegleitende Weiterbildungen u. a.: Systemische Beratung, hypnosystemische Beratung, systemische Paarberatung, systemische Elternberatung und Pädagogik, systemische Organisationsberatung, systemische Traumatherapie, traumasensible Paartherapie, Mentaltraining, Entspannungsmethoden. Auslandsaufenthalte und Praktika an Schulen in Guatemala, England und Schweden; tätig für Regierungspräsidien, das Zentrum für Schulqualität und Lehrerbildung (ZSL) in Karlsruhe und das Kultusministerium Baden-Württemberg in den Bereichen Fortbildung für Lehrkräfte und Supervision; Tätigkeiten am Zentrum für Lehrerbildung und House of Competence in Karlsruhe (KIT).

Kontakt: *www.baumer-paarberatung.de*

Elke Dörflinger, Psychologin, systemische Therapeutin, Organisationsentwicklerin; Leiterin des Zentrums für Schulqualität und Lehrerbildung (ZSL), Regionalstelle Mannheim.

Beate Lorenz, Pädagogin; Lehrerin an der Fritz-Erler-Schule Pforzheim, Beratungslehrerin und Präventionsbeauftragte des Zentrums für Schulqualität und Lehrerbildung (ZSL), Regionalstelle Karlsruhe; Leitung pädagogischer Fallbesprechungsgruppen; aktiv in der Ausbildung der Beratungslehrkräfte im Bereich Mobbing.